CURA ENERGÉTICA
PARA MULHERES

Keith Sherwood
e Sabine Wittmann

CURA ENERGÉTICA PARA MULHERES

Exercícios Práticos com os Chakras, Mudras e
Meditações para Restaurar o Sagrado Feminino

Tradução
Newton Roberval Eichemberg

Editora
Pensamento
SÃO PAULO

Título do original: *Energy Healing for Women.*
Copyright © 2015 Keith Sherwood e Sabine Wittmann.
Publicado originalmente por Llewellyn Publications, Woodbury, MN 55125 – 2989 – USA – www.llewellyn.com
Copyright da edição brasileira © 2019 Editora Pensamento-Cultrix Ltda.
1ª edição 2019. / 2ª reimpressão 2021.

Todos os direitos reservados. Nenhuma parte deste livro pode ser reproduzida ou usada de qualquer forma ou por qualquer meio, eletrônico ou mecânico, inclusive fotocópias, gravações ou sistema de armazenamento em banco de dados, sem permissão por escrito, exceto nos casos de trechos curtos citados em resenhas críticas ou artigos de revista.

A Editora Pensamento não se responsabiliza por eventuais mudanças ocorridas nos endereços convencionais ou eletrônicos citados neste livro.

Ilustrações internas: Mary Ann Zapalac
Fotos internas fornecidas por Keith Sherwood

Editor: Adilson Silva Ramachandra
Gerente editorial: Roseli de S. Ferraz
Preparação de originais: Danilo Di Giorgi
Produção editorial: Indiara Faria Kayo
Editoração eletrônica: S2 Books
Revisão: Bárbara Parente
Capa: Lucas Campos / INDIE 6 Design Editorial

Dados Internacionais de Catalogação na Publicação (CIP)
(Câmara Brasileira do Livro, SP, Brasil)

Sherwood, Keith
 Cura energética para mulheres : exercícios práticos com os chakras, mudras e meditações para restaurar o sagrado feminino / Keith Sherwood e Sabine Wittmann ; tradução Newton Roberval Eichemberg. -- São Paulo : Cultrix, 2019.

 Título original: Energy healing for women
 Bibliografia.
 ISBN 978-85-315-2096-9

 1. Chacra 2. Medicina energética 3. Meditação 4. Mulheres - Saúde e higiene I. Wittmann, Sabine. II. Título.

19-29596   CDD-615.8

Índices para catálogo sistemático:
1. Cura energética : Terapia holística 615.8
Cibele Maria Dias - Bibliotecária - CRB-8/9427

Direitos de tradução para o Brasil adquiridos com exclusividade pela
EDITORA PENSAMENTO-CULTRIX LTDA., que se reserva a
propriedade literária desta tradução.
Rua Dr. Mário Vicente, 368 – 04270-000 – São Paulo – SP
Fone: (11) 2066-9000
http://www.editorapensamento.com.br
E-mail: atendimento@editorapensamento.com.br
Foi feito o depósito legal.

Sumário

✣

Lista de exercícios 13
Lista de ilustrações 17
Prólogo 19

CAPÍTULO UM - O Feminino Universal 23
    A energia primordial da vida 24
    Qualidades universais do feminino 25
    As mulheres ancestrais 25
    A joia preciosa 26
    Exercício: O Mudra da Joia Preciosa 27
    A criança em crescimento 29
    Cassandra 29
    Caças às bruxas 30
    As mulheres na sociedade moderna 30
    Você pode mudar sua vida 31
    Exercício: O Mudra do Destemor 32
    Exercício: O Mudra da Autoaceitação 33
    Resumo 34

CAPÍTULO DOIS - A Descoberta do Centro de Energia 35
    Mulheres-homem 36

A importância da confiança 37
Exercício: O Mudra da Confiança 38
Descubra seu centro de energia 39
Exercício: A Respiração Hara 41
O centro de energia em seu campo de energia sutil 42
Exercício: O Método Padrão 43
Exercício: A Tela Visual 45
Exercício: O Mudra do Empoderamento 47
Resumo 47

CAPÍTULO TRÊS - A CURA PELOS CHAKRAS 49

Energia com qualidades universais 49
Energia com qualidades individuais (os gunas) 50
O sistema de energia sutil 51
Os chakras 53
Funções dos chakras 54
Os treze chakras no espaço do corpo 55
Exercícios: Sinta os Chakras no Espaço do Corpo 58
Exercício: Ative um Chakra 60
Exercício: Centrar-se no Campo de um Chakra 61
Centros de energia secundários e meridianos 63
Meridianos 63
Exercício: Ative os Centros de Energia Secundários das Mãos 64
Exercício: Ative os Centros de Energia Secundários dos Pés 65
Obtenha mais daquilo que uma mulher precisa 65
A história de Laura 66
Exercício: A Questão – Problemas com a Imagem do Corpo 68
Exercício: O Problema – Sentir-se como um Objeto Sexual 69
Exercício: O Problema – Falta de Excitação Sexual 71
Exercício: O Problema – Receptividade Bloqueada 72
Exercício: O Problema – Falta de Autoestima 74
Exercício: O Problema – Culpar os Homens por Tudo 75
Exercício: O Problema – Falta de Vitalidade ou de Motivação 76
Exercício: O Problema – Agarrar-se a Apegos Negativos 77
Resumo 79

CAPÍTULO QUATRO - A Cura das Feridas Kármicas 81

O que é a bagagem kármica? 82
Diga adeus à bagagem kármica 85
Exercício: O Mudra da Felicidade Orgásmica 86
Liberação da bagagem kármica 87
Exercício: A Liberação de uma Concentração de Bagagem
Kármica 88
A superação de crenças restritivas 90
As incríveis funções da mente 91
Dê o primeiro passo 91
Afirmações para o século XXI 92
Exercício: O Uso de Afirmações Positivas 93
Exercício: Um Regime de Afirmações 95
Resumo 96

CAPÍTULO CINCO - A Criação de uma Identidade Afirmativa da Vida 97

Aspectos mentais curativos 98
Efeitos de aspectos mentais externos 100
Exercício: A Liberação de Aspectos Mentais Externos 101
Exercício: A Reintegração dos Aspectos Mentais Pessoais 103
A superação de arquétipos autolimitadores 104
Ritos de passagem em outras culturas 105
Arquétipos para a mulher radiante 107
O outro lado de Lilith 108
Shakti 109
Cinco arquétipos mantenedores da vida 110
Sejamos práticos 114
Exercício: A Liberação de um Arquétipo Autolimitador 115
Exercício: A Integração de um Arquétipo Mantenedor da Vida... 116
Exercício: O Mudra da Autoestima 117
Resumo 118

CAPÍTULO SEIS - A Mente Única Feminina 119

Um mundo com duas mentes 120

À procura da abundância 121
Exercício: Meditação para a Abundância 122
O cérebro feminino 123
O problema das multitarefas 124
O campo essencial 126
Exercício: Meditação do Campo Essencial 126
Caçadores e coletores 127
Exercício: Meditação Antidepressão 128
A bagagem kármica e a mente 130
A história de Lena 132
Exercício: Corte de uma Conexão com uma Vida Passada 133
Resumo 135

CAPÍTULO SETE - A Intensificação do Poder Feminino 137

O caminho do meio 138
Mitos negativos sobre o empoderamento feminino 139
A Máscara da Infâmia 140
Jogos passivos-agressivos 141
A superação de padrões passivos-agressivos 142
Exercício: A Retirada de um Arquétipo Autolimitador 142
O Meridiano Governador 143
Exercício: Meditação do Meridiano Governador 144
Os meridianos principais 146
Exercício: Meditações Yin Yu e Yang Yu 148
Exercício: A Meditação Chao Yin–Chao Yang 149
Resumo 151

CAPÍTULO OITO - A Intensificação da Criatividade 153

Exercício: A Meditação do Campo de Purusha 154
A intensificação da intuição e da percepção interior 155
O rito de passagem de uma mulher 155
A história de Julie 156
Exercício: A Meditação da Liberdade Infinita 158
O espaço e a resolução de emoções 160
Exercício: O Preenchimento dos Campos Áuricos com Prana 161
Exercício: Intensifique sua Sensualidade 163

Resumo 165

CAPÍTULO NOVE - A Intensificação da Radiância Feminina ..167
A beleza interior 167
O brilho interior 168
A intensificação da beleza interior 169
A boa saúde 169
Bom caráter 174
Energia feminina 179
Exercício: A Meditação do Campo de Prakriti 180
Paz interior 180
Resumo 182

CAPÍTULO DEZ - A Cura de Traumas do Corpo, da Alma e do Espírito 183
Trauma, a história interior 183
Sintomas de segunda geração 184
Intrusões 186
Exercício: A Liberação de Intrusões 186
Fragmentação 187
Exercício: A Cura da Fragmentação 188
A restauração do fluxo de prana 190
Exercício: A Ativação do Primeiro ao Décimo Terceiro Chakras . 190
A cura de um trauma de vida passada 191
Exercício: A Meditação do Cordão de Prata 192
A cura de traumas físicos e psicológicos 193
Exercício: A Meditação do Campo Essencial 194
A cura do trauma da negligência 195
Trauma sexual 196
Exercício: A Meditação da Renovação Pessoal 198
Resumo 200

CAPÍTULO ONZE - A Cura de Feridas Associadas à Reprodução 201
Chá da fertilidade 202

A massagem do desejo por um bebê 203
Exercício: A Massagem do Desejo por um Bebê 203
Exercício para Intensificar a Fertilidade 204
Gravidez 206
Cólicas durante a gravidez 206
Exercício: O Mudra para o Alívio Abdominal 207
Ataques de pânico durante a gravidez 208
Exercício: O Mudra para o Ataque de Pânico 208
Tratamento de emergência para o ataque de pânico 209
Aborto espontâneo, aborto provocado e morte fetal 210
O legado energético do aborto espontâneo, do aborto provocado
e da morte fetal 210
A história de Tamara 211
O custo energético para a mãe 212
Exercício: A Liberação da Alma de um Filho Não Nascido 214
Exercício: Ajude a Criança a Completar sua Jornada de Vida 216
Exercício: O Curativo Prânico 217
Resumo 219

CAPÍTULO DOZE - A RESTAURAÇÃO DA POTÊNCIA SEXUAL 221

A história de Katerina 223
A criação de espaço para a paixão 224
Exercício: A Meditação para se Libertar da Luxúria 225
Uma vida de paixão 225
Exercício: O Mudra para a Yoni 227
A intensificação do desejo sexual 228
Exercício: A Meditação para a Yoni 230
Exercício: A Intensificação do Desejo Sexual do seu Parceiro 231
Desejos conflitantes e desempenho sexual 232
Desejo sexual e os seios 232
Volte a amar seus seios 234
Exercício: Meditação para os Seios 235
Resumo 236

CAPÍTULO TREZE - A INTENSIFICAÇÃO DO PODER DE CURA 237

A história de Sabrina 238

O que é o espaço de cura de uma mulher?... 239
Exercício: A Criação do seu Espaço de Cura................................. 241
Exercício: O Uso da Ressonância para Intensificar seu Espaço de Cura 242
Exercício: Cure a Si Mesma 243
Exercício: Cure Outra Pessoa 244
Exercício: Cure sua Relação com a Fonte de Cura 245
A menstruação e o poder do sangue 246
O poder do sangue 248
Exercício: A Meditação do Ciclo da Vida 249
Resumo 249

CAPÍTULO QUATORZE - O Relacionamento Transcendente.251

Do tradicional ao transcendente 252
Sete coisas que você precisa parar de fazer 253
Exercício: Relacionamento Transcendente Consigo Mesma 262
Relacionamento transcendente com seu parceiro 264
A criação de um campo de energia prânica mútuo 264
Exercício: Relacionamento Transcendente com seu Parceiro 266
Relacionamento transcendente com seus filhos 267
Exercício: Ligação com a Criança Antes do Nascimento............. 267
Massagem para bebês 268
Exercício: Massagem para Bebês 269
Exercício: Cantilena Pré-Escolar.. 270
Resumo 271

CAPÍTULO QUINZE - A Cura do Espírito Feminino 273

O fundamento espiritual de uma mulher 274
Descubra seu dharma pessoal 275
Padrões kármicos dominantes 275
Padrões autolimitadores 276
Padrões autoliberadores... 277
Exercício: Intensifique o Anseio do seu Terceiro Coração 278
A cura do espírito feminino.. 281
Exercício: A Meditação do Amor-Próprio..................................... 281
Exercício: A Meditação do Campo do Corpo de Luz 282

Exercício: O Caminhar da Mulher Radiante 283
Exercício: A Dança da Mulher Radiante 284
Exercício: Celebre o Espírito Feminino 285

Glossário 289

Bibliografia 309

Leituras Recomendadas 312

Lista de exercícios

✻

CAPÍTULO UM - O Feminino Universal

O Mudra da Joia Preciosa 27
O Mudra do Destemor 32
O Mudra da Autoaceitação 33

CAPÍTULO DOIS - A Descoberta do Centro de Energia

O Mudra da Confiança 38
A Respiração Hara 41
O Método Padrão 43
A Tela Visual 45
O Mudra do Empoderamento 47

CAPÍTULO TRÊS - A Cura pelos Chakras

Sinta os Chakras no Espaço do Corpo 58
Ative um Chakra 60
Centrar-se no Campo de um Chakra 61
Ative os Centros de Energia Secundários das Mãos 64
Ative os Centros de Energia Secundários dos Pés 65
A Questão – Problemas com a Imagem do Corpo 68
O Problema – Sentir-se como um Objeto Sexual 69
O Problema – Falta de Excitação Sexual 71
O Problema – Receptividade Bloqueada 72

O Problema – Falta de Autoestima 74
O Problema – Culpar os Homens por Tudo 75
O Problema – Falta de Vitalidade ou de Motivação 76
O Problema – Agarrar-se a Apegos Negativos 77

CAPÍTULO QUATRO - A Cura das Feridas Kármicas

O Mudra da Felicidade Orgásmica 86
A Liberação de uma Concentração de Bagagem
Kármica 88
O Uso de Afirmações Positivas 93
Um Regime de Afirmações 95

CAPÍTULO CINCO - A Criação de uma Identidade Afirmativa da Vida

A Liberação de Aspectos Mentais Externos 101
A Reintegração dos Aspectos Mentais Pessoais 103
A Liberação de um Arquétipo Autolimitador 115
A Integração de um Arquétipo Mantenedor da Vida 116
O Mudra da Autoestima 117

CAPÍTULO SEIS - A Mente Única Feminina

Meditação para a Abundância 122
Meditação do Campo Essencial 126
Meditação Antidepressão 128
Corte de uma Conexão com uma Vida Passada 133

CAPÍTULO SETE - A Intensificação do Poder Feminino

A Retirada de um Arquétipo Autolimitador 142
Meditação do Meridiano Governador 144
Meditações Yin Yu e Yang Yu 148
A Meditação Chao Yin–Chao Yang 149

CAPÍTULO OITO - A Intensificação da Criatividade

A Meditação do Campo de Purusha 154

A Meditação da Liberdade Infinita 158
O Preenchimento dos Campos Áuricos com Prana 161
Intensifique sua Sensualidade 163

CAPÍTULO NOVE - A INTENSIFICAÇÃO DA RADIÂNCIA FEMININA

A Meditação do Campo de Prakriti 180

CAPÍTULO DEZ - A CURA DE TRAUMAS DO CORPO, DA ALMA E DO ESPÍRITO

A Liberação de Intrusões 186
A Cura da Fragmentação 188
A Ativação do Primeiro ao Décimo Terceiro Chakras 190
A Meditação do Cordão de Prata 192
A Meditação do Campo Essencial 194
A Meditação da Renovação Pessoal 198

CAPÍTULO ONZE - A CURA DE FERIDAS ASSOCIADAS À REPRODUÇÃO

A Massagem do Desejo por um Bebê 203
Exercício para Intensificar a Fertilidade 204
O Mudra para o Alívio Abdominal 207
O Mudra para o Ataque de Pânico 208
A Liberação da Alma de um Filho Não Nascido 214
Ajude a Criança a Completar sua Jornada de Vida 216
O Curativo Prânico 217

CAPÍTULO DOZE - A RESTAURAÇÃO DA POTÊNCIA SEXUAL

A Meditação para se Libertar da Luxúria 225
O Mudra para a Yoni 227
A Meditação para a Yoni 230
A Intensificação do Desejo Sexual do seu Parceiro 231
Meditação para os Seios 235

CAPÍTULO TREZE - A INTENSIFICAÇÃO DO PODER DE CURA

A Criação do seu Espaço de Cura 241

O Uso da Ressonância para Intensificar seu Espaço de Cura 242
Cure a Si Mesma 243
Cure Outra Pessoa 244
Cure sua Relação com a Fonte de Cura 245
A Meditação do Ciclo da Vida 249

CAPÍTULO QUATORZE - O RELACIONAMENTO TRANSCENDENTE

Relacionamento Transcendente Consigo Mesma 262
Relacionamento Transcendente com seu Parceiro 266
Ligação com a Criança Antes do Nascimento 267
Massagem para Bebês 269
Cantilena Pré-Escolar 270

CAPÍTULO QUINZE - A CURA DO ESPÍRITO FEMININO

Intensifique o Anseio do seu Terceiro Coração 278
A Meditação do Amor-Próprio 281
A Meditação do Campo do Corpo de Luz 282
O Caminhar da Mulher Radiante 283
A Dança da Mulher Radiante 284
Celebre o Espírito Feminino 285

Lista de ilustrações

✣

Figura 1: O Mudra da Joia Preciosa 28
Figura 2: O Mudra do Destemor 32
Figura 3: O Mudra da Autoaceitação 33
Figura 4: O Mudra da Confiança 39
Figura 5: O Mudra do Empoderamento 46
Figura 6: O Portal do Chakra 53
Figura 7: Os Chakras e o Sistema de Energia Humano 57
Figura 8: Os Centros de Energia Secundários nas Mãos e nos Pés .. 62
Figura 9: O Mudra da Felicidade Orgásmica 87
Figura 10: O Mudra da Autoestima 118
Figura 11: O Ponto de Acupuntura no Topo da Cabeça 129
Figura 12: O Meridiano Governador 145
Figura 13: O Mudra da Voz Interior 164
Figura 14: O Mudra da Paciência 175
Figura 15: O Mudra da Paz Interior 181
Figura 16: O Mudra para o Alívio Abdominal 207
Figura 17: O Mudra para o Ataque de Pânico 209
Figura 18: O Mudra para a Yoni 228
Figura 19: O Ponto de Acupuntura na Parte de Trás do Pescoço .. 254
Figura 20: O Mudra do Não 256
Figura 3 (repetida): O Mudra da Autoaceitação 261
Figura 9 (repetida): O Mudra da Felicidade Orgásmica 263
Figura 9 (repetida): O Mudra da Felicidade Orgásmica 280

Prólogo

✢

Você tem recursos ilimitados de poder, criatividade e radiância dentro de si. Em *Cura Energética para Mulheres*, você aprenderá a usar seu poder ilimitado para curar a si mesma nos níveis do corpo, da alma e do espírito – no campo de energia humano – na raiz da doença.

Cura Energética para Mulheres foi escrito por duas razões. Primeira, para mostrar como curar padrões kármicos e doenças ou indisposições físicas que têm impedido você de vivenciar todo o espectro da boa saúde, da vitalidade e dos relacionamentos íntimos radiantes. E, segunda, para ajudar aquelas entre vocês que estão preparadas para a experiência de uma liberação e de uma alegria mais profundas que expanda seus limites para que possam vivenciar dentro de si novos e ilimitados mundos de paz, poder e liberdade.

As técnicas de cura ensinadas neste livro permitem que você vivencie esses novos mundos dentro de si independentemente das atuais circunstâncias atuais de sua vida. Talvez pareça difícil acreditar, durante a execução dessas técnicas, que essas mudanças externas possam, de fato, vir a ocorrer. No entanto, no fim do dia, são as mudanças internas realizadas por você que se revelarão as mais importantes e mais duradouras. Isso acontece porque todas as coisas de que precisa, inclusive a consciência, a energia e o poder criativo para curar a si mesma nos níveis do corpo, da alma e do espírito, já estão dentro de você.

Em *Cura Energética para Mulheres*, você usará técnicas de cura pelos chakras, libertação kármica e raja yoga, bem como massagem, mudras, danças, meditação e afirmações para libertar definitivamente seu corpo, sua alma e seu espírito.

Em cada capítulo, mergulharemos em algum importante problema energético que esteja limitando seu poder, criatividade e/ou radiância. Analisaremos esse problema tanto no nível físico como nos níveis sutis de energia e de consciência. Em seguida, ensinaremos uma série de exercícios simples elaborados especificamente para curar esse problema da forma mais rápida possível.

Com uma técnica simples, você aprenderá a aumentar a autoconfiança passando a amar as partes não amadas do seu corpo. Com outra técnica, aprenderá a usar a mente para superar padrões restritivos. Aprenderá a criar arquétipos mantenedores da vida que intensificarão sua autoconfiança e força interior. Dois capítulos foram dedicados à cura pelos chakras e à cura de feridas kármicas. Outro capítulo é dedicado a intensificar tanto a beleza interior como a radiância física, algo que uma mulher pode fazer em qualquer idade. Dedicamos uma atenção especial à cura de feridas sofridas em vidas passadas ou nos primeiros anos de infância, bem como de traumas pela perda de um filho durante a gravidez.

Você aprenderá a criar um espaço de cura e a usá-lo para curar a si mesma e as pessoas que ama. Aprenderá técnicas simples para intensificar a intuição, criatividade e sensualidade. Uma vez que a cura espiritual não é completa se você não descobrir seu dharma (isto é, seu propósito e caminho na vida), forneceremos uma terapia simples graças à qual você poderá abrir um atalho através da paralisia e descobri-lo. Finalmente, você aprenderá a fazer a transição de um relacionamento tradicional para um relacionamento transcendente e a partilhar o que aprendeu aqui com sua família e seu círculo de amigos.

O que torna este livro diferente de outros é o fato de que nele você aprenderá a curar feridas, traumas e padrões kármicos pela raiz, no sistema de energia sutil. Ao assumir o controle de sua própria cura e chegar ao cerne dos problemas, você saberá que tudo o que precisa para ter uma vida alegre e satisfatória já faz parte de você.

Sabine e Keith estão juntos há quinze anos, e têm mais de trinta anos de experiência trabalhando com homens e mulheres de todas as idades na América do Norte, na Europa e na África.

Keith Sherwood é mestre nos quatro yogas clássicos. É autor de sete livros sobre o trabalho com a energia, sobre cura e relacionamentos transcendentes. Os exercícios, mudras e meditações desenvolvidos por Keith são amplamente usados na Europa e na América do Norte por agentes de cura e terapeutas energéticos para curar doenças físicas, traumas profundos, feridas kármicas e bloqueios energéticos. A capacidade de Keith para ver e analisar campos de energia sutil tem ajudado muitas pessoas a atingir suas metas espirituais. Visite Keith em www.onewholelove.com e no Facebook, em Keith Sherwood – Onewholelove.

Sabine Wittmann é agente de cura alternativa e mestre no uso de energias alternativas que recorre ao trabalho com o corpo, acupuntura, reflexologia e homeopatia para curar mulheres. A empatia de Sabine e as técnicas de cura avançadas utilizadas por ela têm ajudado muitas mulheres a superar problemas no sistema reprodutor, traumas provenientes da primeira infância e problemas de relacionamento que se referem diretamente à autoestima e ao caminho de vida pessoal de uma mulher (dharma). Visite Sabine em www.awomanshealingspace.com.

UM

O Feminino Universal

✳

Depois de emergir da Consciência Universal, a energia criativa feminina passou a operar como força motriz da evolução. O poder para criar e procriar vem da energia feminina que emerge de todo Universo – e da fêmea de cada uma das espécies que existem.

A energia feminina, portanto, é universal e mantenedora da vida. Ela motiva os seres humanos a se unir e a se tornar íntimos. Ela não pode ser tirada de você, e por isso torna todas as pessoas agentes de cura, agentes do amor e seres radiantes e transcendentes capazes de transformar o mundo por meio de seu trabalho e relacionamentos.

Embora as mulheres e os homens estejam vivenciando um Renascimento da liberdade e da autopercepção, como parte de um processo que começou no século XX, se você olhar para dentro de si mesma de maneira mais profunda encontrará uma herança que a tem impedido de se tornar quem você realmente é capaz de vir a ser. Essa herança existe nos bloqueios sutis que você carrega em seu campo energético, o campo de energia sutil e de consciência que existe em você e a envolve em todas as dimensões.

Falaremos mais sobre o campo de energia sutil em outras partes deste livro. Por enquanto, é importante que saiba que a somatória do nosso campo de energia é composto por veículos energéticos que permitem que você se expresse e interaja tanto nos níveis físicos como nos planos sutis. Ele também contém campos de recursos informacionais e um sistema de energia sutil que abastece seu campo energético com a energia feminina mantenedora da vida: Prana-Shakti.

Mesmo com toda a liberdade que as pessoas têm hoje em dia à sua disposição, muitas têm dificuldade para atingir o pleno potencial, que já está totalmente desenvolvido desde o nascimento e que os antigos mestres de yoga e de tantra ensinaram que emergiria, desabrochando e florescendo ao longo dos vários estágios da vida. Isso acontece por causa dos bloqueios energéticos sutis que existem no campo de energia e dos padrões restritivos que eles criam.

A energia primordial da vida

Este livro foi planejado para servir como um manual que você pode usar para curar a si mesma e as pessoas que ama nos níveis da alma, do espírito e do corpo. Nos capítulos a seguir, você aprenderá a fazer exercícios simples que lhe darão acesso à generosidade ilimitada da energia feminina mantenedora da vida que existe dentro de você e também aprenderá a compartilhar livremente sua energia feminina com aqueles que ama e com aqueles que se beneficiarão da cura produzida por essa energia vital. A energia feminina mantenedora da vida é o fundamento do poder, da criatividade e da radiância de uma mulher. Ela pode ser intensificada em todas as mulheres. Essa energia sobre a qual estamos falando recebe muitos nomes e foi venerada em muitas sociedades. Na China, os taoistas a chamam de *chi* ou *ki*. Na Índia, é chamada de *prana* ou *shakti*. Não importa o nome pelo qual ela é chamada, o que importa é que essa energia extraordinária pode ser usada para curar traumas e doenças físicas e romper padrões restritivos que limitam as mulheres e prejudicam os relacionamentos. E, o que é o mais importante, por ter apenas qualidades universais, essa energia pode ser usada para curar a alma e o espírito nos níveis mais profundos, permitindo que você possa ter acesso ao amor e à alegria transcendentes que são seus por direito inato.

Qualidades universais do feminino

As qualidades universais do feminino compreendem a cura e o poder, a criatividade e a radiância que apoiam essa cura. Entre elas estão também o prazer, o amor, a intimidade, a alegria e as qualidades do bom caráter que, durante milênios, foram adotadas por mulheres de todas as culturas. Entre essas qualidades estão não prejudicar outras pessoas, a lealdade, a perseverança, a disciplina, a paciência, a resignação e a coragem. Compreender a si mesma como uma expressão da feminilidade universal irá empoderá-la de modo que se torne seu "eu" [self] e o compartilhe de maneira plena.

Na verdade, ao integrar na vida cotidiana essa energia que mantém a vida, celebrando as qualidades universais dessa energia, você, sozinha ou com seu companheiro, afirmará a verdade segundo a qual "mulheres são deuses, mulheres são vida, mulheres são adornos". Estas palavras, citadas pelo dr. John Mumford em seu livro *Ecstasy Through Tantra*, foram atribuídas a Buda.

As mulheres ancestrais

Você pode não estar ciente disso, mas o costume de destacar e celebrar as qualidades universais do feminino foi e continua sendo o ponto principal em muitas sociedades tradicionais. Embora a imensa maioria delas tenha desaparecido há muito tempo, ou tenha sido absorvida por outras sociedades mais dominantes, as que permaneceram prendem-se a remanescentes dos costumes ancestrais.

No mundo atual, o maior grupo étnico que mantém essas antigas tradições é o dos minangkabau, da Sumatra, parte do território da Indonésia. Com pouco mais de 4 milhões de habitantes, constituem uma das poucas sociedades que se esforçaram para preservar os costumes que harmonizam as necessidades das mulheres e dos homens e que procuram intensificar abertamente as qualidades mantenedoras da vida do feminino universal.

Sociedades como a dos minangkabau são matriarcais e fornecem recursos para as mulheres que procuram curar o corpo, a alma e o espírito e compartilhar de forma mais livre o poder feminino, a criatividade e radiância naturais.

No passado existiam muitas sociedades matriarcais em todo o mundo, e as mulheres que nelas viviam eram tratadas como joias preciosas porque personificavam as qualidades do feminino universal.

A joia preciosa

Essa verdade se reflete até hoje na tradição hinduísta das *devadasis*. Tradicionalmente, essas sacerdotisas hinduístas – que literalmente significa servas de Deus – eram capazes de curar outras pessoas com a dança porque eram ensinadas a irradiar livremente a essência pura da energia feminina, que concede vida e cura. Uma das maneiras pelas quais as *devadasis* intensificavam e celebravam a joia preciosa era por meio do uso de mudras em danças e rituais de cura.

Um mudra é um gesto simbólico que pode ser feito com as mãos e com os dedos ou em combinação com a língua e com os pés.

A palavra *mudra* vem da raiz sânscrita *mud*, que significa "encanto", "deleite" ou "prazer".

Embora sejam novos no mundo ocidental, os mudras são usados no Oriente há séculos para aumentar o bem-estar físico, mental, emocional e espiritual. Os taoistas da antiga China os usavam para encontrar a paz interior; os místicos hinduístas para ajudá-los a atingir o samadhi (iluminação); e os agentes de cura para curar tudo, desde dores de cabeça até artrites.

Os mudras funcionam porque estimulam o fluxo de energia sutil, de prana-chi, através de centros de energia específicos e de meridianos no sistema de energia sutil. Ao estimular esses pontos durante intervalos de tempo mais longos, geralmente por 5 minutos ou mais, é possível liberar energia bloqueada. Essa liberação pode curar padrões autolimitadores e destrutivos e levar a níveis intensificados de autopercepção.

À semelhança das *devadasis*, você também pode liberar a joia preciosa dentro de si ao executar o Mudra da Joia Preciosa. Desenvolvemos esse mudra porque a joia preciosa tem uma ligação direta com a Kundalini-Shakti. A Kundalini-Shakti é o maior depósito de energia feminina do corpo humano e por isso representa uma fonte de força interior e de confiança para todos que estão prontos para abraçar as qualidades universais do feminino. Ao despertar dentro de si a joia preciosa, você estará dando um passo significativo em direção à experiência do antigo poder, criatividade e radiância do feminino universal que existe dentro de si.

Exercício: O Mudra da Joia Preciosa

Para realizar o Mudra da Joia Preciosa, sente-se em uma posição confortável mantendo a coluna ereta. Em seguida, encoste a língua no topo da boca e deslize-a para trás até que o palato duro se torne macio. Fique nessa posição enquanto une as solas dos pés. Junte as partes externas dos dedos indicadores desde as pontas até a primeira articulação. Em seguida, junte as pontas dos dedos médios de modo a criar um triângulo. Una os dedos anelares voltando-os para as palmas das mãos, de modo que as partes externas desses dedos se toquem desde a primeira até a segunda articulação. Junte as pontas dos dedos mínimos de modo a formarem outro triângulo. Então, repouse o polegar esquerdo no berço criado pelo dedo indicador direito e repouse o polegar direito no berço criado pelo dedo indicador esquerdo.

Figura 1: O Mudra da Joia Preciosa

Feche os olhos e mantenha este mudra durante 10 minutos. Em pouco tempo, você sentirá seu centro de percepção emergindo de um ponto profundo dentro de você. Esse centro é a joia preciosa.

Não faça nada depois de ter feito contato com ele. Você receberá mais benefícios do Mudra da Joia Preciosa se apenas deixar que ele a leve a um reconhecimento mais profundo do seu poder e radiância inatos.

Você pode usar o Mudra da Joia Preciosa como parte de sua rotina de trabalho energético ou sempre que quiser promover o aumento da autoconfiança e da força interior.

A criança em crescimento

Aprendemos com os mestres do tantra que as crianças, até atingir a idade de 7 anos, celebram naturalmente as qualidades universais do feminino, representadas pela joia preciosa. No entanto, à medida que crescem, a celebração natural dessas qualidades pode ser rompida.

Essa ruptura não está confinada ao plano físico. Seres humanos são seres interdimensionais, e uma criança em crescimento pode ser alvo de influências negativas nas dimensões não físicas. Essas influências negativas vêm sob a forma de projeções energéticas emitidas por outras pessoas e por bagagens kármicas – a energia densa e autolimitadora que todos carregam consigo de uma vida para outra, no campo de energia sutil. Mais tarde voltaremos a falar mais sobre esses temas, mas por enquanto é importante reconhecer que as crianças ficam particularmente susceptíveis a essas influências à medida que crescem, seus egos emergem e começam a dominar suas vidas. Elas assimilam os valores culturais que as desvalorizam e, à medida que ficam mais apegadas a campos de energia sutil, esses campos bloqueiam o fluxo natural de energia feminina mantenedora da vida que atravessa seus corpos, e os campos de energia que os preenchem e se estendem além deles.

É a energia feminina mantenedora da vida que traz prazer, amor, intimidade e alegria à vida de todas as pessoas, e é essa mesma energia que fornece o meio que torna possível compartilhá-la com qualquer outra pessoa pronta e aberta para recebê-la.

Cassandra

Na mitologia grega, a trágica história de Cassandra ilustra claramente esse ponto. Por causa de suas qualidades únicas, Cassandra, filha única do rei Príamo e da rainha Hécuba de Troia, foi dotada pelo deus Apolo com o poder da profecia. Infelizmente, o próprio Apolo mais tarde a amaldiçoou, quando ela rejeitou suas investidas sexuais. Assim, sua queda e morte foram decorrentes das próprias qualidades que haviam feito dela uma mulher extraordinária e atraente ao deus da medicina e da cura, ou seja, sua beleza, independência, força e inteligência.

Caças às bruxas

E há, então, a sórdida história da caça às bruxas na Europa e na América do Norte. No século XIV, durante e após o período da peste bubônica (1347-1349), as pessoas na Europa Central concentraram seu medo e seu ódio nas bruxas e "espalhadores de pragas", que elas acreditavam estar tentando destruir seus vizinhos por meio de magia e venenos. Os casos de feitiçaria, particularmente contra mulheres, aumentaram de forma lenta, mas constante, a partir dos séculos XIV e XV. Então, por volta de 1550, o número de perseguições disparou. Como observou o historiador Steven Katz: "As evidências deixam claro que o crescimento da loucura contra as bruxas – o pânico que ela provocou – era inseparável da estigmatização das mulheres" (citado em Jones).

As mulheres na sociedade moderna

Felizmente, as mulheres modernas não são mais amaldiçoadas pelos deuses nem condenadas como bruxas. De fato, nos últimos duzentos anos aconteceu uma transformação na maneira como a sociedade enxerga e percebe as mulheres. Leis e costumes mudaram na maioria das sociedades tecnológicas avançadas, e hoje suprimir e frustrar as aspirações naturais das mulheres ainda faz parte de uma rotina, quase ritualística em diminuir as mulheres, mas, ainda assim, a violência institucionalizada contra as mulheres já não é vista, de forma geral, de forma impune.

O significado disso é simples: se você abraçar as qualidades universais do feminino, poderá desfrutar da capacidade para se render à intimidade e às relações transcendentes. Suas decisões estarão alinhadas com seus objetivos e seu corpo se tornará um tributo brilhante ao feminino universal.

Uma mulher que tenha trazido a joia preciosa para a percepção consciente e mergulhado nas qualidades universais do feminino iluminará qualquer sala em que entrar, independentemente da sua idade. Essa mulher manifestará no mundo uma nova feminilidade, que unirá os mitos que celebram o feminino universal com a liberdade que as mulheres obtiveram na sociedade ocidental moderna.

Damos a essa nova mulher, essa mulher que se curou e que é um farol de luz e de amor, o nome de mulher radiante.

Você pode mudar sua vida

Executar o Mudra da Joia Preciosa permite que você dê o primeiro passo nessa direção. O passo seguinte será superar o medo que bloqueia o acesso ao campo de energia. Você fará isso aprendendo a executar o Mudra do Destemor. Depois disso, usará o Mudra da Autoaceitação para, como o próprio nome diz, aceitar a si mesma exatamente como é agora.

Depois de concluir essas etapas, tudo o que você precisa fazer é usar o que vai aprender nos capítulos seguintes para curar seu corpo, sua alma e seu espírito.

Tenha certeza de que, aprendendo primeiro a realizar as mudanças internas, você irá liberar todo o poder, energia e criatividade de que necessita e será capaz de expressar tudo isso livremente.

Figura 2: O Mudra do Destemor

Exercício: O Mudra do Destemor

Para realizar o Mudra do Destemor, encontre uma posição confortável, mantendo a coluna ereta. Em seguida, coloque a língua no palato superior e deslize-a para trás até que o palato duro se curve para cima e fique macio. Uma vez com a língua nesta posição, aproxime as solas dos pés até que elas se toquem. Em seguida, junte os dedos indicadores de modo que as pontas se toquem. Depois que as pontas dos dedos indicadores estiverem se tocando, faça com que as pontas dos polegares e as pontas dos dedos médios se juntem. Mantenha as pontas dos dedos indicadores acima das pontas dos polegares e dos dedos médios. Em seguida, junte as pontas dos dedos anelares e as pontas dos dedos mínimos.

Pratique o mudra durante 10 minutos. Em seguida, solte os dedos e coloque a língua e os pés de volta às posições normais.

Você pode usar esse mudra como parte do seu regime regular de trabalho energético ou sempre que apegos a crenças restritivas ou a arquétipos criados pelo ser humano usarem o medo para impedi-la de irradiar livremente energia com qualidades universais. Repita tantas vezes quantas julgar necessário.

Figura 3: O Mudra da Autoaceitação

Exercício: O Mudra da Autoaceitação

O Mudra da Autoaceitação irá ajudá-la a se aceitar mesmo quando tiver sido aprisionada por crenças restritivas ou quando outras pessoas tiverem coagido você a abandonar seus valores fundamentais para atender às exigências delas.

Para executar o Mudra da Autoaceitação, encontre uma posição confortável, mantendo a coluna ereta. Em seguida, coloque a língua no topo do palato superior e deslize-a para trás até que o palato duro se curve para cima e fique macio. Mantenha a ponta da língua em contato com o topo do palato enquanto junta as solas dos pés. Em seguida, junte o monte de Vênus* com as bordas dos

---

* O monte de Vênus é a parte abaulada da mão entre o polegar e a Linha da Vida. (N. T.)

polegares. Depois deslize o dedo indicador direito sobre o dedo indicador esquerdo de modo que a ponta do dedo direito fique sobre a segunda articulação do dedo esquerdo. Junte os dedos médios de modo que as pontas se toquem. Uma vez que estejam se tocando, junte os lados externos dos dedos anelares, desde a primeira até a segunda articulação. Em seguida, junte as partes internas dos dedos mínimos desde as pontas até as primeiras articulações.

Pratique o mudra por 10 minutos. Em seguida, solte os dedos e coloque a língua e os pés de volta às posições normais. Repita tantas vezes quantas julgar necessário.

Ao praticar regularmente o Mudra da Autoaceitação, você será capaz de se aceitar como é agora e estará um passo mais perto de se tornar uma mulher radiante.

Resumo

Como toda mulher, você tem enormes quantidades de energia feminina adormecidas dentro de si. O processo de cura começa quando você abraça o feminino universal e libera essa energia, de modo que ela se irradie livremente através de seu campo de energia e de seu corpo físico. Você fez isso ao executar o Mudra da Joia Preciosa.

O uso do Mudra do Destemor para banir o medo fará você liberar ainda mais energia. E, ao praticar o Mudra da Autoaceitação, iniciará um processo que levará você gradualmente para mais perto da realização de suas metas pessoais e espirituais. No próximo capítulo, você aprenderá a reivindicar seu centro de energia no corpo físico e no campo de energia sutil e também a se centrar na mente autêntica, seu autêntico veículo de cura.

DOIS

A Descoberta do Centro de Energia

✣

Nos primórdios da civilização, quando grandes aldeias começaram a se formar, as mulheres acreditavam que o feminino universal governava supremo, e que seu poder e amor manteriam para sempre o equilíbrio entre homens e mulheres. Elas acreditavam nisso porque se agarravam firmemente ao seu centro de energia e confiavam no poder do feminino universal. Por causa da fé dessas mulheres em si mesmas, o poder delas irradiava livremente através de seu campo de energia sutil e de seu corpo físico.

Infelizmente, muitas pessoas não confiam plenamente no feminino universal; outras nem sequer sabem que têm enormes reservas inexploradas de poder feminino adormecidas no interior do campo de energia sutil. Como resultado, muitas ainda não recebem todos os benefícios do poder feminino que irradia através do corpo, da alma e do espírito.

Sem dúvida, a ideia de que alguém poderia não confiar na energia que a nutre seria capaz de suscitar uma reação cética. Mas considere o seguinte: praticamente todos os seres humanos viveram muitas vidas. E o legado de suas vidas passadas, bem como do relacionamento distorcido com o próprio poder feminino, permanece entrincheirado dentro do campo de energia sob a forma de bloqueios energéticos.

O conceito de vidas passadas pode lhe parecer estranho se o trabalho de cura e o trabalho energético forem coisas novas para você. No entanto, como um ser interdimensional com uma alma, um espírito e um campo de energia sutil que os apoia, você participa de um grande ciclo de vida, morte e renascimento.

Embora você vivencie a perda do corpo físico no fim de cada vida, os veículos energéticos, que constituem o fundamento da alma e do espírito, sobrevivem. No fim de cada ciclo de vida, morte e renascimento, eles encarnam-se em um novo corpo físico planejado para conduzi-los ao longo da fase seguinte da jornada evolutiva. Esse processo continua até que você tenha atingido um estado permanente de iluminação. No estado iluminado, você se tornará plenamente consciente de seu estado *a priori* de felicidade e transcenderá o ciclo de morte e renascimento, o que significa que não precisará mais encarnar na Terra.

Mulheres-homem

Um exemplo extremo de pessoas que desconfiam do próprio poder feminino, e que sofrem desnecessariamente, pode ser encontrado no norte da Albânia em uma das instituições mais estranhas e mais duradouras da Europa. Nessa região montanhosa, encontram-se as chamadas mulheres-homem. São mulheres que rejeitaram o poder feminino e até mesmo a identidade feminina. Essas mulheres assumem o papel de sustentar materialmente sua família extensa, depois que o patriarca, o pai ou o irmão mais velho morrem. De acordo com a tradição, a mulher-homem adota esse papel para proteger a família do roubo e do estupro. Infelizmente para essas mulheres, a tradição das mulheres-homem exige que elas sacrifiquem uma vida como esposas e mães para o bem de suas famílias. Essas mulheres abandonam sua feminilidade; elas cortam os cabelos deixando-os bem curtos, usam roupas masculinas e fazem o trabalho tradicional dos homens durante o resto da vida. É interessante notar que todos aceitam esse equívoco óbvio, inclusive as próprias mulheres. E, sob condições normais, uma mulher-homem é tratada da mesma maneira que um homem por homens e mulheres na comunidade.

A importância da confiança

Para aquelas de vocês que anseiam por se curar nos níveis mais profundos, a mulher-homem ilustra a importância da confiança tanto nas qualidades universais do feminino como nas suas próprias qualidades específicas. A falta de confiança pode impedir que encontre seu centro de energia. E, sem um centro de energia, será difícil usar o campo de energia para curar e para desencadear todo o poder feminino potencial. Sonhos se materializam em realidade física e os desejos se tornam verdadeiros quando você encontra seu centro de energia e passa a viver dentro dele.

Há outras razões que fazem da confiança algo importante. É a autoconfiança que sustenta uma personalidade dinâmica e que evolui continuamente. E é a confiança em si mesma e no feminino universal que lhe permitirá estabelecer e manter relacionamentos saudáveis consigo mesma e com outras pessoas.

Felizmente, mesmo que uma mulher desconfie de si mesma e da energia feminina, há momentos em que é impossível bloquear por completo as qualidades universais do feminino. A energia feminina e as qualidades universais que emergem dela podem irromper na percepção consciente de uma mulher e transformá-la quando ela está grávida, momento em que os hormônios e o fluxo de energia feminina intensificada a tornam mais radiante. Essa condição pode superar a desconfiança de uma mulher quando ela está no período menstrual e quando encontra o amor de sua vida. Principalmente no início de um relacionamento com esse nível de intensidade, uma mulher descobrirá que, para agradar o parceiro, é impossível desconfiar das qualidades universais do feminino ou rejeitar por completo essas qualidades.

Infelizmente, essas irrupções de energia em geral são temporárias. Mas não precisam ser. Com a ajuda dos exercícios a seguir, você poderá tornar a energia feminina parte permanente de sua vida e de seus relacionamentos. O primeiro exercício que aprenderá a executar é o Mudra da Confiança. Se executá-lo durante 10 minutos por dia por pelo menos cinco dias, você se tornará mais receptiva à sua própria energia feminina. Isso fará com que você adquira confiança em si mesma e aprecie o poder, a criatividade e a radiância que são seus por direito.

Exercício: O Mudra da Confiança

Para executar o Mudra da Confiança, encontre uma posição confortável, mantendo a coluna ereta. Quando estiver relaxada, leve a ponta da língua até o topo da boca. Em seguida, deslize-a para trás até que o palato superior fique macio. Em seguida, junte as solas dos pés. Continue, juntando os polegares de modo que eles se toquem desde as pontas até as primeiras articulações. Junte os dedos indicadores de modo que eles se toquem desde as pontas até as primeiras articulações. Os polegares formarão um triângulo, assim como os dedos indicadores. Faça com que as partes exteriores dos três dedos restantes se juntem de modo que os dedos correspondentes em ambas as mãos se toquem desde a primeira até a segunda articulação.

Figura 4: O Mudra da Confiança

Mantenha este mudra durante 10 minutos, conservando os olhos fechados. Depois de 10 minutos, libere o mudra e desfrute a confiança intensificada que sente por si mesma, bem como a energia feminina que a preenche de poder. Repita tantas vezes quantas julgar necessário.

Descubra seu centro de energia

Depois de executar o Mudra da Confiança, você pode recuperar seu centro de energia, primeiro no corpo físico, centralizando-se no Hara, e em seguida no campo de energia sutil, aprendendo, para isso, a executar o Método Padrão.

O Hara está localizado quatro dedos abaixo do umbigo e dois centímetros e meio à frente da coluna vertebral. Em japonês, a palavra *Hara* significa "abdômen". O termo Hara está muitas vezes ligado a outra palavra japonesa, *Tanden*. *Tanden* significa "campo do elixir" (Stiene e Stiene). O Hara pode, portanto, ser compreendido como o local no qual se encontra o elixir da vida no corpo físico.

É também o local onde você pode recuperar o centro de poder no corpo físico.

A maioria das pessoas no Ocidente desconhece a importância do Hara. Essa é uma das razões pelas quais tantas pessoas ainda deixam de aproveitar toda a vitalidade e energia de cura disponíveis a elas. Isso também explica por que tantas pessoas estão fora de equilíbrio, e por que estão suspensas por um ponto exatamente acima dos ombros e oscilam a partir dele como fantoches. O corpo físico, a postura e a maneira como se movem refletem o fato de elas não terem feito do Hara parte integrante da vida cotidiana.

Problemas como má postura, tensão muscular crônica (que inibe o fluxo de prana através do sistema energético humano), coluna vertebral comprimida e torcida, órgãos corporais rígidos e má circulação podem estar diretamente ligados ao equilíbrio a partir dos ombros, e não ao Hara. O fato de não estarmos centralizados em nosso centro de energia pode criar outros problemas, como tensão sobre as articulações e os ligamentos. E isso pode contribuir para a fadiga mental e física, e até mesmo para a depressão, que atinge mais as mulheres do que os homens.

Então, o que podemos ganhar por meio do Hara? Podemos ganhar muito. Encontrar seu centro de energia em Hara lhe concederá poder. Conectará os centros de energia no abdômen com os centros de energia do coração e da cabeça. Os órgãos reprodutores receberão mais nutrição e funcionarão melhor. E, liberando a energia em seu abdômen, você acessará com mais facilidade suas emoções e sentimentos mais profundos.

Portanto, não deveria nos causar surpresa saber que todas as principais tradições espirituais afirmam que um sólido fundamento é um pré-requisito para o crescimento pessoal. A própria natureza reflete esse princípio. Para que uma árvore alcance os céus, ela precisa ter um sólido fundamento na terra. Sem isso, a árvore tende a permanecer fraca, reagindo a cada pequena alteração do clima.

Exercício: A Respiração Hara

A respiração Hara é uma técnica antiga, que tem sido praticada há séculos no Extremo Oriente. Ela foi concebida para ajudar as pessoas a descobrir o centro de energia no corpo físico, que está localizado no abdômen e conectado ao terceiro chakra. Se você se sentir separada de seu corpo ou vazia e necessitando de força interior, ou caso se sinta agitada ou sobrecarregada, assustada ou zangada, respirar dentro do Hara aliviará esses sentimentos ao trazê-la de volta ao seu centro de energia, em equilíbrio com o restante do mundo.

Você pode praticar a respiração Hara em qualquer posição, contanto que a coluna esteja ereta. Por ora, sugerimos que execute a respiração Hara deitada de costas. Conforme progride, você pode praticar o exercício sentada ou em pé.

Comece a respiração Hara com os braços esticados ao lado do corpo, as palmas das mãos para cima e os dedos estendidos relaxadamente. Os olhos devem estar fechados e as mandíbulas relaxadas, o que permitirá que sua boca fique confortavelmente semiaberta. Nessa posição, respire fundo pelo nariz durante 3 ou 4 minutos. Em seguida, dirija a atenção mental para o Hara, quatro dedos abaixo do umbigo.

Com a atenção mental voltada para o Hara, faça pequenos círculos no sentido horário ao redor do Hara com a ponta do dedo médio da mão positiva (mão direita, se você for destra, ou esquerda, se for canhota). Em pouco tempo, você notará sensações emergindo desse ponto vital e poderá sentir calor, formigamento, sensações latejantes, frio ou pressão. Nenhuma dessas sensações deve preocupá-la; são todas normais. Depois de alguns momentos, coloque ambas as mãos diretamente sobre a posição correspondente ao Hara. Ao mesmo tempo, encoste a língua no palato superior, logo atrás dos dentes. Isso irá conectar as correntes feminina e masculina de prana a seu campo de energia e intensificar a experiência.

Uma vez com as mãos em posição, use o prana que entra em seu campo de energia em cada inalação para ativar ainda mais seu Hara. Para fazer isso, inspire profundamente, dirigindo a corrente para o Hara, contando até cinco. À medida que preenche o Hara com prana, visualize um fluido dirigindo-se para dentro e preenchendo esse ponto vital com energia e luz. Retenha a respiração contando até cinco, enquanto sua atenção mental permanece focada no Hara. Durante a retenção, à medida que o nível de prana aumenta, você começará a sentir o Hara se aquecendo e o centro de equilíbrio se deslocando dentro de seu ponto vital.

Depois de ter retido a respiração contando até cinco, expire pela boca para outra contagem até cinco. Não deve haver intervalo entre a exalação e a próxima inalação. O ritmo natural só deve ser quebrado durante a retenção.

Faça esse exercício 2 ou 3 vezes por semana por cerca de 20 minutos. Ao dominar a respiração Hara, retorne ao seu centro verdadeiro, que está no Hara. Repita tantas vezes quantas julgar necessário.

O centro de energia em seu campo de energia sutil

Agora que você encontrou seu centro de energia no corpo físico, pode continuar executando um exercício que chamamos de Método Padrão. O Método Padrão lhe permitirá recuperar seu centro de energia em seu campo de energia. Depois de executar o Método Padrão, crie uma tela visual. A tela visual é parte essencial de muitos dos exercícios de cura que aprenderá neste livro. Por fim, você aprenderá a executar o Mudra do Empoderamento. Quando encontrar o centro de energia em seu corpo físico e em seu campo de energia sutil, esse mudra ajudará você a transmutar energia feminina em força.

Exercício: O Método Padrão

Para encontrar seu centro de energia no campo de energia, é preciso ser capaz de concentrar a atenção sem se distrair. Isso acontece de maneira muito natural sempre que você faz algo que gosta, como ler um livro, participar de uma discussão animada ou partilhar da intimidade com alguém que ama. Quando falamos de focalizar a mente e deslocar a percepção para dentro do campo de energia, o prazer é a chave para o sucesso. Isso porque a sensação de prazer faz aumentar o fluxo de prana através de seu campo de energia e de sua mente autêntica.

A mente autêntica é o veículo de percepção e expressão. É seu centro de energia no mundo sutil da energia e da consciência, e é composta por três elementos: campo de energia, o sistema nervoso e os órgãos e sentidos físicos de percepção, que podem ser direcionados tanto para o ambiente externo (o plano físico) como para o ambiente interno (os planos sutis da consciência).

Quanto mais prana fluir do seu campo de energia e, por extensão, de sua mente autêntica, mais fácil será para você permanecer centrada. O fluxo intensificado de prana também faz com que sua percepção emerja naturalmente, sem distrações.

A prática do Método Padrão leva cerca de 20 minutos. Na primeira parte dela, relaxe os principais grupos de músculos de seu corpo físico, contraindo-os e soltando-os. Isso ajuda a aquietar a mente, liberando tensões residuais. Na segunda parte, use a intenção e volte-se interiormente para os seus órgãos de percepção, de modo que possa localizar seu campo de energia sutil e permanecer centrada nele.

É importante notar que neste exercício a *intenção* funciona como um *software* de computador. Assim como um *software* instrui um computador a executar uma determinada tarefa, sua intenção instrui a mente autêntica a voltar os órgãos de percepção para dentro.

Entre os órgãos de percepção estão os sentidos, que reúnem a conexão físico-material como outros meios de conhecimento não físicos, tais como a intuição. Se você usar sua intenção de maneira adequada, sem ficar olhando para si mesma, sem se pressionar muito nem misturar a intenção com sentimentos e com a insegurança, sua percepção se voltará automaticamente para dentro.

Para iniciar a prática do Método Padrão, encontre uma posição confortável, mantendo a coluna ereta. Feche os olhos e respire fundo pelo nariz durante 2 ou 3 minutos. Então, lentamente, faça uma contagem regressiva de cinco até um. Enquanto faz essa contagem, repita mentalmente e visualize cada número 3 vezes para si mesma. Não se apresse e deixe a mente livre para ser criativa. Depois de chegar ao número um, repita para si mesma a seguinte afirmação: "*Agora estou profundamente relaxada e me sinto melhor do que antes*".

Continue, agora contando de 10 até 1, deixando-se mergulhar mais fundo a cada número da escala descendente. Quando alcançar o número um, afirme: "*Toda vez que chego neste nível mental, consigo usar mais minha mente e de maneiras mais criativas*".

Em seguida, inspire e dirija a atenção mental para os pés. Contraia os músculos dos pés o máximo que puder. Segure a respiração duranter 5 segundos. Em seguida, solte a respiração e relaxe os músculos dos pés. Inspire fundo mais uma vez e repita o processo com os tornozelos e batatas das pernas. Faça o mesmo com os joelhos, as coxas, as nádegas e a pélvis, o abdômen médio e superior, o tórax, os ombros, o pescoço, os braços e as mãos. Depois de comprimir e relaxar todas essas partes do corpo, contraia também os músculos do rosto e os mantenha assim druante 5 segundos. Depois dos 5 segundos, solte e diga "*ahh*" enquanto expira. Em seguida, abra a boca, estique a lingua para fora da boca e alongue os músculos do rosto o máximo que puder. Mantenha-os assim durante 5 segundos. Em seguida, relaxe os músculos do rosto e diga "*ahh*" enquanto expira.

Por fim, contraia todo o corpo e os músculos do rosto enquanto prende a respiração duranter 5 segundos. Solte o ar pelo nariz e relaxe por alguns instantes.

Afirme: "*É minha intenção voltar meus órgãos de percepção para dentro*". Durante alguns instantes, apenas sinta os efeitos dessa afirmação; depois, afirme: "*É minha intenção me centrar em meu campo de energia sutil*".

Imediatamente, sua orientação se deslocará, e, a partir de sua nova perspectiva, dentro de si mesma, você ficará ciente de que está centrada no seu campo de energia e na sua mente autêntica, porque se sentirá mais leve, mais você mesma e, o que é ainda mais importante, pensamentos e sentimentos não a distrairão mais.

Reserve mais 15 minutos para sentir os efeitos desse exercício. Em seguida, conte de 1 até 5, e então abra os olhos. Quanto mais vezes você usar o Método Padrão, maiores serão os benefícios e mais fácil será permanecer focada sem se distrair. Agora que encontrou seu centro de energia em seu campo de energia sutil, você pode criar uma tela visual.

Exercício: A Tela Visual

Para criar uma tela visual, encontre uma posição confortável, mantendo a coluna ereta. Feche os olhos e relaxe. Use o Método Padrão a fim de relaxar o corpo físico e se centrar no campo de energia sutil e na mente autêntica. Depois de relaxar o corpo físico e estar centrada, crie uma tela de dois metros e meio à sua frente. A tela deve ser branca e grande o bastante para que nela caiba uma imagem em tamanho real de si mesma. Também deve estar um pouco elevada em relação ao chão, de modo que precise olhar para cima, em um ângulo de trinta graus, para ver claramente a imagem na tela.

Para criar a tela visual, afirme: *"É minha intenção visualizar uma tela branca de dois metros e meio à minha frente"*. Uma vez que a tela visual tiver se "materializado", afirme: *"É minha intenção visualizar uma imagem de mim mesma na tela"*. Imediatamente, você verá sua imagem na tela. Observe-a durante cerca de 5 minutos. Depois de 5 minutos, libere a imagem e também a tela. Então, conte de 1 até 5, e abra os olhos.

Nos capítulos a seguir, você usará a tela visual para substituir arquétipos autolimitadores por arquétipos que mantêm a vida, para liberar apegos que a bloqueiam, e para se curar nos níveis do corpo, da alma e do espírito. Agora que criou a tela visual, você está pronta para executar o Mudra do Empoderamento.

O Mudra do Empoderamento é planejado para intensificar a transmutação da energia feminina em poder e para distribuí-la de maneira uniforme por todo o campo de energia sutil.

Figura 5: O Mudra do Empoderamento

Exercício: O Mudra do Empoderamento

Para executar este mudra, encontre uma posição confortável, mantendo a coluna ereta. Em seguida, use o Método Padrão para se centrar em seu campo de energia e em sua mente autêntica. Executando, em primeiro lugar, o Método Padrão, você intensificará o efeito do mudra. Continue colocando a ponta da língua diretamente atrás do ponto onde os dentes encontram a gengiva superior. Junte as pontas externas dos polegares de modo a formar um triângulo. Depois, junte as pontas dos dedos indicadores de modo a formar um segundo triângulo. Uma vez que as pontas dos dedos indicadores estejam se tocando, coloque os lados externos dos dedos médio e anelar juntos desde a primeira até a segunda articulação. Em seguida, coloque as pontas internas dos dedos mínimos juntas de modo a formar um terceiro triângulo.

Quando você olhar para baixo, para as mãos, verá três triângulos. O primeiro triângulo foi criado pelos polegares, o segundo pelos dedos indicadores e o terceiro pelos dedos mínimos.

Mantenha este mudra durante 10 minutos, com os olhos fechados. Depois de 10 minutos, libere o mudra. Então, conte de 1 até 5, e abra os olhos. Você se sentirá totalmente desperta, relaxada e muito melhor do que se sentia antes. Repita tantas vezes quantas julgar necessário.

Resumo

Ao aprender a executar o Mudra da Confiança e a recuperar o centro de energia no corpo físico e no campo de energia sutil, você dará um passo importante para recuperar seu poder, sua criatividade e sua radiância. Ao aprender a criar a tela visual e a executar o

Mudra do Empoderamento, você dará um passo importante, pois aprenderá a conceder poder a si mesma. No próximo capítulo, você aprenderá a distinguir a diferença entre a energia feminina mantenedora da vida e a energia que causa sofrimento e doença. Depois, aprenderá a executar a cura pelos chakras, o que a tornará capaz de usar os órgãos do seu sistema energético para curar a si mesma e as pessoas que ama.

TRÊS

A Cura pelos Chakras

※

Agora que recuperou o centro de energia no corpo e no campo de energia sutil e aprendeu a criar uma tela visual, você pode começar o processo da cura pelos chakras (ou pelo desbloqueio dos chakras). Ao executar esse processo, você poderá curar doenças no seu corpo, na sua mente, na sua alma e também nos seus relacionamentos – e curá-las pela raiz – em seu campo de energia sutil.

No entanto, antes de iniciar a cura pelos chakras, é importante que compreenda duas coisas. Primeira: que há dois tipos de energia no universo, a energia com qualidades universais e a energia com qualidades individuais. Segunda: o campo de energia sutil e o sistema de energia sutil são planejados para transmitir e transmutar exclusivamente a energia com qualidades universais. Eles não podem transmitir ou transmutar energia com qualidades individuais.

Energia com qualidades universais

A energia com qualidades universais é o que possibilita a diversidade da vida tanto no universo físico quanto no não físico. Sem ela, não haveria um universo digno de assombro, nenhum ser senciente com um campo de energia e um corpo físico capaz de senti-lo, nem nenhum prazer, amor, intimidade ou alegria.

Você talvez já conheça o extraordinário poder dessa energia. Talvez já tenha percebido que essa força é tão poderosa que, ao ser irradiada do seu campo energético, pode curar doenças e catapultá-lo a um estado de transcendência no qual os problemas e preocupações desaparecem e você é capaz de sentir a felicidade que vigora continuamente no universo vivo.

Energia com qualidades individuais (os gunas)

Já falamos sobre a energia com qualidades universais. Essa é a forma original da energia feminina que emergiu quando o universo não manifestado passou a existir fisicamente. No entanto, há outra forma de energia que surgiu pouco tempo depois. É a energia que enxergamos com nossos órgãos de percepção. Ela tem qualidades individuais e muda continuamente.

No nível físico, o calor, a eletricidade e a luz são bons exemplos de energia com qualidades individuais. Mas a energia com qualidades individuais não está confinada ao nível físico. No universo não físico, há também campos de energia com qualidades individuais que têm o que você pode chamar de características, ou o que chamamos de "sabor". Você já conhece essa energia. É a mesma energia densa que cria pressão e dor muscular quando você está estressada e com ansiedade, falta de autoconfiança e confusão, quando é ativada consciente ou inconscientemente. A energia com qualidades individuais é na verdade, de uma forma ou de outra, a principal fonte de sofrimento humano e de doença física.

Os mestres do tantrismo usaram os gunas para descrever o sabor dos campos de energia com qualidades individuais. A palavra sânscrita *guna* significa "qualidade ou atributo". No tantrismo clássico, três gunas conhecidos como Sattva, Rajas e Tamas são usados para descrever a energia com qualidades individuais.

A energia tamásica é a forma mais densa e distorcida de energia com qualidades individuais. Quando há uma quantidade excessiva de energia tamásica aprisionada no campo de energia sutil, ela causará muito sofrimento e terá um efeito muito prejudicial sobre a saúde e o bem-estar.

A energia rajásica é menos densa do que a energia tamásica. Na maioria dos casos, a energia rajásica exercerá menos impacto na saúde e no bem-estar. Mas a presença de uma quantidade excessiva de energia rajásica a empurrará para fora de seu centro de energia e poderá dificultar sua tarefa de abraçar as qualidades universais do feminino.

A energia sáttvica é menos densa que a energia tamásica ou a rajásica. Isso a torna menos prejudicial à saúde e ao bem-estar humanos. No entanto, essa energia ainda assim pode separá-la de seu centro de energia no seu corpo físico e no seu campo de energia sutil. E pode tornar difícil ser você mesma e se expressar livremente.

O sistema de energia sutil

O campo de energia sutil tem qualidades universais que penetram no corpo físico. Esse campo contém dois tipos de veículos energéticos – corpos energéticos e invólucros energéticos. O campo de energia também contém campos de recursos. Os campos de recursos informacionais fornecem a energia e a consciência que nutrem os veículos energéticos e o sistema de energia sutil.

O sistema de energia sutil inclui os chakras e os campos dos chakras, os meridianos, as auras e os centros de energia secundários espalhados pelo seu campo de energia sutil.

Da mesma maneira que uma rede elétrica fornece energia para casas e empresas, os órgãos do sistema de energia sutil transmitem e transmutam todo o prana que o corpo físico e seus veículos energéticos precisam para funcionar de maneira saudável.

Nas páginas a seguir, examinaremos mais a fundo os órgãos do sistema de energia sutil. Os chakras, os campos dos chakras e os centros de energia secundários irão atrair particularmente nossa atenção, porque saber usá-los com habilidade na cura pelos chakras é o que lhe permitirá encontrar soluções enérgicas para os problemas mais comuns que provocam rupturas em sua vida e em seus relacionamentos. São problemas que têm como fundamento bloqueios em seu campo energético.

Normalmente, os bloqueios no campo de energia sutil são criados quando uma concentração de energia sutil com qualidades individuais impede que o prana (energia com qualidades universais) irradie livremente através de um chakra ou de um centro de energia secundário. A concentração de energia de que estamos falando pode se parecer com uma onda ou com uma pequena piscina de energia densa que é ativa e pode se mover, especialmente quando você presta atenção a ela. Devido à densidade e capacidade para se mover dessa concentração de energia, ela pode bloquear o prana da mesma maneira que a sujeira pode bloquear o fluxo de ar limpo através de um filtro de ar.

São esses bloqueios que causam apegos, bem como padrões autolimitadores e destrutivos. Muitos desses bloqueios estão com você há várias vidas, uma vez que você carrega a energia que os sustenta no campo de energia de uma encarnação para a seguinte.

Os chakras, os campos dos chakras e os centros de energia secundários são os principais responsáveis pela regulação das atividades energéticas no universo não físico. Essas atividades incluem muitas interações que as pessoas acreditam de maneira equivocada que ocorram exclusivamente no plano físico. Empatia, motivação e entusiasmo, assim como o amor e a intimidade humanos, são exemplos de interações energéticas reguladas pelos chakras, pelos campos dos chakras e pelos centros de energia nas mãos e nos pés.

Isso significa que a condição do sistema energético pode influenciar na capacidade para sentir e expressar emoções e sentimentos. Infelizmente, isso também significa que, quando há bloqueios no sistema de energia sutil, a capacidade para interagir com o ambiente e com outras pessoas será bloqueada.

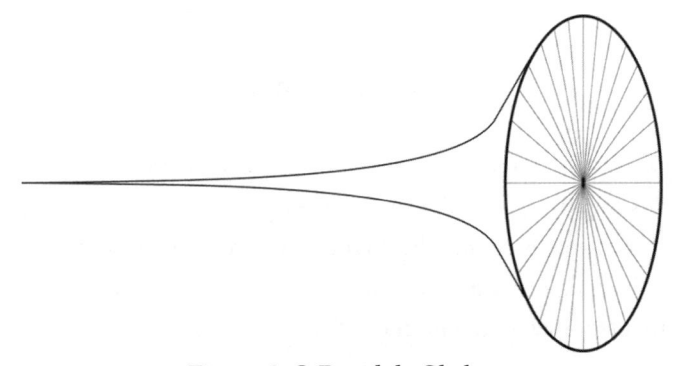

Figura 6: O Portal do Chakra

Os chakras

A palavra *chakra* vem do sânscrito e significa "roda". Há duas partes distintas de um chakra – o portal do chakra e o campo do chakra. Para pessoas com capacidade para ver campos de energia sutis, um portal de chakra se parecerá com um disco brilhante e colorido que gira rapidamente na extremidade que se parece com um longo eixo de rodas ou com uma haste. A porção da roda do portal do chakra mede cerca de oito centímetros de diâmetro e gira ou rodopia perpetuamente em torno de um eixo central. Emergindo do centro do disco há o que se parece com os raios de uma roda.

A principal função do portal do chakra é a de constituir uma via de acesso para fornecer prana ao campo de energia sutil e ao corpo físico. Embora os portais dos chakras tenham outras funções, a parte principal de um chakra é o imenso reservatório de prana, que chamamos de campo do chakra. O campo do chakra está conectado com o portal do chakra. Quanto mais saudável for o campo do chakra, mais prana será distribuído pelo portal do chakra ao seu campo de energia e ao seu corpo físico.

Funções dos chakras

Os portais dos chakras e os campos a eles associados realizam várias funções importantes, além de fornecer prana ao campo de energia sutil e ao corpo físico. Eles ligam todos os seres humanos à Consciência Universal, a singularidade a partir de onde tudo emergiu, tanto no universo físico como no não físico.

Eles transmutam prana de uma "altura" de vibração, ou frequência, para outra. A transmutação de prana ocorre automaticamente sempre que um corpo energético, invólucro ou corpo físico estiver em uma condição de deficiência de energia.

Os chakras também ajudam a equilibrar as forças da polaridade e do gênero no campo de energia, permitindo que o prana se mova através do sistema de energia sutil em quatro direções (e sentidos) gerais, para cima na parte de trás, para baixo na parte da frente, para a frente no sentido de trás para a frente, e para trás no sentido de frente para trás.

A manutenção de um equilíbrio saudável entre as forças da polaridade e do gênero ao distribuir prana de uma parte do seu sistema de energia sutil para outro a empoderará e intensificará sua capacidade de se expressar plenamente.

Os treze chakras no espaço do corpo

Existem 146 chakras no sistema de energia humano. Os treze chakras mais importantes estão localizados dentro do espaço do corpo: os sete chakras tradicionais, localizados ao longo da coluna vertebral e na cabeça, dois chakras etéricos, dois chakras físicos e dois chakras físicos-materiais. Veja a seguir uma pequena lista das atividades controladas pelos treze chakras no corpo e as funções da mente, da alma e do corpo por eles reguladas.

Primeiro Chakra

Segurança, autoconfiança, imagem do corpo, conexão com a terra e com suas criaturas. Se esse chakra estiver bloqueado, seu relacionamento com seu corpo físico será interrompido.

Segundo Chakra

Vitalidade, identidade de gênero (masculinidade ou feminilidade), criatividade. Se esse chakra estiver bloqueado, você experimentará sensações de ira.

Terceiro Chakra

Sentimento de pertencer, contentamento, intimidade, amizade, *status* e bem-estar psíquico. Se esse chakra estiver bloqueado, você sentirá medo.

Quarto Chakra

Autopercepção, direitos pessoais (inclui o direito de controlar o corpo físico, de expressar sentimentos e emoções – e de compartilhar o que você conhece). Se esse chakra estiver bloqueado, você sentirá dor.

Quinto Chakra

Autoexpressão, contentamento, perseverança e integridade pessoal. Se esse chakra estiver bloqueado, sua experiência de alegria será interrompida.

Sexto Chakra

Percepção, memória, intuição, raciocínio e pensamento racional e dedutivo. Se esse chakra estiver bloqueado, você experimentará uma ruptura nas atividades de raciocínio e intuição indutivas e dedutivas.

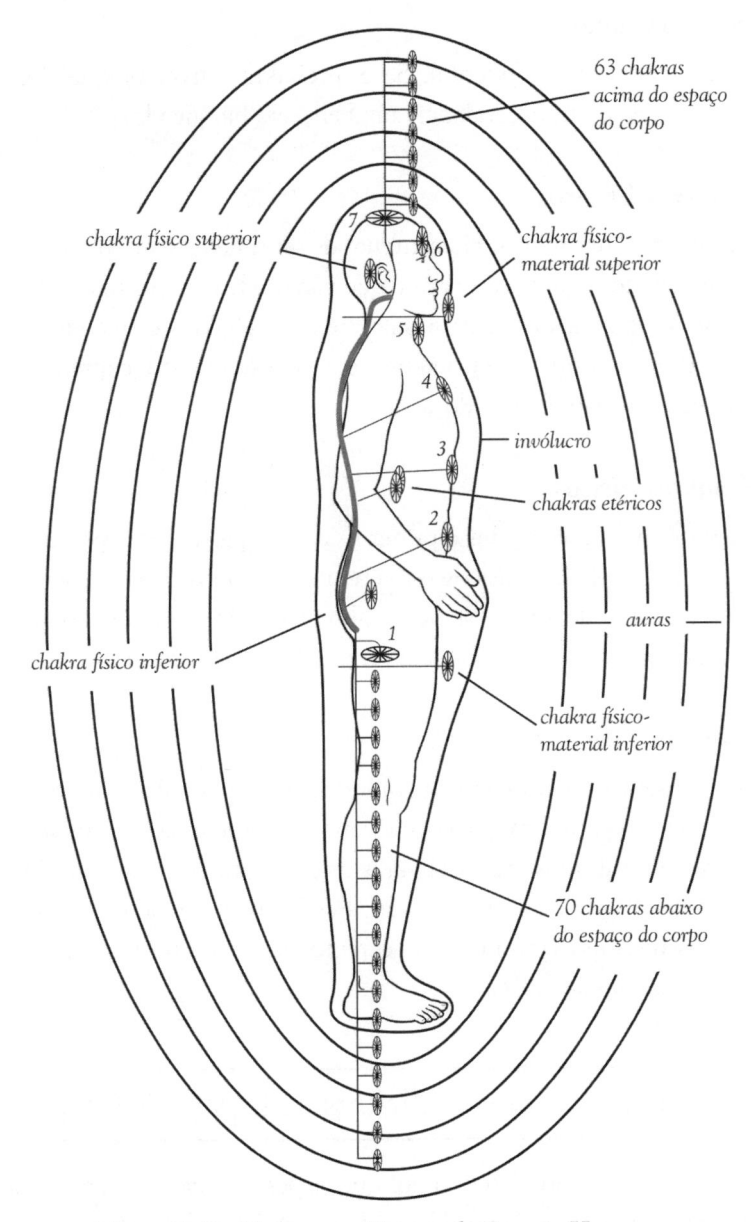

Figura 7: Os Chakras e o Sistema de Energia Humano

Sétimo Chakra

Consciência transcendental. Se esse chakra estiver bloqueado, a experiência de transcendência também será bloqueada.

Chakras Etéricos

Regula os sentimentos. Há centenas de sentimentos autênticos que emergem dos chakras etéricos e que vão desde o conforto e a satisfação até a fadiga e o entusiasmo. Se esses chakras estiverem bloqueados, o acesso aos sentimentos e a capacidade para expressá-los também estarão bloqueados.

Chakras Físicos

Responsáveis por regular o prazer físico, em particular o prazer sexual. Se os chakras físicos estiverem bloqueados, você se sentirá presa do lado de fora de si mesma, no nível físico, com uma correspondente perda de sensibilidade com relação a outras pessoas.

Chakras Físicos-Materiais

Responsáveis por arraigá-la no mundo físico-material. O fato de estar aterrada permitirá que você vivencie o corpo físico e o ambiente físico sem rupturas. Se os chakras físicos-materiais estiverem bloqueados, a força e a resistência que lhe dão poder serão interrompidos, assim como a produção, no cérebro, de compostos responsáveis pela sensação de prazer.

Exercícios: Sinta os Chakras no Espaço do Corpo

Em nosso trabalho, descobrimos que as pessoas não são capazes de sentir os chakras mesmo depois de terem aprendido algo sobre a estrutura e a função deles. Isso é lamentável, pois há maneiras simples de senti-los. Uma delas é utilizando o poder da água corrente para estimulá-los.

É fácil fazer isso no chuveiro. Basta direcionar o fluxo de água para a frente do primeiro chakra, que se estende da base da espinha até um ponto situado cerca de oito centímetros abaixo dela. Continue assim até sentir uma vibração emergir do ponto onde o portal do chakra está localizado. Aproveite o momento para desfrutar a ressonância – em seguida, mova o fluxo de água para o segundo chakra, quatro dedos abaixo do umbigo. Depois de alguns instantes, você sentirá a vibração característica do segundo chakra. Continue a usar a água que emerge do esguicho para estimular os chakras, do terceiro ao sétimo chakras, e, depois deles, os chakras etéricos, físicos e físicos-materiais. Você pode localizar as posições desses chakras consultando a Figura 7.

Depois de estimular os chakras, permaneça durante cerca de 10 minutos desfrutando a ressonância intensificada deles, que continuará a se manifestar mesmo depois que parar de estimulá-los.

Outra maneira de sentir os chakras no seu corpo consiste em esfregar as mãos uma na outra e, em seguida, colocar a palma da mão positiva – a direita se você for destra ou a esquerda se for canhota – cerca de oito centímetros à frente de cada portal do chakra.

Esfregar as mãos uma na outra as polariza ligeiramente, fazendo com que sinta de modo mais fácil e consciente a ressonância de cada chakra. Se você começar esfregando as mãos dessa maneira e, em seguida, colocar a mão positiva acima do primeiro portal do chakra, sua palma registrará a impressão da ressonância característica dele.

Para continuar o processo, remova a mão do primeiro portal do chakra. Esfregue novamente as mãos uma na outra e coloque a palma da mão positiva na frente do portal do segundo chakra, quatro dedos abaixo do umbigo. Sua palma registrará a impressão de uma ressonância de intensidade ligeiramente maior do que aquela que você sentiu no primeiro chakra. Faça o mesmo, esfregando as palmas das mãos e experimentando as ressonâncias únicas, características do terceiro, quarto, quinto, sexto e sétimo chakras.

Uma vez que experimentar a ressonância dos sete chakras tradicionais, use a mesma técnica para sentir a ressonância dos chakras etéricos, físicos e físicos-materiais.

Depois de estimular todos os treze chakras, durante alguns minutos, apenas aprecie os efeitos que você experimenta, emocional, mental e espiritualmente.

Exercício: Ative um Chakra

Agora que você consegue sentir os chakras no seu corpo, pode dar o próximo passo no processo da cura pelos chakras ativando um deles. Você aprenderá a técnica ativando o chakra do coração. Em seguida, pode usar a mesma técnica para ativar os outros doze chakras no seu corpo.

Para ativar o chakra do coração, encontre uma posição confortável, mantendo a coluna ereta. Feche os olhos e respire fundo pelo nariz durante 2 ou 3 minutos. Em seguida, faça duas contagens regressivas, de 5 até 1 e, depois, de 10 até 1. Use o Método Padrão para relaxar e se centrar em sua mente autêntica (ver Capítulo 2).

Quando estiver pronta para continuar, afirme: "*É minha intenção ativar meu chakra do coração*". Uma vez ativado o chakra do coração, você sentirá uma sensação de brilho junto com uma sensação intensificada de bem-estar. Você poderá intensificar esses efeitos afirmando: "*É minha intenção voltar meus órgãos de percepção para dentro no nível do meu chakra do coração*". Ao voltar os órgãos de percepção para dentro, você ficará ainda mais consciente do deslocamento que ocorreu agora que seu chakra do coração está ativo. Permaneça centrada em sua mente autêntica, com a atenção focada no chakra do coração durante 15 minutos.

Depois de 15 minutos, você pode retornar à consciência normal contando de 1 até 5. Quando chegar ao número 5, abra os olhos. Você se sentirá totalmente desperta, relaxada e muito melhor do que se sentia antes. Repita tantas vezes quantas julgar necessário.

Exercício: Centrar-se no Campo de um Chakra

Depois que você ativou o chakra do coração, o próximo passo no processo da cura pelos chakras consiste em se centrar no campo do chakra correspondente. Ao se centrar no campo do chakra, sua percepção emergirá diretamente do reservatório de prana que anima você – e o coração de cada mulher radiante.

Para se centrar no campo do chakra do coração, encontre uma posição confortável, mantendo a coluna ereta. Feche os olhos e respire fundo pelo nariz durante 2 ou 3 minutos. Faça duas contagens regressivas, de 5 até 1 e, depois, de 10 até 1. Em seguida, use o Método Padrão para relaxar e se centrar em sua mente autêntica. Quando estiver pronta para continuar, afirme: "*É minha intenção ativar meu chakra do coração*". Durante alguns instantes, apenas sinta os efeitos dessa afirmação. Então, afirme: "*É minha intenção me centrar no campo do meu chakra do coração*". Você pode intensificar os efeitos voltando seus órgãos de percepção para dentro. Para fazer isso, afirme: "*É minha intenção voltar meus órgãos de percepção para dentro, para o nível do campo do meu chakra do coração*". Permaneça centrada no campo do chakra do coração durante 15 minutos. Em seguida, retorne à consciência normal, contando de 1 até 5. Quando chegar ao número 5, abra os olhos. Você se sentirá totalmente desperta, relaxada e muito melhor do que se sentia antes. Repita tantas vezes quantas julgar necessário.

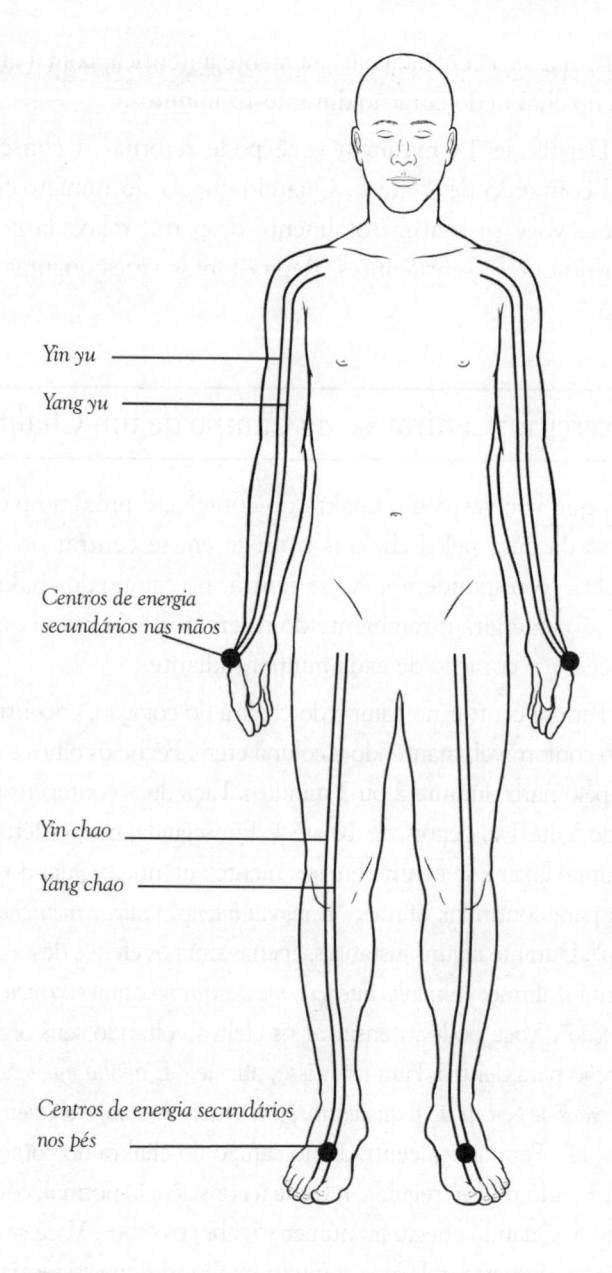

Figura 8: Os Centros de Energia Secundários nas Mãos e nos Pés

Centros de energia secundários e meridianos

Agora que você é capaz de ativar o chakra do coração e se centrar no campo dele, você está pronta para ativar os centros de energia secundários nas mãos e nos pés.

Todas as pessoas têm quatro centros de energia secundários, um em cada mão e um em cada pé. Esses centros de energia complementam as funções dos chakras e exercem uma influência importante sobre a saúde e a capacidade de expressar livremente o poder feminino.

Os centros de energia secundários não devem ser confundidos com os chakras. Chakras são vórtices através dos quais o prana ingressa no campo de energia humano. Os centros de energia secundários são centros de atividade criados pela interação funcional de dois dos principais meridianos, um masculino e um feminino.

Meridianos

Os meridianos são correntes de prana que têm duas funções importantes: eles conectam os chakras e os centros de energia secundários, espalhados por todo o sistema energético, e também transmitem prana para as partes do campo de energia humano que mais precisam dele. Ao transmitir prana, os meridianos mantêm o sistema energético humano em equilíbrio e funcionando de maneira saudável.

Nosso conhecimento dos meridianos vem da Ásia. Na verdade, a palavra *meridiano* tem correlação com a palavra chinesa *jingxian*, que por sua vez corresponde à palavra sânscrita *nadi*.

Embora os meridianos sejam muitas vezes comparados com as veias e artérias do sistema circulatório humano, no nível estrutural eles são mais semelhantes às correntes de água e de ar encontradas nos oceanos e na atmosfera da Terra. Enquanto veias e artérias têm uma estrutura precisa (são essencialmente longos tubos elásticos), com uma forma e uma capacidade de fluxo bem definidas, os meridianos, ao contrário, são correntes de prana cujo tamanho e forma são regulados pela quantidade de prana que carregam.

Se os centros de energia secundários estiverem operando de maneira saudável, o prana irradiará através dos meridianos nos braços e nas pernas e, em seguida, através dos centros de energia secundários nas mãos e nos pés. O prana que emerge dos centros de energia secundários em suas mãos irá ajudá-la a manifestar livremente seu poder, sua criatividade e sua radiância. Os centros de energia secundários nos pés lhe fornecerão o prana de que você necessita para avançar e progredir no mundo.

Exercício: Ative os Centros de Energia Secundários das Mãos

Os dois exercícios a seguir foram projetados para ativar os centros de energia secundários das mãos e dos pés. Ative primeiro os centros de energia secundários das mãos. Depois, ative os centros de energia secundários dos pés.

Para iniciar o exercício, encontre uma posição confortável, mantendo a coluna ereta. Respire fundo pelo nariz durante 2 ou 3 minutos. Em seguida, faça duas contagens regressivas, de 5 até 1 e, depois, de 10 até 1. Use o Método Padrão para relaxar os músculos e se centrar em sua mente autêntica. Então, afirme: "*É minha intenção ativar o centro de energia na palma de minha mão direita*". Continue, afirmando: "*É minha intenção ativar o centro de energia na palma de minha mão esquerda*". Uma vez que os centros de energia de suas mãos estiverem ativos, permaneça durante 15 minutos desfrutando o fluxo intensificado de prana que deles irradia.

Depois de 15 minutos, conte de 1 até 5. Quando chegar ao número 5, abra os olhos. Você se sentirá totalmente desperta, relaxada e muito melhor do que se sentia antes. Repita tantas vezes quantas julgar necessário.

Exercício: Ative os Centros de Energia Secundários dos Pés

Para iniciar o exercício, encontre uma posição confortável, mantendo a coluna ereta. Respire fundo pelo nariz durante 2 ou 3 minutos. Em seguida, faça duas contagens regressivas, de 5 até 1 e, depois, de 10 até 1. Use o Método Padrão para relaxar os músculos e se centrar em sua mente autêntica. Então, afirme: "*É minha intenção ativar o centro de energia na sola do meu pé direito*". Continue, afirmando: "*É minha intenção ativar o centro de energia na sola do meu pé esquerdo*". Uma vez que os centros de energia dos seus pés estiverem ativos, permaneça durante 15 minutos desfrutando o fluxo intensificado de prana que irradia através deles. Depois de 15 minutos, conte de 1 até 5. Quando alcançar o número 5, abra os olhos. Você se sentirá totalmente desperta, relaxada e muito melhor do que se sentia antes. Repita tantas vezes quantas julgar necessário.

Obtenha mais daquilo que uma mulher precisa

Nossos pensamentos, emoções e sentimentos estão interagindo constantemente com os órgãos do sistema energético e com o prana que irradia através dele. Isso significa que o prana pode ser bloqueado, os órgãos físicos podem ser enfraquecidos e as emoções e a percepção podem ser rompidas quando você se apega a crenças restritivas e padrões autolimitadores. Considerados em conjunto, esses sintomas podem criar ao longo da vida problemas que afetarão seus relacionamentos, seu trabalho e seu bem-estar.

A história de Laura

A história de Laura ilustra como os bloqueios no sistema de energia humano podem influenciar o bem-estar e os relacionamentos de uma mulher.

Quando Laura nos consultou, ela trabalhava havia vários anos como gerente de projetos para uma grande empresa alemã. Ela conseguia realizar um trabalho eficiente na profissão dela porque era intelectualmente astuta, esforçando-se para controlar todos os aspectos do trabalho.

Infelizmente, Laura não tinha reconhecido que a necessidade de controlar todos os aspectos do trabalho e do seu ambiente resultavam de sua incapacidade de sentir a si mesma ou de sentir outras pessoas: na verdade, ela tinha carência de empatia. Depois de checar o campo de energia de Laura, descobrimos que um bloqueio de energia pelo primeiro chakra obstruía o fluxo de prana e prejudicava tanto a empatia como a intuição.

Mais tarde, Laura explicou que vivia com seu terceiro marido, mas que o relacionamento não estava dando certo porque não conseguia confiar nos homens. Procuramos a causa desses problemas conjugais e descobrimos que ela tinha um bloqueio no terceiro chakra causado por um trauma sexual vivido quando era adolescente.

Uma análise mais abrangente do campo de energia de Laura no fim da segunda sessão revelou que os outros sintomas, que incluíam insensibilidade com relação ao próprio corpo, incapacidade de atingir o orgasmo exceto por autoestimulação, necessidade compulsiva de limpeza e problemas de sono recorrentes eram consequências de bloqueios do segundo ao sexto chakras.

Na terceira sessão, começamos a lhe ensinar as habilidades de cura por desbloqueio de chakras, com técnicas simples para ativar os chakras, se centrar nos campos dos chakras e preencher de prana esses campos. O processo, que Laura abraçou com entusiasmo, teve um efeito imediato. Em alguns dias, ela passou a sentir empatia pelo marido. Isso liberou a pressão sobre o relacionamento. Pouco tempo depois, seus sentimentos começaram a reemergir e ela conseguiu sentir o próprio corpo novamente. Laura continua a praticar as técnicas de cura pelo desbloqueio dos chakras e seguimos monitorando seu progresso.

A experiência de Laura não é única. Muitas mulheres que sofreram bloqueios energéticos e rupturas no campo de energia sutil aprenderam a superar os efeitos negativos causados por eles usando as técnicas de cura pelos chakras. Se elas conseguiram fazer isso, então você também pode!

Nas páginas a seguir, listamos alguns dos problemas mais comuns que afligem as mulheres, e que têm origem em bloqueios energéticos que restringem o fluxo de prana através do campo de energia sutil da mulher. Junto com uma descrição do problema, fornecemos uma série de exercícios relacionados à cura pelo desbloqueio dos chakras que podem ser usados para curar esses problemas.

Os problemas listados são complexos e muitas vezes desafiam os tratamentos convencionais. No entanto, é importante reconhecer que há, na raiz de todos os problemas físicos e psicológicos, questões energéticas que só podem ser resolvidas com um trabalho direto sobre o campo de energia humano.

Exercício: A Questão – Problemas com a Imagem do Corpo

Problemas com a imagem do corpo estão diretamente relacionados com a insegurança básica. A insegurança básica aflige a mulher quando seu primeiro chakra foi bloqueado e ela não tem acesso às frequências de prana que a fazem se sentir segura no próprio campo de energia sutil nem no corpo físico.

O primeiro chakra de uma mulher pode ser bloqueado se os pais não a queriam, se eles não queriam uma menina ou se a autoestima de uma menina tenha sido rompida por projeções de energia com qualidades individuais vindas de membros da família, de amigos e de pessoas que impõem autoridade. Também pode ser bloqueado se uma mulher permanece apegada a relacionamentos de vidas passadas.

Esse fato não é bem conhecido, mas pessoas apegadas a campos de energia com qualidades individuais podem projetar essa energia sobre outras pessoas. A energia projetada pode romper o campo de energia da pessoa visada (assim como a pessoa que a projeta) e pode contribuir para a manifestação de doenças energéticas e físicas.

O primeiro chakra de uma mulher também pode ser bloqueado se ela tiver sofrido abuso sexual, especialmente se o autor do abuso ocupava uma posição de autoridade.

A *solução*

Para superar na fonte problemas de imagem do corpo, você precisa ativar o primeiro chakra e se centrar no campo dele. Em seguida, precisa usar a intenção para preencher o campo do primeiro chakra com prana.

Para realizar essa técnica, encontre uma posição confortável, mantendo a coluna ereta. Respire fundo pelo nariz durante 2 ou 3 minutos. Em seguida, faça duas contagens regressivas, de 5 até 1 e, depois, de 10 até 1. Use o Método Padrão para relaxar os músculos e se centrar em sua mente autêntica. Então, afirme: "*É minha intenção ativar meu primeiro chakra*". Seu sistema energético sabe exatamente o que fazer em seguida. Portanto, não force o processo. Não visualize nada nem focalize a respiração. Uma mente relaxada e flexível é seu maior trunfo ao trabalhar com a energia e com a cura. Depois de ativar o primeiro chakra, afirme: "*É minha intenção me centrar no campo do meu primeiro chakra*". Para completar o processo, afirme: "*É minha intenção preencher com prana o campo do meu primeiro chakra*". Não faça nada depois disso. O prana preencherá o campo do primeiro chakra sem sua intervenção consciente.

Durante 15 minutos, apenas sinta o processo. Durante esse tempo, fique centrada e lembre-se de que você está aqui e agora. Deixe os pensamentos e sentimentos virem e irem enquanto o processo a guia para o âmbito de uma experiência mais profunda e mais rica. Em seguida, retorne à consciência normal, contando de 1 até 5, e então abra os olhos. Você se sentirá totalmente desperta, relaxada e muito melhor do que se sentia antes. Pratique essa técnica todos os dias, durante duas semanas, e você notará uma mudança significativa no relacionamento que tem com o seu corpo.

Exercício: O Problema – Sentir-se como um Objeto Sexual

Se o ambiente em que vivia quando criança foi sexualizado por um homem adulto, se você foi programada para ser a esposa substituta de seu pai ou pequena princesa dele, se foi condicionada quando criança a acreditar que seu valor dependia do fato de ser ou não ser sexualmente atraente para um homem ou se você sempre compete com outras mulheres para provar que é sexualmente dominante, é possível usar o segundo e o quinto chakras para superar esses problemas.

O segundo chakra regula a alegria sexual, a sensualidade e a orientação de gênero. O quinto chakra regula a autoexpressão e a alegria incondicional. Ao intensificar as funções desses dois chakras, você pode se desconectar do padrão que relaciona prazer e alegria às necessidades sexuais dos homens. Dessa maneira, recuperará a autoestima sem desistir do prazer, da alegria ou do seu poder sexual natural.

A *solução*

Para superar esse problema, você precisa ativar o segundo chakra e se centrar no campo desse chakra. Em seguida, precisa preencher esse campo de energia prânica. Então, ative o quinto chakra e se centre no campo desse chakra. E também preencha esse campo.

Para fazer essa técnica, encontre uma posição confortável, mantendo a coluna ereta. Respire fundo pelo nariz durante 2 ou 3 minutos. Em seguida, faça duas contagens regressivas, de 5 até 1 e, depois, de 10 até 1. Use o Método Padrão para relaxar os músculos e se centrar em sua mente autêntica. Então, afirme: "*É minha intenção ativar meu segundo chakra*". Continue, afirmando: "*É minha intenção me centrar no campo do meu segundo chakra*". Durante alguns instantes, apenas sinta essa mudança. Então, afirme: "*É minha intenção preencher de prana meu segundo chakra*". Depois de preencher de prana o campo do segundo chakra, afirme: "*É minha intenção ativar meu quinto chakra*". Então, afirme: "*É minha intenção me centrar no campo do meu quinto chakra*". Durante alguns instantes, apenas sinta essa mudança. Então, afirme: "*É minha intenção preencher de prana o campo do meu quinto chakra*".

Durante 15 minutos, apenas sinta os efeitos dessas afirmações. Em seguida, retorne à consciência normal, contando de 1 até 5, e então abra os olhos. Você se sentirá totalmente desperta, relaxada e muito melhor do que se sentia antes. Pratique essa técnica todos os dias, durante duas semanas, e você notará uma mudança significativa na quantidade de alegria que sentirá no corpo, na alma e no espírito.

Exercício: O Problema – Falta de Excitação Sexual

Muitas mulheres experimentam falta de excitação sexual, especialmente quando permanecem por muito tempo em relacionamentos com um companheiro que não é capaz de compartilhar intimidade ou celebrar as qualidades universais do feminino com elas.

Essas mulheres tendem a projetar energia distorcida no campo de energia dos companheiros para controlar a expressão sexual deles e criar um ambiente confortável para si próprias. Projeções de energia distorcida podem bloquear o fluxo de prana através do campo de energia sutil da mulher e interferir na capacidade para sentir excitação sexual e/ou de expressá-la livremente.

A *solução*

Para superar esse problema, você precisa ativar o chakra do coração e se centrar no campo desse chakra. Em seguida, precisa ativar o primeiro e o segundo chakras, se centrar em ambos os campos dos chakras, e preencher com prana os campos do primeiro e do segundo chakras.

Para realizar essa técnica, encontre uma posição confortável, mantendo a coluna ereta. Respire fundo pelo nariz durante 2 ou 3 minutos. Em seguida, faça duas contagens regressivas, de 5 até 1 e, depois, de 10 até 1. Use o Método Padrão para relaxar os músculos e se centrar em sua mente autêntica. Então, afirme: *"É minha inten-*

ção ativar meu chakra do coração". Continue, afirmando: "É minha intenção me centrar no campo do meu chakra do coração". Durante alguns instantes, apenas sinta essa mudança. Então, afirme: "É minha intenção ativar meu primeiro chakra". Depois de ativar o primeiro chakra, afirme: "É minha intenção me centrar no campo do meu primeiro chakra". Continue, afirmando: "É minha intenção preencher de prana o campo do meu primeiro chakra". Durante alguns instantes, apenas sinta essa mudança. Então, afirme: "É minha intenção ativar meu segundo chakra". Continue, afirmando: "É minha intenção me centrar no campo do meu segundo chakra". Finalmente, afirme: "É minha intenção preencher com prana o campo do meu segundo chakra".

Durante 15 minutos, apenas sinta os efeitos dessas afirmações. Em seguida, retorne à consciência normal, contando de 1 até 5, e então abra os olhos. Você se sentirá totalmente desperta, relaxada e muito melhor do que se sentia antes. Pratique essa técnica todos os dias, durante duas semanas, e você notará uma mudança significativa no seu nível de excitação sexual.

Exercício: O Problema – Receptividade Bloqueada

Muitas mulheres têm dificuldade para se abrir com os homens que amam e ser receptivas a eles. Isso acontece porque é possível que uma mulher ame um homem, mas, ao mesmo tempo, tenha sentimentos negativos com relação ao poder masculino e ao abuso desse poder. Esses sentimentos negativos podem interferir no relacionamento com o parceiro – mesmo que ele seja receptivo às qualidades do feminino universal – rompendo a polaridade natural da mulher ao bloquear a capacidade dela de reafirmar a energia que vem do coração e de receber energia pela pélvis.

Ser receptiva não significa ser submissa. Significa aceitar as qualidades masculinas universais ao se viver um relacionamento íntimo com um homem. A intimidade é um ingrediente essencial em todos os relacionamentos bem-sucedidos. Sem ela, a mulher se sente solitária e privada de uma conexão profunda com o homem que ama.

A *solução*

Para se tornar mais receptiva e ter intimidade com seu parceiro, você precisa ativar o chakra do coração e se centrar no campo desse chakra. Em seguida, precisa fazer o mesmo com o segundo chakra, ativando-o e se centrando no campo desse chakra. Quando estiver centrada no campo desses dois chakras, você deve ativar os centros de energia secundários localizados nas palmas das mãos.

Para realizar essa técnica, encontre uma posição confortável, mantendo a coluna ereta. Respire fundo pelo nariz durante 2 ou 3 minutos. Em seguida, faça duas contagens regressivas, de 5 até 1 e, depois, de 10 até 1. Use o Método Padrão para relaxar e se centrar em sua mente autêntica. Então, afirme: "*É minha intenção ativar meu chakra do coração*". Continue, afirmando: "*É minha intenção me centrar no campo do meu chakra do coração*". Durante alguns instantes, apenas sinta essa mudança. Depois, afirme: "*É minha intenção ativar meu segundo chakra*". Continue, afirmando: "*É minha intenção me centrar no campo do meu segundo chakra*".

Depois que você se centrou no campo do segundo chakra, afirme: "*É minha intenção ativar o centro de energia secundário da minha mão direita*". Em seguida, afirme: "*É minha intenção ativar o centro de energia secundário da minha mão esquerda*".

Durante 15 minutos, apenas sinta os efeitos dessas afirmações. Em seguida, retorne à consciência normal, contando de 1 até 5, e então abra os olhos. Você se sentirá totalmente desperta, relaxada e muito melhor do que se sentia antes. Pratique essa técnica todos os dias durante duas semanas e você notará uma mudança signficativa em sua receptividade e no grau de intimidade com seu companheiro.

Exercício: O Problema – Falta de Autoestima

A autoestima é tão óbvia para quem a possui que essas pessoas raramente têm noção do valor desse sentimento. A existência pode ser uma luta constante para quem carece de autoestima, mas essas pessoas podem usar o próprio sistema de energia sutil para se libertar definitivamente desse padrão.

A *solução*

Aprendemos em nosso trabalho que a autoestima está ligada diretamente à autoconfiança e à alegria interior. Para aumentar a autoconfiança e alegria, você precisa ativar o primeiro, o terceiro e o quinto chakras e se centrar nos campos correspondentes a eles. Em seguida, precisa preencher os três campos de prana.

Para realizar essa técnica, respire fundo pelo nariz durante 2 ou 3 minutos. Em seguida, faça duas contagens regressivas, de 5 até 1 e, depois, de 10 até 1. Use o Método Padrão para relaxar e se centrar em sua mente autêntica. Então, afirme: "*É minha intenção ativar meu primeiro chakra*". Continue, afirmando: "*É minha intenção me centrar no campo do meu primeiro chakra*". Em seguida, afirme: "*É minha intenção preencher de prana o campo do meu primeiro chakra*". Durante alguns instantes, apenas sinta essa mudança. Depois afirme: "*É minha intenção ativar meu terceiro chakra*". Continue, afirmando: "*É minha intenção me centrar no campo do meu terceiro chakra*". Em seguida, afirme: "*É minha intenção preencher de prana o campo do meu terceiro chakra*". Durante alguns instantes, apenas sinta essa mudança. Então, afirme: "*É minha intenção ativar meu quinto chakra*". Continue, afirmando: "*É minha intenção me centrar *no campo do meu quinto chakra*". Para completar o processo, afirme: "*É minha intenção preencher de prana o campo do meu quinto chakra*". Durante 15 minutos, apenas sinta os efeitos dessas afirmações. Em seguida, retorne à consciência normal, contando de 1 até 5, e então abra os olhos. Você se sentirá totalmente desperta e relaxada.

Pratique essa técnica todos os dias, durante duas semanas, e você notará uma mudança significativa em sua autoestima e na sua capacidade de irradiar livremente poder, criatividade e radiância.

Exercício: O Problema – Culpar os Homens por Tudo

É fácil culpar os homens por tudo o que dá errado em sua vida. Mas culpabilizar nunca libertou uma mulher da opressão masculina. A culpa pode na verdade causar muitos problemas secundários que podem impedir uma mulher de desfrutar as qualidades universais do feminino. O melhor a fazer é desistir do jogo da culpa e usar as técnicas de cura pelos chakras para se libertar dos seus efeitos.

A *solução*

Para parar de culpar os homens por tudo, você precisa ativar o primeiro e o terceiro chakras e se centrar nos campos desses chakras. Em seguida, precisa ativar os centros de energia dos pés. É a energia neles que lhe permite avançar e progredir no mundo. O fato de ativar o primeiro e o terceiro chakras e, em seguida, se centrar nos campos correspondentes a esses chakras, vai lhe dar segurança o bastante para que pare de culpar os homens.

Para realizar essa técnica, respire fundo pelo nariz durante 2 ou 3 minutos. Em seguida, faça duas contagens regressivas, de 5 até 1 e, depois, de 10 até 1. Use o Método Padrão para relaxar os músculos e se centrar em sua mente autêntica. Então, afirme: "*É minha intenção ativar meu primeiro chakra*". Continue, afirmando:

"*É minha intenção me centrar no campo do meu primeiro chakra*". Em seguida, afirme: "*É minha intenção ativar meu terceiro chakra*". Continue, afirmando: "*É minha intenção me centrar no campo do meu terceiro chakra*". Durante alguns instantes, apenas sinta essa mudança. Depois afirme: "*É minha intenção ativar meu centro de energia na sola do meu pé direito*". Continue, afirmando: "*É minha intenção ativar o centro de energia na sola do meu pé esquerdo*". Durante 15 minutos, apenas sinta os efeitos dessas afirmações.

Em seguida, retorne à consciência normal, contando de 1 até 5, e então abra os olhos. Você se sentirá totalmente desperta e relaxada. Pratique essa técnica todos os dias, durante duas semanas, e você será capaz de perseguir seus objetivos pessoais sem o jogo da culpa atravancando seu caminho.

Exercício: O Problema – Falta de Vitalidade ou de Motivação

Uma ruptura na polaridade pode bloquear o fluxo de prana através do campo de energia sutil de uma mulher. Esse bloqueio pode prejudicar a vitalidade e a motivação e acabar levando à fadiga crônica ou, pior ainda, a um sério estresse. As mulheres são particularmente suscetíveis à fadiga crônica e ao esgotamento por estresse porque investem mais em seus relacionamentos.

A *solução*

Para superar os problemas básicos que prejudicam a vitalidade e a motivação, você precisa ativar o segundo chakra, se centrar no campo desse chakra e preenchê-lo de prana. Em seguida, precisa fazer o mesmo com o chakra físico-material inferior e com o chakra físico-material superior.

Para realizar essa técnica, respire fundo pelo nariz durante 2 ou 3 minutos. Em seguida, faça duas contagens regressivas, de 5 até 1 e, depois, de 10 até 1. Use o Método Padrão para relaxar os músculos e se centrar em sua mente autêntica. Então, afirme: "*É minha intenção ativar meu segundo chakra*". Continue, afirmando: "*É minha intenção me centrar no campo do meu segundo chakra*". Então, afirme: "*É minha intenção preencher de prana o campo do meu segundo chakra*". Durante alguns instantes, apenas sinta essa mudança. Então, afirme: "*É minha intenção ativar meu chakra físico-material inferior*". Continue, afirmando: "*É minha intenção me centrar no campo do meu chakra físico-material inferior*". Em seguida, afirme: "*É minha intenção preencher de prana o campo do meu chakra físico-material inferior*". Durante alguns instantes, apenas sinta essa mudança. Então, afirme, "*É minha intenção ativar meu chakra físico-material superior*". Continue, afirmando: "*É minha intenção me centrar no campo do meu chakra físico-material superior*". Então, afirme: "*É minha intenção preencher de prana o campo do meu chakra físico-material superior*". Durante 15 minutos, apenas sinta os efeitos dessas afirmações.

Em seguida, retorne à consciência normal, contando de 1 até 5, e então abra os olhos. Você se sentirá totalmente desperta e relaxada. Pratique essa técnica todos os dias, durante duas semanas, e você notará um aumento na sua vitalidade e motivação.

Exercício: O Problema – Agarrar-se a Apegos Negativos

O sofrimento é causado pelo apego a crenças restritivas e a padrões autolimitadores. Se você não é capaz de superar os apegos, o sofrimento pode se tornar uma provação diária capaz de destruir sua motivação e autoestima e afetar seus relacionamentos íntimos. Embora o processo de vencer apegos e superá-los se estenda por toda a vida, você pode usar os chakras e o prana que deles emerge para enfraquecer seus apegos e, com isso, sentir mais prazer, mais amor, mais intimidade e mais alegria na sua vida e nos seus relacionamentos.

A solução

Para superar apegos negativos, você precisa iniciar um processo de treze dias de cura pelos chakras. Em cada dia, você precisa ativar um chakra, se centrar no campo do chakra correspondente e preencher esse campo com prana. Para visualizar a localização dos treze chakras no espaço do corpo, examine a Figura 7.

No primeiro dia, você precisa ativar o primeiro chakra, se centrar no campo desse chakra e preenchê-lo de prana. Nos doze dias seguintes, você precisa continuar a trabalhar da mesma maneira nos doze chakras restantes, nesta ordem: do segundo até o sétimo chakra tradicionais, o chakra etérico inferior e o chakra etérico superior, os chakras físicos inferior e superior e, por fim, os chakras físicos-materiais inferior e superior.

Para realizar essa técnica, respire fundo pelo nariz durante 2 ou 3 minutos. Em seguida, faça duas contagens regressivas, de 5 até 1 e, depois, de 10 até 1. Use o Método Padrão para relaxar os músculos e se centrar em sua mente autêntica. Então, afirme: "*É minha intenção ativar meu primeiro chakra*". Continue, afirmando: "*É minha intenção me centrar no campo do meu primeiro chakra*". Uma vez que esteja centrada no campo do primeiro chakra, afirme: "*É minha intenção preencher de prana o campo do meu primeiro chakra*". Durante 10 minutos, apenas sinta os efeitos dessas afirmações.

Então, conte de 1 até 5, e abra os olhos. Você se sentirá totalmente desperta e relaxada. Ao ativar o primeiro chakra, se centre no campo do primeiro chakra e, em seguida, preencha-o de prana. Com isso, você enfraquecerá os apegos que interferem com as sensações e atividades relacionadas ao primeiro chakra. Você pode seguir superando apegos limitadores, e para isso trabalhará em doze chakras, do segundo ao décimo terceiro, durante mais doze dias. Repita tantas vezes quantas julgar necessário.

Resumo

Neste capítulo, você aprendeu a distinguir a energia com qualidades universais da energia com qualidades individuais e a usar os órgãos do sistema energético para executar a cura pelos chakras. Com as habilidades desenvolvidas neste capítulo você será capaz de curar padrões autolimitadores e destrutivos que a tem impedido de compartilhar livremente sua energia e sua consciência com outras pessoas.

No próximo capítulo, você dará o próximo passo no processo da cura ao entender como a bagagem kármica, uma forma de energia com qualidades individuais, pode prejudicar o funcionamento do campo de energia sutil. Aprenderá então a usar a intenção, a atenção mental e a felicidade, que é a força mais poderosa à sua disposição, para curar feridas kármicas baseadas na bagagem kármica. Também aprenderá a usar suas habilidades de cura e suas funções mentais em conjunto para superar a influência de crenças restritivas que têm impedido você de ter acesso a todo o poder, criatividade e radiância que estão à sua disposição.

QUATRO

A Cura das Feridas Kármicas

※

Toda mulher, nos dias de hoje, carrega consigo o legado das atividades de sua vida passada em seu campo de energia sutil sob a forma de bagagem kármica. Por isso, superar a bagagem kármica e as feridas por ela alimentadas é parte essencial da cura do corpo, da alma e do espírito.

A bagagem kármica é composta por energia densa com qualidades individuais. Até mesmo uma pequena quantidade de bagagem kármica é capaz de influenciar o fluxo de prana que atravessa seu campo de energia, criando bloqueios energéticos e padrões autolimitadores que prejudicam a capacidade de ser você mesma e de atingir seus objetivos. Os bloqueios e padrões criados pela bagagem kármica também podem influenciar seu sistema de crenças, dando apoio energético a crenças restritivas integradas à sua personalidade. É a presença da bagagem kármica que explica por que pode ser tão difícil superar crenças restritivas ou mudar o que você sente em relação a si mesma e às outras pessoas.

O que é a bagagem kármica?

Para ter uma ideia do que é a bagagem kármica e de como ela pode prejudicar a vida e os relacionamentos, é preciso primeiro saber o que é karma e como ele funciona. A antiga palavra sânscrita *karma* vem da raiz *kri* ("agir") e significa uma atividade ou uma ação.

No Ocidente, o karma foi definido como "o efeito cumulativo da ação". Isso é correto sob um ponto de vista mais limitado, mas as grandes religiões do Oriente vão além dessa definição, descrevendo o karma com base tanto na estrutura quanto na função dele.

O jainismo, uma antiga religião da Índia que enfatiza o aceticismo, a não violência e a reverência pela vida, considera o karma – e, por extensão, a bagagem kármica – como uma substância sutil que se acumula no campo de energia humano.

De acordo com essa antiga religião, a bagagem kármica obscurece a compreensão e a percepção; produz sensações, sentimentos e emoções falsos; encobre a verdade; cria padrões autolimitadores; determina *status* e, portanto, bem-estar psíquico; e perturba o poder pessoal.

Já deve ter ficado claro a essa altura que a bagagem kármica é muito mais complexa do que o princípio abstrato segundo o qual colhemos aquilo que plantamos. A bagagem kármica é uma força da natureza, que manifesta vontade e intenção e conecta os efeitos e as causas das ações em todos os mundos e dimensões que se interpenetram.

Isso significa que a bagagem kármica funciona de maneira muito parecida com a lei da gravidade. Como acontece com a gravidade, a polaridade que o karma cria entre a causa e seu efeito pode atrair uma pessoa para campos de energia distorcida em pessoas, lugares e coisas, e mantê-la apegada a esses campos. Depois de ficar apegada a um campo de energia com qualidades individuais, é criada uma relação polar que facilita uma transferência de energia de baixo nível vibratório do campo de energia distorcida para o campo de energia sutil da pessoa afetada. Isso explica como é possível acumular bagagem kármica em um campo de energia. Quanto mais apegos você tiver, mais polarizado se tornará seu campo de energia. E quanto mais polarizado se tornar o campo de energia sutil, é muito mais provável que essa energia distorcida fique aprisionada nele. Se for permitido que esse processo continue sem ser checado, camadas de bagagem kármica que preencherão grandes partes do campo de energia sutil vão se acumular. Com o tempo, essa bagagem kármica criará bloqueios no campo de energia de modo que será difícil para você se envolver nas atividades normais da vida, ou em relacionamentos íntimos com outras pessoas.

Quando uma pessoa acumular uma quantidade suficiente de bagagem kármica no nível da alma (intelecto, emoção e sentimento), os apegos que ela criar a impedirão de sentir as emoções ou expressá-las livremente. Eles também provocarão rupturas na percepção, na criatividade e no equilíbrio normal de raciocínio indutivo e dedutivo.

Com o tempo, a pessoa pode se ver aprisionada no diálogo interno (a incessante tagarelice entre a mente individual e o ego) e reativo sustentado pelos campos ou pela energia com qualidades individuais. Quando isso acontece, a pessoa pode sentir a mente se tornar nebulosa ou correr em disparada, fora de controle.

Quando alguém acumulou bagagem kármica suficiente no nível espiritual, achará difícil se voltar para dentro de si mesmo e vivenciar a paz e a felicidade interior que normalmente emergem quando se tem acesso ao eu interior (a fonte de felicidade). Isso, por sua vez, impedirá que você reconheça e siga seu dharma.

O espírito pode ser considerado o aspecto universal da mente que vivencia intimidade com outros seres vivos. É das profundezas do seu espírito que emergem a intuição, a percepção aguçada e iluminadora e o discernimento.

O dharma é o propósito e o caminho individual de autocura e de autorrealização. O propósito inclui seu trabalho e o impacto que você terá sobre outras pessoas. É seguindo seu dharma que você aprenderá quem é e o que é capaz de alcançar nesta vida. O universo irá apoiá-la quando você seguir seu dharma pessoal, removendo para isso obstáculos e oferecendo o que for necessário para você superar os desafios da vida.

Para seguir o dharma, uma pessoa precisa empenhar-se exclusivamente em atividades que são motivadas por sua mente autêntica. São essas atividades que promoverão o fluxo de prana através do sistema de energia sutil dela e que a manterão centrada em sua mente autêntica e nas qualidades universais do feminino.

São os apegos criados pela bagagem kármica, no nível espiritual, que a mantêm ocupada com atividades que não levam a lugar nenhum e que simplesmente servem para perpetuar antigos padrões kármicos. Esse carrossel infrutífero é, em última análise, autodestrutivo e contrário à autopercepção e à liberdade de autoexpressão. "Viver em um deserto espiritual" é uma expressão usada com frequência para descrever tal condição.

Para que uma mulher cure a alma e o espírito, ela precisa superar o poder da bagagem kármica no seu campo de energia e depositar a fé naquilo que é mais real: as qualidades universais do feminino que emergem através da mente autêntica. Esse esforço para superar a herança kármica pode parecer uma tarefa prometeica, mas o fato é que muitas mulheres conseguiram realizar este feito. E você também pode fazê-lo. Pensando nisso, incluímos um exercício que você poderá usar para liberar a bagagem kármica e se livrar definitivamente daquilo que a limita.

Diga adeus à bagagem kármica

Todas as ferramentas necessárias para liberar a bagagem kármica estão no seu campo de energia sutil. Mas elas emergem na sua percepção consciente por meio da mente autêntica. As ferramentas a que estamos nos referindo são a intenção, a atenção mental e a consciência transcendental sob a forma de felicidade. Combinando essas três ferramentas da maneira apropriada, será possível localizar concentrações de bagagem kármica em seu campo de energia sutil, discernir suas qualidades e, em seguida, liberá-las de forma definitiva.

A intenção

A intenção é uma atribuição da mente autêntica, que está ativa em todos os mundos e dimensões dos universos físico e não físico. No próximo exercício, você usará a intenção para programar sua atenção mental a fim de localizar, em seu campo de energia, a concentração particular de bagagem kármica que deseja liberar. Pode ser a bagagem kármica responsável por uma doença física, um bloqueio em seu campo de energia, um padrão autolimitador e/ou uma atitude, emoção ou sentimento negativo e autodestrutivo. Depois de usar a intenção para programar sua atenção mental, você a usará conjuntamente com a felicidade para liberar a bagagem kármica localizada.

A atenção mental

A atenção mental funciona simultaneamente em todos os mundos e dimensões, tanto no universo físico como no não físico. Com a intenção como guia, ela é capaz de localizar uma concentração de bagagem kármica, fornecendo as informações necessárias para liberá-la. Essas informações podem ser relativas ao tamanho, à forma, à densidade, à polaridade e ao nível de atividade da concentração.

Felicidade orgásmica

A felicidade orgásmica é a força mais poderosa do universo. Todo ser humano está nesse estado de bem-aventurança, embora a maioria das pessoas não saiba disso. De acordo com os adeptos do tantrismo, a felicidade orgásmica é uma condição permanente, estabelecida nas profundezas do seu campo de energia e criada pela união da consciência (Shiva) com a energia (Shakti). A fusão da consciência e da energia com qualidades universais é capaz de proporcionar a você um fluxo constante de poder que pode liberar até mesmo as concentrações mais densas de bagagem kármica.

No entanto, para usar a felicidade orgásmica com o propósito de liberar bagagem kármica, é preciso trazê-la até a percepção consciente, onde ela deverá ser mantida durante o processo de cura. Isso porque é preciso irradiar conscientemente essa felicidade para liberar de forma permanente a bagagem kármica, que fora localizada pela sua atenção mental, a qual sua intenção havia programado para fazer isso.

A fim de trazer a felicidade para o campo da consciência, você aprenderá a executar um mudra planejado especificamente para esse propósito. Esse mudra é chamado de Mudra da Felicidade Orgásmica.

É importante notar que a felicidade não é uma forma de energia feminina, mas sim a mais elevada forma de consciência disponível aos seres humanos.

Exercício: O Mudra da Felicidade Orgásmica

Para executar o Mudra da Felicidade Orgásmica, use o Método Padrão para relaxar os músculos e se centrar em sua mente autêntica. Então, coloque a ponta da língua no palato superior e leve-a diretamente para trás até que ela repouse no ponto onde o palato duro se curva para cima e se torna macio. Quando a ponta da língua estiver nessa posição, junte as partes de baixo dos pés de modo que as solas fiquem em contato. Então, posicione as mãos na frente do seu plexo solar e junte as pontas internas dos polegares. Continue, juntando as partes externas dos dedos indicadores desde as pontas até as primeiras articulações. Em seguida, junte as partes externas dos dedos médios da primeira até a segunda articulação. O quarto e o quinto dedos das mãos deverão ser dobrados em direção às palmas. Quando a língua, os dedos e os pés estiverem em posição, feche os olhos e respire pelo nariz.

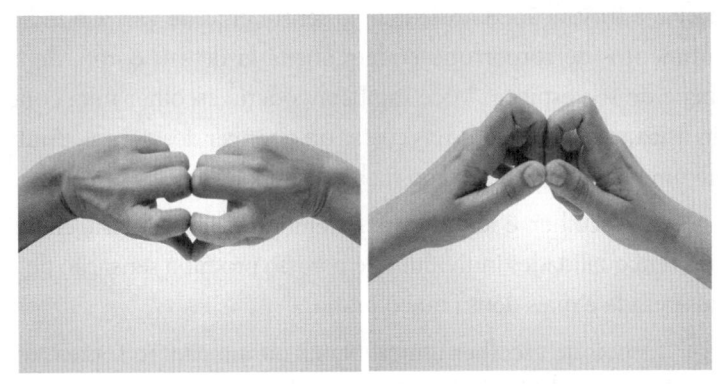

Figura 9: O Mudra da Felicidade Orgásmica

Mantenha este mudra durante 10 minutos. Em seguida, solte os dedos, separe as solas dos pés e deixe a língua voltar à posição normal. Em seguida, conte de 1 até 5. Quando chegar ao número 5, abra os olhos. Você se sentirá totalmente desperta, relaxada e muito melhor do que se sentia antes.

Liberação da bagagem kármica

Agora que é capaz de executar o Mudra da Felicidade Orgásmica, você está pronta para usar a felicidade, junto com a intenção e a atenção mental, para liberar uma concentração de bagagem kármica capturada em seu campo de energia sutil.

O primeiro passo será escolher qual concentração de bagagem kármica liberar. Isso não deve ser difícil de fazer, uma vez que a bagagem kármica é a base que sustenta os bloqueios energéticos e os padrões autolimitadores, bem como as atitudes, emoções e sentimentos negativos e autodestrutivos. Confusão, caos e ambivalência normalmente têm uma base de sustentação em uma bagagem kármica, assim como o ciúme, a inveja, a insegurança, o desprezo, a raiva, a frustração, a ansiedade, o sentimento de vazio, o tédio e sentimentos de torpor que podem aliená-la de seu corpo, de sua alma e de seu espírito. Você também poderia escolher uma condição física, como uma dor nas costas ou o ranger dos dentes. Ambos têm uma base de sustentação na bagagem kármica.

Ao escolher, é importante se lembrar de que a bagagem kármica tem qualidades individuais, e por isso produz a sensação de ser mais pesada e mais densa que o prana.

Depois de escolher um problema ou um padrão sobre o qual trabalhar, use o Método Padrão para relaxar os músculos e se centrar em sua mente autêntica. Em seguida, execute o Mudra da Felicidade Orgásmica. Depois disso, você precisa usar sua intenção a fim de programar sua atenção mental com o propósito de localizar e liberar a concentração de bagagem kármica que tem em mente.

Exercício: A Liberação de uma Concentração de Bagagem Kármica

Para iniciar o processo, encontre uma posição confortável, mantendo a coluna ereta. Em seguida, escolha um problema, um padrão ou uma doença de base kármica para liberar.

Depois de fazer sua escolha, feche os olhos e respire fundo pelo nariz durante 2 ou 3 minutos. Use o Método Padrão para relaxar os músculos e se centrar em sua mente autêntica. Em seguida, execute o Mudra da Felicidade Orgásmica. Continue mantendo este mudra enquanto afirma: "*É minha intenção criar uma tela visual de dois metros e meio de largura na minha frente*". Depois que a tela aparecer, afirme: "*É minha intenção visualizar uma imagem de mim mesma na tela*". Depois que a imagem aparecer, afirme: "*É minha intenção localizar, na imagem, a bagagem kármica responsável pelo meu [nomeie aqui o seu problema, padrão ou doença física]*".

Você pode ver ou sentir a concentração de bagagem kármica na tela. Em qualquer um dos casos, ela se destacará porque manifesta em você uma sensação de mais peso ou de mais densidade, uma aparência mais escura ou uma sensação de pressão sobre seu campo de energia. Em alguns casos, essas sensações podem até mesmo causar desconforto físico.

Uma vez localizada a concentração de bagagem kármica, crie uma caixa, ou invólucro, de prana que rodeie essa concentração. O tamanho e a forma da caixa devem acompanhar os contornos da concentração de bagagem kármica. Para construir a caixa, afirme: "*É minha intenção criar uma caixa de prana em torno da bagagem kármica que tenho em mente*". Tão logo você tenha conseguido sentir e/ou ver a caixa, afirme: "*É minha intenção preencher a caixa com felicidade e liberar a bagagem kármica contida dentro dela*". Não faça nada depois disso. A felicidade preencherá a caixa que você criou. Uma vez que a felicidade é muito mais poderosa do que qualquer forma de energia com qualidades individuais, a bagagem kármica na caixa será definitivamente liberada.

Algumas de vocês podem experimentar uma sensação de alívio e/ou de súbita abertura. Essa é a indicação de que a bagagem kármica foi liberada e que a felicidade a substituiu.

Assim que a bagagem kármica tiver sido liberada, libere também a caixa e desmonte o Mudra da Felicidade Orgásmica. Em seguida, conte de 1 até 5. Quando chegar ao número 5, abra os olhos. Você se sentirá totalmente desperta, relaxada e muito melhor do que se sentia antes.

A superação de crenças restritivas

Agora que você é capaz de liberar a bagagem kármica, pode usar as mesmas habilidades para superar o efeito de crenças restritivas que se alicerçam em concentrações de bagagem kármica.

Uma crença restritiva é qualquer crença aceita como verdadeira por uma instituição da sociedade que impede as pessoas de se expressarem livremente. Crenças restritivas restringem o fluxo de prana e tornam mais difícil para as pessoas permanecerem centradas em seus campos de energia. Elas têm um efeito desordenado sobre as mulheres porque limitam o poder, a criatividade e a radiância, deturpando os sentimentos dessas mulheres em relação ao próprio corpo e a si mesmas, impedindo-as de criar uma identidade saudável e autêntica.

Como as crenças restritivas forçam as mulheres a se contrair energicamente, podem aumentar as tendências autolimitadoras e/ou destrutivas, tais como insegurança crônica, ansiedade, depressão, hipersensibilidade e tendência para se envolver em jogos emocionais. Em casos extremos, uma crença restritiva pode até mesmo criar obsessões, o que pode por sua vez causar comportamentos antissociais ou que a voltam contra si mesma.

Em 1955, o célebre poeta e autor E. E. Cummings observou que "não ser ninguém além de você mesmo, num mundo que está fazendo de tudo, noite e dia, para transformar você em outra pessoa, significa travar a batalha mais difícil que qualquer ser humano pode travar; e nunca parar de lutar".

As incríveis funções da mente

Para superar os efeitos de crenças restritivas inibidoras que impedem as pessoas de receber e compartilhar livremente do prana, é preciso usar as funções mentais. E as funções mentais, como a intenção, emergem da mente autêntica. Elas permitem que participemos espontaneamente de todas as atividades dos universos físico e não físico, e experimentemos diretamente o mundo sem que programações nem crenças restritivas ponham-se no nosso caminho. Elas também nos fornecem o poder de superar todas as limitações que as crenças restritivas criaram em nossas vidas.

Há dezesseis importantes funções mentais por cujo intermédio o poder, a criatividade e a radiância emergem. Você já aprendeu a usar sua "intenção" para realizar a cura pelos chakras e para liberar bagagem kármica. Além desta, há quinze outras funções: vontade, desejo, resistência, rendição, aceitação, conhecimento, escolha, compromisso, rejeição, fé, desfrute, destruição, criatividade, empatia e amor.

Dê o primeiro passo

Para superar uma crença restritiva é preciso usar as funções da mente autêntica em conjunção com uma afirmação positiva. Uma afirmação positiva pode ser definida como uma afirmação objetivamente verdadeira. "*Sou uma mulher radiante e tenho todas as qualidades universais do feminino dentro de mim*" é uma declaração desse tipo. Ela é objetivamente verdadeira porque não pode ser modificada pela cultura ou por um sistema de crenças restritivas e porque é verdadeira em todos os lugares e em todas as situações.

Substituir uma crença restritiva por uma afirmação objetivamente verdadeira terá um efeito profundo sobre você. Aumentará sua autoestima e o fluxo de energia feminina através do seu campo de energia. E a manterá centrada em sua mente autêntica.

Afirmações para o século XXI

As afirmações tradicionais normalmente usavam uma única função mental para superar crenças restritivas. Mas, de acordo com nossa experiência, aprendemos que é mais eficiente usar mais de uma função da mente autêntica para tanto. Há uma boa razão para isso: cada função da mente irá liberar um espectro específico de prana que foi bloqueado pelo apego a uma crença restritiva.

Isso significa que usar mais de uma função mental torna mais fácil contrabalançar a influência de uma crença restritiva em sua vida – e então vencê-la. "*Preciso estar no controle de todos os aspectos da minha vida*" é uma crença restritiva que pode ilustrar nosso ponto. Quando a crença restritiva surge, você pode contrabalançá-la afirmando: "*Tenho fé no feminino universal e o amo. Por isso, não tenho necessidade de controlar todos os aspectos da minha vida*". Então, você pode superar a crença restritiva usando duas funções adicionais da mente, "conhecimento" e "aceitação", para afirmar: "*Sei que posso permanecer aberta e flexível em todas as situações e aceito esse conhecimento*". Afirmações positivas funcionarão melhor se você as enunciar claramente e com firmeza, com um tom de voz normal.

Exercício: O Uso de Afirmações Positivas

Você pode usar afirmações positivas sempre que uma crença restritiva perturbá-la, ou como parte de suas meditações e da sua rotina de trabalho com a energia. Para começar, faça uma pequena lista de crenças restritivas que interferem na sua capacidade de vivenciar o poder feminino, a criatividade e a radiância. Deixe um espaço abaixo de cada uma delas. Em seguida, decida quais afirmações e funções mentais você usará para liberar cada uma dessas crenças e anote nesse espaço. Mantenha a crença restritiva em mente durante alguns instantes. A seguir, repita as afirmações para si mesma agora com palavras, e não em pensamentos, juntamente com as funções mentais que escolheu para apoiá-las. Repita as afirmações durante pelo menos 5 minutos – ou até que a crença restritiva deixe de perturbá-la. É uma boa ideia trabalhar com uma ou duas crenças restritivas por vez. Depois que elas forem liberadas, você pode repetir o processo com as crenças que restarem em sua lista.

Eis uma lista de exemplos de crenças restritivas:

1. Preciso ser perfeita em tudo o que faço.
2. Preciso ser magra para ser atraente.
3. Entregar-se a um relacionamento íntimo com um homem é sinal de fraqueza.
4. Preciso estar no controle de todos os aspectos da minha vida.
5. Ser eu mesma e irradiar prana através do meu corpo, da minha alma e do meu espírito não é o bastante.
6. O que eu faço é mais importante do que quem eu sou.
7. Quanto mais eu tenho, mais bem-sucedida eu sou.
8. Mulheres poderosas são masculinas demais.

Para ajudar a guiá-la através do processo, incluímos três crenças restritivas tiradas da lista acima e uma amostra de afirmações e funções mentais que podem ser usadas para liberá-las. Sugerimos que use duas funções mentais para contrabalançar uma crença restritiva, e em seguida duas outras funções mentais para superá-la. Por exemplo, para contrabalançar e superar a crença restritiva "quanto mais eu tenho, mais bem-sucedida eu sou", use a fé e o conhecimento para afirmar: "*Eu acredito e eu sei que o sucesso é determinado por eu ser eu mesma e me expressar livremente*". Então, use o conhecimento e o compromisso para afirmar: "*Eu sei que é apropriado e que eu estou empenhada em compartilhar meu poder, minha criatividade e minha radiância por meio do meu trabalho e dos meus relacionamentos*".

Para contrabalançar a crença segundo a qual "você precisa ser magra para ser atraente", use a aceitação e o desfrute e afirme: "*Aceito e desfruto o corpo, a alma e o espírito, que são o presente do universo para mim*". Então, use o conhecimento e a fé para afirmar: "*Sei e acredito que a beleza interior é o maior tesouro de uma mulher*".

Para contrariar a crença segundo a qual "o que eu faço é mais importante do que quem eu sou", use o desejo e o conhecimento e afirme: "*Eu desejo e sei que o meu sucesso depende de eu ser a mulher mais poderosa, criativa e radiante que eu possa ser*". Então, use a vontade e o desejo para afirmar: "*É minha vontade e meu desejo me tornar a mulher poderosa, criativa e radiante que eu devo ser nesta vida*".

Use as afirmações fornecidas aqui como uma base, e a partir dessa base use a criatividade. Não fique desanimada caso não consiga contrabalançar e superar uma crença restritiva de imediato. Continue a fazer afirmações regularmente, junto com as funções mentais apropriadas e, em pouco tempo, você irá superar a influência das crenças restritivas que a limitam.

Exercício: Um Regime de Afirmações

As afirmações positivas e as funções mentais não são úteis apenas para liberar crenças restritivas. Elas também podem ser usadas para aumentar o bem-estar. A lista a seguir inclui afirmações positivas objetivamente verdadeiras, bem como uma ou mais funções mentais que dão suporte a elas. Você pode usá-las sempre que tiver o tempo e o desejo, a vontade e a intenção de aumentar seu bem-estar e melhorar seus relacionamentos.

1. Aceito e sei que tenho um suprimento ilimitado de energia feminina dentro de mim.
2. Aceito e sei que é meu direito inato expressar livremente meu poder, minha criatividade e minha radiância.
3. Tenho fé e aceito que posso tomar minhas próprias decisões.
4. Tenho fé e sei que sou mais forte do que minha programação; sou uma mulher radiante e poderosa.
5. Aceito e sei que sou mais do que a soma de minhas partes. Sou uma manifestação do feminino universal.
6. É meu desejo e minha vontade transcender os elementos restritivos do meu sistema de crenças.
7. É a minha intenção amar a mim mesma como eu sou e não como outras pessoas querem que eu seja.
8. É meu desejo e vontade expressar livremente minha identidade feminina autêntica.
9. É minha intenção, desejo e vontade amar o que me dá prazer.
10. É minha intenção, desejo e vontade amar meu corpo e minha identidade sexual única.

Resumo

Neste capítulo, você aprendeu como os apegos criados pela bagagem kármica podem perturbar ou romper seu relacionamento com seu eu, com o feminino universal e com as pessoas que ama. Em seguida, aprendeu como liberá-lo usando a intenção, a atenção mental e a felicidade. Você também aprendeu a usar suas funções mentais para superar crenças restritivas e substituí-las por afirmações da vida que apoiam seu poder, sua criatividade e sua radiância. No próximo capítulo, veremos como criar uma identidade que afirma a vida ao curar aspectos mentais e superar arquétipos culturais autolimitadores.

Aspectos mentais são veículos energéticos sutis que permitem seu contato com pessoas, lugares e coisas no ambiente externo. Uma vez que tenha curado seus aspectos mentais, você aprenderá a superar arquétipos autolimitadores que a bloqueavam e a substituí-los por arquétipos mantenedores da vida e que apoiam seu poder, sua criatividade e sua radiância.

CINCO

A Criação de uma Identidade Afirmativa da Vida

O espírito de uma mulher permanecerá à deriva e a alma dela sofrerá desnecessariamente se não tiver como refúgio uma identidade afirmativa da vida. Uma identidade que afirma a vida é parte essencial da vida feliz de uma mulher radiante. Mostraremos neste capítulo como você pode restaurar e refinar sua identidade para que ela sustente seu relacionamento com o feminino universal e com seu eu.

Uma identidade feminina afirmativa da vida é fundamentada na autoconfiança, na autoestima e na empatia por outras pessoas. A criação de uma identidade que afirma a vida é parte essencial da cura da alma e do espírito da mulher moderna. A cura pelos chakras e a liberação de bagagem kármica são importantes passos na criação de uma identidade que afirma a vida. Para completar o processo, porém, é preciso ser capaz de restaurar os aspectos mentais e de superar arquétipos insalubres que foram integrados em sua personalidade e que por isso fazem parte da sua identidade.

Aspectos mentais são veículos energéticos sutis que servem como fundamento para a identidade autêntica. Arquétipos são gabaritos ou hologramas energéticos que determinam como você se vê, o que valoriza, como julga os outros e se seguirá o seu dharma. Alguns arquétipos devem a existência a karmas de vidas passadas, o que significa que você os trouxe consigo de vidas anteriores. Outros são criados por programações da primeira infância e pelo processo de aculturação.

Aspectos mentais curativos

A restauração de sua identidade afirmativa da vida tem início quando você cura seus aspectos mentais. Aspectos mentais são ligeiramente maiores do que os corpos energéticos, o que significa que eles se estendem alguns centímetros além do espaço ocupado pelo corpo físico no plano físico.

O que diferencia os aspectos mentais dos outros veículos energéticos é a capacidade deles para se estender além do campo de energia – o que permite que façam contato com outras pessoas e outros campos energéticos no ambiente. Essa capacidade para se estender e se contrair torna-os veículos ideais para que você adquira conhecimento e se oriente no mundo. Essa característica também torna os aspectos mentais vulneráveis à contaminação por campos distorcidos de energia no ambiente externo. Outro problema é que os aspectos mentais contaminados podem ser projetados em outras pessoas. Quando um aspecto mental contaminado faz contato com seu campo de energia, pode agarrar-se a ele juntamente com a energia distorcida que o contaminou.

A única maneira de estabelecer a identidade afirmativa da vida, necessária para que você possa emergir como uma mulher poderosa e independente, é liberar os aspectos mentais insalubres projetados em seu campo de energia e descontaminar seus próprios aspectos mentais.

De acordo com os antigos textos tântricos, há quatro aspectos da mente. Em sânscrito, eles são conhecidos como *manas*, *buddhi*, *chitta* e *ahamkara*.

O *manas* estende-se até fazer contato com um objeto, ser e/ou campo de energia no ambiente externo, isolando-se assim, de modo que possa ser estudado. O aspecto *manas* pode ser compreendido usando-se a metáfora do "olhar" como um ato oposto a "ver". Ao olhar, não há ênfase colocada sobre qualquer coisa em particular. Mas ao ver, o que se vê é trazido para um contexto em que pode ser comparado e estudado. O *manas* não olha; em vez disso, ele vê, enfatizando alguma coisa em seu campo de visão, uma coisa que possa ser separada do seu ambiente.

O *buddhi* analisa e compara um objeto, pessoa e/ou campo de energia que foi separado do seu ambiente com o que já é conhecido. Embora objetos, pessoas e/ou campos de energia possam variar e/ou mudar, o *buddhi* permanece constante. Na verdade, é a consistência do *buddhi* que lhe permite colocar o que estudou em um contexto específico, de modo que o *chitta* possa atribuir a ele um valor particular.

O *chitta* atribui um valor ao que foi isolado por *manas* e analisado por *buddhi*. O valor depende da condição do ser humano ao fazer contato com seu ambiente por meio dos seus aspectos mentais. Quando uma mulher está presa a crenças restritivas e a arquétipos autolimitadores, o valor de algo será determinado pela maneira como ele promove ou não bem-estar físico e/ou psíquico. Quando uma mulher escolhe curar a si mesma e restaurar seu poder, criatividade e radiância, o valor de alguma coisa será determinado pela capacidade para intensificar ou não o relacionamento com seu eu e com as qualidades universais do feminino.

O *ahamkara* é o aspecto que toma as decisões e que destila as informações que recebe dos três outros aspectos da mente para criar e/ou apoiar a visão que uma mulher tem de si mesma e dos relacionamentos. O que o *ahamkara* recebe e aceita como legítimo e importante não apenas se soma ao que uma mulher aceita como "conhecimento", mas também confirma experimentalmente o que ela já sabe sobre si mesma.

Quando as informações recebidas sustentam crenças restritivas e arquétipos autolimitadores, isso perturbará ou romperá o relacionamento de uma mulher com a energia feminina e impedirá que ela vivencie a satisfação que provém de conhecer e seguir seu dharma. Quando a decisão sustenta as qualidades universais do feminino, confirmará o que uma mulher conhece intuitivamente a respeito de si mesma: que ela é a manifestação física do feminino universal.

É provável que você tenha se apegado a aspectos mentais contaminados projetados em seu campo de energia na época em que atingiu a puberdade. Alguns dos efeitos mais comuns estão incluídos na lista a seguir. Se você já vivenciou qualquer um desses efeitos, pode usar os exercícios apresentados logo após a lista para superá-los.

Efeitos de aspectos mentais externos

1. Você é exageradamente reativa às opiniões dos outros.
2. Você se sente frágil ou excessivamente tímida em público.
3. Você se sente constrangida e insegura.
4. Você se tornou alienada dos seus sentimentos e do seu corpo.
5. Você se tornou dependente demais de outras pessoas.

6. Você acha difícil encontrar e/ou seguir o seu dharma.
7. Você se sente sufocada pelas necessidades e pelas expectativas de outras pessoas.
8. Você acha difícil expressar seus verdadeiros sentimentos e/ou ideias.
9. Você se sente esgotada ou drenada pelos outros pelo menos durante parte do tempo.
10. Você está constantemente procurando seu "eu" sem sucesso.

Nossa lista é apenas uma amostra. Mas se você se sente aprisionada por qualquer problema ou padrão persistente que interfere continuamente na sua capacidade para manifestar uma identidade forte, que afirme a vida, ou se conhece uma pessoa que tenha interferido na sua capacidade para ser você mesma ou para se expressar livremente, então é provável que tenha se apegado a um ou mais aspectos mentais externos.

No exercício a seguir, você aprenderá como se descontaminar e liberar um aspecto mental contaminado que tenha se agarrado ao seu campo de energia. Depois disso, aprenderá a descontaminar um dos seus próprios aspectos mentais, de modo que sua alma e seu espírito fiquem livres para cumprir a finalidade autêntica deles.

Exercício: A Liberação de Aspectos Mentais Externos

Para descontaminar e liberar um aspecto mental externo, encontre uma posição confortável, mantendo a coluna ereta. Escolha na lista um efeito ou problema de identidade para trabalhar com ele. Se nenhum deles se aplicar a você, escolha um outro efeito ou problema de identidade que acredita ter perturbado ou rompido sua capacidade para manifestar uma identidade vigorosa e afirmativa da vida. Mantenha-o em mente. Feche os olhos e respire fundo pelo nariz durante 2 ou 3 minutos. Use o Método Padrão para relaxar os músculos e se centrar em sua mente autêntica. Em seguida, execute o Mudra da Felicidade Orgásmica (ver Capítulo 4). Mantenha este mudra enquanto afirma: "*É minha intenção criar uma tela visual de dois metros e meio de largura na minha frente*". Quando a tela aparecer, afirme: "*É minha intenção visualizar uma imagem de mim mesma na tela*". Quando a imagem aparecer, afirme: "*É minha intenção localizar o aspecto mental externo cuja energia fornece a maior parte do suporte à pergunta que tenho em mente*". Se for um aspecto mental externo, será modelado como um tubo flexível que invade o espaço do seu corpo e se estende para fora do seu campo ao longo de uma distância significativa. Depois de verificar que é um aspecto mental externo pela forma dele, afirme: "*É minha intenção envolver com uma caixa de prana o aspecto mental que estou considerando*". Essa caixa deve ser grande o bastante para que tal aspecto mental se encaixe nela de maneira confortável. Em seguida, afirme: "*É minha intenção preencher a caixa de prana com felicidade e descontaminar o aspecto mental dentro dela*". Finalmente, afirme: "*É minha intenção que o aspecto mental descontaminado retorne diretamente ao seu lugar de origem*".

Uma vez que o aspecto mental externo tenha sido descontaminado e liberado, libere também a caixa de prana. Em seguida, libere o Mudra da Felicidade Orgásmica. Continue, liberando a imagem de si mesma na tela e depois a própria tela visual. Em seguida, conte de 1 até 5 e finalize o exercício.

Muitas pessoas têm uma sensação de alívio e mais autoconfiança quando um aspecto mental externo é descontaminado e liberado. Outros têm uma sensação mais intensa de integridade pessoal.

Ao criar uma identidade afirmativa da vida, é importante lembrar que também é possível que mais de um aspecto mental dê suporte a algum efeito ou problema de identidade. Se você sente que esse problema persiste mesmo depois que descontaminou e liberou um aspecto mental externo, repita o processo até que todos os aspectos mentais externos que dão apoio a esse efeito ou problema de identidade tenham sido descontaminados e liberados.

Exercício: A Reintegração dos Aspectos Mentais Pessoais

Para formar uma identidade afirmativa da vida, é importante que os aspectos mentais pessoais estejam livres de contaminantes e devidamente integrados no campo de energia. Para descontaminar e reintegrar um de seus próprios aspectos mentais, encontre uma posição confortável, mantendo a coluna ereta. Feche os olhos e respire fundo pelo nariz durante 2 ou 3 minutos. Use o Método Padrão para relaxar os músculos e se centrar em sua mente autêntica. Em seguida, execute o Mudra da Felicidade Orgásmica (ver Capítulo 4). Mantenha este mudra enquanto afirma: "*É minha intenção criar diante de mim uma tela visual de dois metros e meio de largura*". Assim que a tela aparecer, afirme: "*É minha intenção visualizar uma imagem de mim mesma na tela*". Quando a imagem aparecer, afirme: "*É minha intenção localizar meu aspecto mental mais contaminado*".

Se o aspecto mental estiver contaminado, ele terá distorções sob a forma de protuberâncias ao longo das bordas. E não estará apropriadamente integrado: se manterá inclinado para fora do espaço do corpo ou estará estendido ao longo dele.

Depois de verificar que você localizou um aspecto mental pessoal pela forma e posição desse aspecto, afirme: "*É minha intenção envolver esse aspecto mental com uma caixa de prana*". Então, afirme: "*É minha intenção preencher a caixa de prana com felicidade e descontaminar o aspecto mental dentro dela*". Finalmente, afirme: "*É *minha intenção reintegrar o aspecto mental que acabei de descontaminar"*. Não faça nada depois disso. Durante 10 minutos, apenas sinta os efeitos desse processo.

Depois de 10 minutos, libere a caixa de prana. Em seguida, libere o Mudra da Felicidade Orgásmica. Continue, liberando a imagem de si mesma na tela e a própria tela visual. Em seguida, conte de 1 até 5 e finalize o exercício, tomando consciência do ambiente à sua volta.

Depois de descontaminar e de reintegrar um aspecto mental pessoal, uma sensação de alívio e de renovada autoconfiança surgirá. Se você prosseguir com esse processo de descontaminação e de reintegração em todos os seus aspectos mentais contaminados, não demorará muito para que sua identidade se torne mais forte e mais afirmativa perante a vida.

A superação de arquétipos autolimitadores

Agora que você aprendeu a curar os aspectos mentais, está pronta para superar os arquétipos autolimitadores das mulheres. Um arquétipo autolimitador é uma imagem distorcida e/ou superficial que limita o poder, a criatividade e a radiância, distorcendo os sentimentos sobre seu próprio corpo e sobre si mesma, tornando difícil criar uma identidade saudável e afirmativa da vida.

Você pode acreditar que está imune a arquétipos culturais autolimitadores. Mas basta observar o que nos é oferecido pelas indústrias do entretenimento e pelas instituições religiosas, que continuam a desempenhar um papel importante na vida da maior parte das pessoas, para constatar que as mulheres continuam sendo retratadas de maneira distorcida e desagradável. Mesmo que leis que liberam as mulheres das condições opressivas do passado estejam sendo aprovadas, fato é que os arquétipos autolimitadores que permeiam as sociedades modernas ainda podem aprisioná-las em espaços compartimentalizados que as distorcem e as deixam mal-ajustadas.

Há muitos arquétipos femininos. Há arquétipos positivos e negativos na maior parte das sociedades modernas para diferentes tipos de mulheres e para os estágios mais significativos da vida delas. Mas causa surpresa que até mesmo os arquétipos positivos das sociedades modernas possam se tornar negativos ao limitar o poder natural, a criatividade e a radiância das mulheres.

Isso pode ser observado na difícil transição vivida pelas meninas durante a puberdade. Nesse período crítico da vida de uma jovem, é quase chocante a falta de arquétipos saudáveis, que afirmem a vida e que levem em consideração as mudanças e as exigências naturais do seu corpo e do seu campo de energia. Na verdade, as mulheres jovens do mundo ocidental são desprovidas quase por completo de arquétipos saudáveis capazes de ajudá-las durante esse período crítico. Ao contrário, elas são deixadas à disposição de estereótipos culturais que não oferecem o apoio necessário de que precisam para lidar com questões importantes como sexo, controle da natalidade, criação dos filhos e casamento.

Em contrapartida, sociedades matriarcais tradicionais proporcionam às mulheres jovens mais apoio e arquétipos femininos muito mais saudáveis (DiMaria, 2011).

Ritos de passagem em outras culturas

Um bom exemplo é o da tribo dipo (da cultura akan), um pequeno grupo étnico que habita a região norte de Ghana. Na cultura akan, mulheres e meninas são ensinadas a se devotar a um arquétipo sadio, apropriado à idade, que impregna as mulheres jovens de beleza, pureza e dignidade e as protege contra a corrupção. Os akans acreditam que mães instruídas com boas tradições também levam à criação de meninas fortes. Por essa razão, a ênfase nos ritos de passagem femininos é maior do que nos masculinos.

Sob o olhar atento da Rainha-Mãe, as meninas são levadas para um local isolado após a primeira menstruação. Por duas ou três semanas, a menina é iniciada nos segredos da sexualidade. Além disso, é informada a respeito de tudo o que precisa saber sobre controle de natalidade e relações sexuais com homens, e sobre como ela será capaz de conduzir um bom casamento e, desse modo, manter a própria dignidade e a dignidade da comunidade (Boakye, 2009).

O cuidado e a preparação dados às mulheres jovens na sociedade akan não existe nas sociedades ocidentais modernas.

Uma das razões para isso é que os arquétipos das mulheres, especialmente nas culturas modernas, são fundamentados em um ideal masculino que se baseia no que os homens querem (e não querem) das mulheres. O fato de muitos arquétipos no mundo moderno serem fabricados por corporações confunde ainda mais a questão. E, independentemente do que os departamentos de marketing dessas empresas queiram que você acredite, os principais interesses dessas empresas bilionárias são apoiar os valores do patriarcado e ganhar dinheiro.

A verdade é que os arquétipos femininos tradicionais ou modernos raramente oferecem às mulheres jovens modelos que valorizam a autoestima ou a verdadeira libertação. Também não proporcionam às jovens um roteiro viável que as ajude a encontrar satisfação e realização nos relacionamentos íntimos.

No entanto, o que aconteceria se uma mulher contemporânea não tivesse de lutar contra arquétipos culturais autolimitadores? Acreditamos que tal mulher seria capaz de mergulhar na energia dotada de qualidades universais. Essa energia teria um efeito tão profundo na alma e no espírito dessa mulher que a nutriria e a faria se sentir satisfeita em muitos níveis. Tal mulher faria aquilo que fosse melhor para si mesma independentemente dos riscos. Ela veria o próprio corpo como um templo sagrado digno de honra e de amor. Ela o nutriria com alimentos saudáveis e suas atividades físicas seriam um reflexo de seu amor-próprio.

Examinaremos nas páginas a seguir alguns arquétipos que afirmam a vida e que poderiam ajudar as mulheres, especialmente as que se encontram na puberdade, a expressar livremente seu poder, sua criatividade e sua radiância. Depois disso, você aprenderá a liberar arquétipos autolimitadores e a substituí-los por arquétipos femininos que afirmam a vida e que honram as mulheres e as qualidades universais do feminino.

Arquétipos para a mulher radiante

O primeiro arquétipo para o qual voltaremos nossa atenção é o de Lilith.

De acordo com a tradição hebraica, Lilith foi a primeira mulher de Adão. Ela não foi criada da costela de Adão, como Eva, a segunda mulher dele, mas sim forjada da mesma argila que formou o corpo de Adão, o que, pelo menos na mente de Lilith, fez de Adão seu igual.

> Esta é Lilith, primeira esposa de Adão.
> Fique sabendo de seus lindos cabelos,
> dessas joias que irradiam seu brilho.
> Se com tais coisas Lilith alcançar o jovem,
> ela não deixará que ele se vá tão facilmente.
> – J. W. v. Goethe (1798)

Lilith foi mencionada apenas uma vez no Velho Testamento (Josué 34, 14). Exceto por essa passagem, foi completamente banida dele.

O que não ocorreu na tradição hebraica. O Alfabeto de Ben Sira, que entrou na Europa vindo do Oriente no século VI d.C., nos ensina que "tão logo fora criada, Lilith passou a argumentar, e disse: 'Por que deveria eu estender-me sob ti? Sou digna tanto quanto tu e fomos ambos criados da terra". (Humm, 1995).

Ao recusar se submeter à autoridade masculina, o relacionamento de Lilith com Adão se tornou tão áspero que ela decidiu deixar o Paraíso.

Embora o Alfabeto de Ben Sira a retratasse como uma mulher extremamente sensual, cujo poder e radiância femininos inatos exerciam um efeito quase hipnótico sobre os homens, essa visão acabou mudando. Na sociedade hebraica medieval, os estudiosos argumentaram que o poder de atração erótico de Lilith era causado pelas forças obscuras e pelos demônios que a dominavam.

É claro que há mais de uma versão da história. Mas os autores do Talmude deixaram muito claro que Lilith tinha de partir e que Adão precisava de uma mulher mais submissa. Forjaram então a ideia de que Jeová tivera misericórdia de Adão e criara uma segunda esposa para ele, Eva. A mesma misericórdia não se estendeu a Lilith. Desde essa época, Lilith passou a ser retratada nas escrituras hebraica e cristã como um demônio alado, bela, mas cruel, e, é claro, extremamente tóxica para qualquer homem que entrasse em contato com ela (Howe Gaines, 2012).

O outro lado de Lilith

Para as mulheres que anseiam superar arquétipos autolimitadores, a mulher ancestral, insubordinada e amante da liberdade, que combina fertilidade e morte, sombras e luz, oferece um modelo. Ela atrai a atenção das mulheres para os perigos da fraqueza e da conformidade. Ela é uma mulher que não tem medo de se afirmar, que nunca se rende e que vivencia e abraça a própria sexualidade.

Poderia o arquétipo de Lilith fornecer às mulheres uma nova identidade baseada na liberdade, no poder e na radiância? Se sim, talvez seja Lilith o arquétipo que poderá guiá-las até os recessos mais profundos do inconsciente delas a fim de lhes mostrar a feminilidade e força ancestrais. E se você estiver preparada para abraçar essas qualidades reconhecendo Lilith como um modelo positivo para as mulheres, pode se reunir a elas. Porque você merece o que Lilith queria obter, ou seja, não ficar acima nem abaixo dos homens mas, simplesmente, ser igual a eles.

Shakti

Shakti fornece outro arquétipo de afirmação da vida para a mulher moderna. Na sociedade hinduísta, os atributos de Shakti são quase que exclusivamente positivos. É por isso que essa sociedade, que foi profundamente influenciada pelos ensinamentos do yoga e do tantra, reconhece que o relacionamento de uma pessoa com a energia feminina exerce uma influência profunda e permanente sobre seu bem-estar e saúde de seus relacionamentos.

As origens de Shakti podem ser remontadas há vários milhares de anos. Como um arquétipo feminino e de tudo o que é criativo no universo, influenciou o hinduísmo, o budismo e até mesmo alguns cultos na Grécia e na Roma antigas, inclusive o culto de Dioniso.

De acordo com o yoga e o tantra, Shakti serve como um modelo para a feminilidade, pois representa a força cósmica primordial que cria e sustenta o Universo. Entre os hindus, Shakti é às vezes chamada de a Grande Mãe Divina.

No plano terrestre, Shakti manifesta mais diretamente seu poder através das mulheres. Swamini Mayatitananda observa que "no princípio da Criação... [Shakti]... tomou forma e colocou em movimento a roda da manifestação. Ela conferiu seu espírito de cura e sua energia regeneradora no ventre de todas as mulheres e espécies femininas na Terra".

Na mitologia hindu, Shakti assumiu muitas formas que afirmam o poder, a criatividade e a radiância das mulheres, como Parvati, a boa esposa, Durga, a mãe nutridora, e Kali, a suprema guerreira.

Cinco arquétipos mantenedores da vida

Embora Lilith e Shakti representem arquétipos que afirmam a força, a criatividade e o poder das mulheres, incluímos neste capítulo mais cinco arquétipos mantenedores da vida. Você pode adotar qualquer um deles na próxima série de exercícios para substituir os arquétipos que a têm impedido de expressar livremente seu poder, sua criatividade e sua radiância.

A menina inocente

Este arquétipo pode ser adotado por qualquer mulher que tenha sofrido algum tipo de trauma ou abuso quando criança. As qualidades mais importantes da menina inocente são a inocência e a confiança. Para usar esse arquétipo na próxima série de exercícios, você precisa visualizar a si mesma como uma mulher que manteve a inocência. Você pode representar isso em sua visualização a partir da postura, expressão, o que está vestindo e os itens simbólicos que carrega consigo.

Ser inocente não significa ser ingênua ou infantil. A inocência é a pureza da alma que uma mulher alegre e equilibrada conserva ao longo de toda a sua vida. Ela se perde quando o campo energético de uma mulher é contaminado por arquétipos autolimitadores e por projeções emitidas por pessoas egoístas e abusivas.

Por confiança, estamos nos referindo a mais do que confiança em um universo benevolente. Dentro desse contexto, a confiança inclui a autoconfiança e a confiança que só pode emergir em uma mulher quando ela conhece a si mesma e assume o risco de ser ela mesma.

A *guerreira*

Este arquétipo pode ser adotado por mulheres que estejam preparadas para recuperar o poder feminino e reafirmá-lo livremente no mundo. A guerreira é uma mulher que se respeita porque respeita sua intuição e o que sente em relação ao mundo ao seu redor. A guerreira desenvolveu coragem e perseverança. Ela tem caráter porque escolheu ser ela mesma independentemente do custo dessa decisão. Como resultado, ela não pode ser manipulada pelos valores fundamentais do patriarcado, que identificam feminilidade com fraqueza e dependência. A mulher que se torna guerreira é mestre de sua própria mente e se iguala a qualquer homem.

Para usar o arquétipo da guerreira na próxima série de exercícios, visualize-se com um olhar firme e em uma postura que manifeste poder e autoconfiança. As roupas que você usar e os itens simbólicos que carregar consigo devem simbolizar seus pontos fortes e suas habilidades únicas.

A *mulher nutridora*

Este arquétipo pode ser adotado por mulheres que precisem superar a presunção, o narcisismo ou a necessidade de chamar a atenção masculina. Todas essas qualidades emergem de padrões de dúvida quanto a si mesma e de insegurança, que indicam falta de autoestima. A mulher nutridora é alguém que tem mais prana do que o necessário para se sustentar e àqueles que dependem dela.

Para usar este arquétipo na próxima série de exercícios, visualize-se como uma mulher autoconfiante e que olha para dentro de si enquanto irradia seu excesso de energia feminina através dos olhos e das mãos.

A mulher nutridora não requer a legitimação por parte de um homem para se sentir completa. Ela tem uma natureza generosa e irradia o poder nutridor tanto para o "santo como para o pecador", indistintamente. A mulher nutridora superou o narcisismo e o ego inflado que provêm da incapacidade de amar a si mesma e outras pessoas. Essa mulher dá sem esperar nada em troca.

A mulher aventureira

Este arquétipo pode ser adotado por mulheres que se sintam aprisionadas em uma vida convencional que as estejam sufocando. Se você sente que está se afogando nas necessidades de outras pessoas e que precisa sacrificar o próprio bem-estar pela família ou pelos amigos, a mulher aventureira oferece uma maneira de alcançar a liberdade interior que procura. A mulher aventureira não foge da vida; ela a abraça criando uma vida interior rica em aventura e experiência.

Se você é uma mulher que procura o próprio caminho, a mulher aventureira oferece a força interior e a convicção que lhe permitirão tomar as próprias decisões e criar uma ética que coloque em primeiro lugar as qualidades universais do feminino. A mulher aventureira tem coragem de ser ela mesma. Ela desafia o crítico que há em outras mulheres, conclamando-as a seguir o próprio caminho e a viver com integridade.

A mulher aventureira é disciplinada e perseverante. Ela confia em seus sentidos e abraça todas as experiências, boas e más. Tal mulher aprende com seus erros e, como resultado, torna-se mais forte. Embora possa vagar sozinha às vezes, ela nunca está sozinha, porque encontrou a si mesma.

Para usar este arquétipo na próxima série de exercícios, visualize a si mesma em uma atitude que manifesta sua coragem e sua força interior, bem como a liberdade interior que você vivencia.

A mulher sábia

Este arquétipo pode ser adotado por mulheres que tomam más decisões com frequência. Os problemas que grande parte das mulheres enfrentam quando adultas são decorrentes de decisões que interferem no seu relacionamento com o universo feminino e consigo mesmas. Tais decisões são motivadas por padrões resultantes de concentrações de bagagem kármica e apegos energéticos sutis. É por isso que o Universo não dá respaldo a essas decisões, e é por isso que elas não melhoram o fluxo de prana através do campo de energia feminino.

Os fatos não mentem: quando os valores essenciais de uma mulher não sustentam seu relacionamento consigo mesma e com o feminino universal, por conseguinte as decisões que ela toma inevitavelmente levarão à dor e ao sofrimento. Decisões como amar um homem ferido ou abusivo, se sacrificar por outras pessoas ou adotar uma *persona* sexual que degrada sua dignidade são exemplos de más decisões. Mulheres sábias nunca tomam tais decisões: elas se mantêm conscientes e tomam decisões baseadas em valores que realçam o poder, a criatividade e a radiância femininos.

Para usar esse arquétipo, visualize-se como uma mulher autoconfiante, que acredita no próprio poder e na intuição. Uma mulher que abandonou a culpa e a vergonha porque aprendeu com seus erros. Como resultado, ela sente o prana fluindo através de si e nunca toma uma decisão que prejudique o relacionamento dela com essa energia mantenedora da vida. É a mulher sábia, de qualquer idade, que pode curar o mundo.

Sejamos práticos

Na série de três exercícios a seguir, você vai liberar um arquétipo autolimitador. Em seguida, usará um dos arquétipos mantenedores da vida que apresentamos (ou um dos seus próprios arquétipos) para substituir o arquétipo que liberou.

Exemplos de arquétipos culturais autolimitadores frequentes em meninas e mulheres jovens são a garota da mamãe, a filhinha do papai, a princesa, a *outsider*, a perdedora, a conformista, a rebelde, a egoísta, a vagabunda e a garota popular.

Embora a garota popular pareça à primeira vista ser um arquétipo positivo, ele é autolimitador porque a coloca dentro de uma caixa onde ela fica mal acomodada e porque faz exigências que limitam suas escolhas e sua capacidade para se expressar plenamente.

Arquétipos culturais autolimitadores frequentes em mulheres são a boneca Barbie, a mulher troféu, a "mulher estragada", a devoradora de homens, a mulher dependente e a resmungona. Primeiro escolha um dos arquétipos autolimitadores citados acima (ou um arquétipo particular seu). Em seguida, escolha um dos arquétipos mantenedores da vida apresentados (ou um arquétipo particular seu) para substituí-lo.

No primeiro exercício, você usará a tela visual para liberar o arquétipo autolimitador escolhido e no segundo vai substituí-lo pelo arquétipo mantenedor da vida definido por você. Por fim, execute o Mudra da Autoestima para aumentar sua autoestima depois de ter substituído um arquétipo autolimitador por outro, que realce sua identidade afirmativa da vida.

Exercício: A Liberação de um Arquétipo Autolimitador

Para iniciar o exercício, encontre uma posição confortável, mantendo a coluna ereta. Em seguida, respire fundo pelo nariz durante 2 ou 3 minutos. Use o Método Padrão para relaxar os músculos e se centrar em sua mente autêntica. Em seguida, escolha um arquétipo autolimitador para liberar e um arquétipo mantenedor da vida para substituí-lo. Tenha em mente ambos os arquétipos.

Em seguida, crie uma tela visual à sua frente, afirmando: "*É a minha intenção criar uma tela visual de dois metros e meio de largura na minha frente*". Quando a tela visual se materializar, afirme: "*É minha intenção visualizar a mim mesma personificando sobre a tela visual o arquétipo autolimitador que escolhi liberar*". Imediatamente, você verá a imagem da mulher que você não quer ser. Dedique alguns instantes para estudar o arquétipo e observe de que forma ele representa você. Crie empatia para sentir como ele restringiu seu acesso à energia com qualidades universais. Quando estiver satisfeita com a experiência, trace mentalmente um círculo ao redor do arquétipo e uma linha vermelha riscando o círculo. Em seguida, afirme: "*É minha intenção liberar o arquétipo que está na tela e toda a energia e consciência em meu campo de energia e no corpo físico que sustentam este arquétipo*". O arquétipo desaparecerá imediatamente. Quando isso acontecer, libere a imagem de si mesma e da tela afirmando: "*É minha intenção liberar a imagem de mim mesma e da tela na minha frente*". Então, durante 10 minutos, apenas sinta os efeitos dessas afirmações.

Depois de 10 minutos, conte de 1 até 5, abra os olhos e finalize o exercício, tomando consciência do ambiente à sua volta. Você precisa liberar o arquétipo autolimitador apenas uma vez. No próximo exercício, substitua o arquétipo autolimitador pelo mantenedor da vida de sua escolha.

Exercício: A Integração de um Arquétipo Mantenedor da Vida

Neste exercício, substitua o arquétipo autolimitador que acabou de liberar por um arquétipo mantenedor da vida. Para iniciar o exercício, encontre uma posição confortável, mantendo a coluna ereta. Em seguida, respire fundo pelo nariz durante 2 ou 3 minutos. Use o Método Padrão para relaxar os músculos e se centrar em sua mente autêntica. Em seguida, traga à mente o arquétipo mantenedor da vida escolhido para substituir o arquétipo autolimitador que você liberou no último exercício.

Para continuar, afirme: "*É minha intenção criar uma tela visual de dois metros e meio de largura à minha frente*". Assim que a tela aparecer, afirme: "*É minha intenção visualizar a mim mesma na tela personificando o arquétipo mantenedor da vida que tenho em mente*". Assim que a imagem aparecer, observe-a e veja como ela se comporta, qual a atitude dela e o que ela irradia através de seus olhos. Dedique algum tempo para observar que roupa ela está usando e se tem algo a lhe dizer ou a lhe ensinar. Quando estiver satisfeita com o que aprendeu, afirme: "*É minha intenção substituir o arquétipo que liberei anteriormente pelo arquétipo mantenedor da vida que está na tela visual*". Não faça nada depois disso; apenas relaxe e deixe o arquétipo mantenedor da vida e suas qualidades universais se arraigarem no seu campo de energia e no seu corpo pelos 10 minutos seguintes. Depois de 10 minutos, conte de 1 até 5 e finalize o exercício, tomando consciência do ambiente à sua volta. Você pode repetir este exercício até se sentir satisfeita com as mudanças que quer que criem raízes na sua identidade.

Exercício: O Mudra da Autoestima

Depois de substituir um arquétipo autolimitador por um arquétipo mantenedor da vida, você estará pronta para executar o Mudra da Autoestima. O Mudra da Autoestima ajudará você a integrar o novo arquétipo, intensificando sua autoconfiança e autoestima.

Para executar esse mudra, sente-se em uma posição confortável, mantendo a coluna ereta. Use o Método Padrão para relaxar os músculos e se centrar em sua mente autêntica. Em seguida, forme uma concha com as mãos. Junte as partes laterais dos polegares. Prossiga, colocando o dedo indicador esquerdo, desde a ponta até a primeira articulação, sobre a ponta do dedo indicador direito até a primeira articulação. Faça o mesmo com os dedos médios. Em seguida, junte as pontas dos dedos anelares e as dos dedos mínimos. Pressione a língua contra o topo da boca e deslize-a para trás até que o topo fique macio. Em seguida, junte as solas dos pés. Mantenha este mudra durante 10 minutos enquanto inspira e expira no nível de seu plexo solar. Depois de 10 minutos, libere o mudra e abra os olhos. Repita quantas vezes julgar necessário.

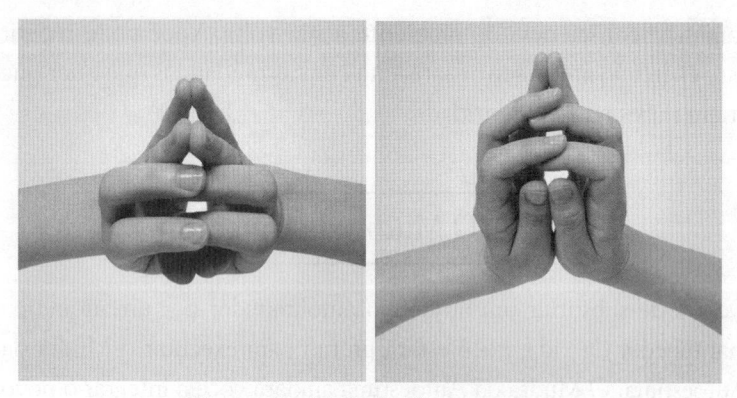

Figura 10: O Mudra da Autoestima

Resumo

Neste capítulo, você aprendeu como os aspectos contaminados da mente e os arquétipos criados pelo homem podem perturbar ou interromper o desenvolvimento de uma identidade afirmativa da vida. Em seguida, aprendeu habilidades para liberar aspectos externos da mente e para curar aspectos pessoais da mente que tenham sido contaminados. Além disso, aprendeu como liberar arquétipos autolimitadores e substituí-los por arquétipos mantenedores da vida.

No próximo capítulo, você aprenderá por que a evolução favoreceu o desenvolvimento de duas mentes humanas – uma mente feminina e uma mente masculina. E aprenderá habilidades simples que lhe permitirão aprimorar os aspectos da mente autêntica e do campo de energia que a tornam singularmente feminina.

SEIS

A Mente Única Feminina

✣

Embora mulheres e homens tenham muitas coisas em comum, é apenas reconhecendo as diferenças e as capacidades únicas da mente feminina que você pode obter uma imagem precisa do que será capaz de alcançar, agora que se libertou de crenças restritivas e de arquétipos autolimitadores.

As mentes de todos os seres humanos são compostas de três elementos essenciais. No nível físico, incluem o cérebro, o sistema nervoso e as substâncias químicas no corpo, como os hormônios, que influenciam sua estrutura e suas atividades.

No nível não físico, a mente inclui o campo de energia sutil, os órgãos e veículos desse campo e o prana que os alimenta. A combinação de elementos físicos e não físicos cria a terceira parte da mente humana – a rede. Cada uma das três partes tem capacidades e necessidades específicas.

A rede inclui as conexões da mente com as partes individuais que a compõem e com coisas além de si mesma. Isso inclui consciência e energia, bem como apegos a outras pessoas, seres não físicos e projeções.

Os órgãos da percepção (visão, sensação, audição etc.) também são partes da mente humana que podem ser direcionados para dentro da própria mente ou para fora dela, para o ambiente externo. Quando são dirigidos para fora, podem fazer contato com outras redes e interagir com elas.

Um mundo com duas mentes

Os cientistas hoje reconhecem que a natureza favoreceu a evolução de dois tipos de mentes, e que a mente feminina é superior à mente masculina no desempenho de tarefas complexas e na leitura de pistas emocionais. As diferenças não terminam por aí. Há diferenças significativas na polaridade, no nível energético, que permitem às mulheres se conectar com a Terra e com seu poder inato de maneiras que a maioria dos homens não é capaz. E há também as óbvias diferenças hormonais que tornam as mulheres mais nutridoras, intuitivas, empáticas e doadoras.

Devido às suas qualidades únicas, em particular a capacidade para reconhecer pistas emocionais e a sensibilidade maior às interações de energia sutil, a mente de uma mulher também é capaz de desenvolver habilidades baseadas em percepções intuitivas e nas lições aprendidas com a experiência adquirida tanto no universo físico como no universo não físico. Essa mente é capaz de resolver problemas relativos à sobrevivência física e de diagnosticar e curar problemas psíquicos e espirituais usando a energia com qualidades universais e a habilidade que essa mente desenvolveu.

Outro aspecto importante da mente de uma mulher (e pouco reconhecido pelas sociedades modernas) é que praticamente todas as pessoas vivas atualmente encarnaram na Terra mais de uma vez. Isso significa que a maioria das mulheres tem uma história pessoal e uma herança kármica que podem abranger gerações. A história pessoal de uma mulher desempenha um papel significativo na maneira como a mente dela funciona, o que ela valoriza, que talentos traz para esta vida e como se expressa. Neste capítulo, examinaremos como uma mulher pode melhorar suas singulares funções mentais para aumentar o poder, a criatividade e a radiância.

À procura da abundância

Como a polaridade da mente feminina difere de maneira significativa da verificada na mente masculina, também é diferente a relação espiritual de mulheres e de homens com a Terra e com o universo não físico.

No nível espiritual, a mente dos homens está equipada, no nível físico, com as conexões necessárias para transcender as limitações da existência terrena, a fim de alcançar a paz e a harmonia. Por outro lado, a mente das mulheres procura participar plenamente da Terra e se integrar com a abundância de energia e de vida que emerge dela.

A abundância está apenas indiretamente relacionada com a aquisição de bens materiais. Em termos espirituais, a abundância tem mais relação com a aquisição dos elementos essenciais para satisfazer as necessidades de cada pessoa nos níveis do espírito, da alma e do corpo.

Essa abordagem holística da vida é natural para as mulheres. Na verdade, sem satisfazer sua necessidade de abundância, a vida de uma mulher é vazia. E ela sente como se não estivesse adequadamente ancorada à Terra e à energia que emerge dela. Há uma boa razão para isso: os chakras físicos-materiais das mulheres são masculinos em relação à Terra. Isso significa que elas alcançam ativamente a Terra com seu campo de energia sutil e com suas funções mentais de conexão com a Terra.

Em contrapartida, os chakras físicos-materiais dos homens são femininos em relação à Terra, o que os torna receptivos à Terra. E, em vez de alcançá-la ativamente, eles simplesmente aceitam a força vital e a energia que lhes é gratuitamente oferecida.

Embora as mulheres tenham um relacionamento mais complexo com a Terra e sintam o desejo de participar de suas qualidades essenciais, doadoras de vida, as sociedades modernas não dão respaldo a um relacionamento ativo entre as pessoas e a Terra vivificante.

Apesar disso, é possível alcançar a Terra com sua mente, como se fosse uma coisa viva, a fim de receber dela a abundância que é seu direito inato. Para conseguir isso, você precisará aprender a fazer a Meditação para a Abundância.

Exercício: Meditação para a Abundância

A Meditação para a Abundância fortalecerá seu relacionamento com a Terra, ativando seus chakras físicos-materiais. Em seguida, você se centrará nos campos dos chakras físicos-materiais superior e inferior. Quando estiver centrada, reforçará a polaridade masculina dos campos desses chakras, centrando-se no primeiro campo polar, que é afirmativo e, portanto, masculino. Isso lhe permitirá alcançar a Terra e participar ativamente da abundância de vida e de energia que a Terra tem para lhe oferecer.

Exercício

Para iniciar a meditação, encontre uma posição confortável, mantendo a coluna ereta. Respire fundo pelo nariz durante 2 ou 3 minutos. Em seguida, faça duas contagens regressivas, de 5 até 1 e, depois, de 10 até 1. Use o Método Padrão para relaxar os músculos e se centrar em sua mente autêntica. Então, afirme: "*É minha in-*

tenção ativar meu chakra físico-material superior." Em seguida, afirme: *"É minha intenção ativar meu chakra físico-material inferior".* Desfrute a mudança durante alguns momentos. Então, afirme: *"É minha intenção centrar-me no campo do meu chakra físico-material superior".* Continue, afirmando: *"É minha intenção me centrar no campo do meu chakra físico-material inferior".* Durante alguns instantes, apenas sinta o fluxo de prana intensificado. Em seguida, afirme: *"Em meus chakras físicos-materiais superior e inferior, é minha intenção me centrar em meu primeiro campo polar".*

Como seu primeiro campo polar é masculino, ao se centrar nele você irradiará mais intenção, vontade e desejo por meio dos chakras físicos-materiais. Isso, por sua vez, fortalecerá sua conexão com a Terra.

Durante 15 minutos, apenas sinta a conexão intensificada que você tem com a Terra e com a energia sutil que emerge dela. Em seguida, conte de 1 até 5 e finalize a meditação. Repita tantas vezes quantas julgar necessário.

O cérebro feminino

A parte física da mente humana inclui o sistema nervoso, o cérebro, bem como as substâncias químicas presentes no corpo e que lhes dão sustento. O cérebro controla muitas das funções do corpo físico e interage com os dois outros elementos da mente humana de forma contínua. Mas os cérebros não são todos iguais. O centro de comunicação e o centro da memória emocional são maiores no cérebro feminino do que no masculino. O cérebro feminino desenvolve uma capacidade maior do que o cérebro masculino para fazer a leitura de pistas sutis, verbais e não verbais, nas pessoas.

Por causa dessas diferenças, os valores fundamentais de uma mulher são a comunicação, a conexão, a sensibilidade emocional e a responsividade. São as diferenças no cérebro feminino que explicam por que as mulheres valorizam essas qualidades acima de todas as outras e por que elas ficam tão perplexas com o comportamento de pessoas com cérebros que não apreendem a importância dessas qualidades, ou seja, pessoas com cérebros masculinos (Wolf, 2005).

Embora descobertas científicas nos tenham oferecido um conhecimento aprofundado sobre o papel desempenhado pelo cérebro, pelo sistema nervoso e pelos hormônios, até recentemente era raro para a ciência (ou para qualquer disciplina, como a psicologia, a biologia ou a filosofia) levar em consideração o fato óbvio de que o cérebro das mulheres difere do cérebro dos homens.

E esse preconceito patriarcal por si só explica por que não nos surpreendemos com o fato de que pouquíssimas pesquisas tenham sido realizadas a respeito de como mudanças na tecnologia ou nas normas sociais perturbam as funções do cérebro das mulheres e sobre como essas perturbações afetam o relacionamento delas com suas famílias, com elas mesmas e com a ecologia da vida presente nos universos físico e não físico.

O problema das multitarefas

Isso é particularmente lamentável no que se refere às multitarefas, porque a conjugação de atividades verificada nas multitarefas pode interferir com as funções do cérebro e com o campo de energia sutil de uma mulher.

Pesquisadores descreveram a multitarefa como uma forma de violência contra a mente, porque se entregar a muitas tarefas ao mesmo tempo instala novas conexões no cérebro, de modo que em pouco tempo um cérebro normal fica parecido com o cérebro de uma pessoa com personalidade predisposta a algum vício (Hänsel, 2012). Isso pode ser devastador para uma mulher e os relacionamentos dela, pois o cérebro afeta a rede. E a atividade fundamental da rede é perceber e se comunicar com as pessoas de maneira holística.

Por "holístico" queremos dizer que a linguagem corporal, a palavra falada e a radiação de prana são percebidas e interpretadas pelo cérebro e usadas pelo campo de energia sutil e pela rede para criar uma experiência completa.

Conversas por vias eletrônicas com mais de uma pessoa ao mesmo tempo, bate-papos, jogos de computador e multitarefas causam distúrbios na química normal do cérebro e podem causar uma tensão tão grande no campo de energia sutil que a rede se despedaça, juntamente com a percepção e a comunicação normais.

As multitarefas não apenas prejudicam a atividade química normal do cérebro e o campo de energia humano, como também interferem na capacidade do cérebro e do campo de energia sutil para integrar suas atividades. Isso, por sua vez, pode prejudicar a capacidade de uma mulher para priorizar, afetando a habilidade dela para discernir entre o que é importante e o que não é.

Se repetidas por um período suficiente, as multitarefas perturbarão as funções do sistema de energia humano, bloqueando o fluxo de prana através dos chakras, bem como dos centros de energia secundários nas mãos e nos pés. Isso impedirá que uma mulher se conecte com a Terra e compartilhe sua abundância, e também perturbará a empatia e capacidade para alcançar intimidade e sustentá-la.

Considerando que as multitarefas podem criar tantos problemas para as mulheres, incluímos neste capítulo a Meditação do Campo essencial. O objetivo é ajudá-las a superar os aspectos mais disruptivos das multitarefas e a manter empatia com as pessoas e com elas compartilhar energia com qualidades universais.

O campo essencial

O campo essencial é um dos muitos campos de recursos informacionais que interpenetram o campo de energia sutil. Há pouca literatura, antiga ou moderna, sobre os campos de recursos informacionais e a importância deles. No entanto, aprendemos em nosso trabalho que embora o sentido de identidade pessoal emerja dos corpos de energia, das blindagens e do sistema de energia sutil, são os campos de recursos informacionais que fornecem ao campo de energia sutil e ao sistema de energia sutil a consciência e a energia de que eles necessitam para coordenar suas atividades e funcionar de forma saudável.

Na Meditação do Campo essencial, você experimentará as funções mentais – intenção, vontade, desejo, resistência, rendição, aceitação, conhecimento, escolha, compromisso, rejeição, fé, apreciação, destruição, criatividade, empatia e amor – como parte de um grande campo de consciência e de energia que preenche e envolve o campo de energia. Uma vez relaxada, você se centrará no campo central e desviará seus órgãos de percepção, voltando-os para o seu interior, para o nível do campo essencial. Isso lhe permitirá sentir com clareza a presença desse campo. Na próxima etapa, você escolherá uma função mental que precise ser melhorada e usará sua intenção de preencher com prana essa seção do campo essencial.

Exercício: Meditação do Campo Essencial

Para iniciar a Meditação do Campo essencial, encontre uma posição confortável, mantendo a coluna ereta. Em seguida, escolha uma função mental que queira melhorar. Usaremos o prazer – ou a apreciação – como um exemplo. Depois de fazer sua escolha, feche os olhos e respire fundo pelo nariz durante 2 ou 3 minutos. Em seguida, faça duas contagens regressivas, de 5 até 1 e, depois, de 10 até 1. Use o Método Padrão para relaxar os músculos e se centrar em sua mente autêntica. Então, afirme: "*É minha intenção me centrar em meu campo essencial*". Continue, afirmando: "*É minha intenção voltar meus órgãos de percepção para o meu interior, até o nível do meu campo essencial*". Durante alguns instantes, apenas sinta essa mudança. Então, afirme: "*É minha intenção preencher meu campo essencial com prana no setor associado com o prazer [com a apreciação]*". Durante 15 minutos, apenas vivencie a mudança em seu campo essencial. Em seguida, contando de 1 até 5, abra os olhos e finalize a meditação, tomando consciência do ambiente à sua volta. Você se sentirá totalmente desperta, relaxada e muito melhor do que se sentia antes. Repita tantas vezes quantas julgar necessário.

Caçadores e coletores

Os caçadores (homens) e coletores (mulheres) precisavam de diferentes capacidades mentais para aumentar as chances de sobrevivência. Isso explica por que alguns homens superam as mulheres em algumas habilidades cognitivas, como, por exemplo, no sentido da percepção espacial, em conclusões matemáticas, na orientação e em habilidades motrizes orientadas para um alvo – habilidades úteis para um caçador. As mulheres, por outro lado, muitas vezes têm melhores habilidades verbais e percebem as coisas mais rapidamente. Em muitos casos, elas são capazes de se lembrar melhor de certos detalhes de um caminho e de realizar tarefas de precisão com muito mais rapidez – todas essas tarefas úteis para quem coleta alimentos e é responsável pela manutenção da continuidade familiar e cultural.

Os hormônios sexuais são responsáveis por muitas dessas diferenças, bem como pela capacidade que muitas mulheres têm para ler expressões e pistas faciais e emocionais sutis.

Pesquisas recentes realizadas pela dra. Christiane Northrup, ginecologista norte-americana e uma das principais autoridades no campo da saúde e do bem-estar das mulheres, revelaram algo notável a respeito da mente feminina. Devido à influência dos hormônios, o corpo caloso (a parte do cérebro que conecta os hemisférios direito e esquerdo) é maior e mais espesso nas mulheres do que nos homens.

Do ponto de vista funcional, isso significa que as mulheres conhecem ou ganham conhecimento vivenciando algo em seus centros de cognição e em seus corpos simultaneamente. Na prática, isso significa que o corpo e a mente das mulheres estão em sintonia, ao mesmo tempo, e que a mulher média tem uma inteligência corporal mais desenvolvida do que o homem médio (Walker, 2007).

Embora a influência dos hormônios sexuais possa ter muitos efeitos positivos, o desequilíbrio desses hormônios pode fazer com que o cérebro das mulheres caia em um estado depressivo durante vários meses e faz com que as conexões dos circuitos neurais se retraiam de muitas interações em nível energético. Isso pode ser exacerbado pela programação que atuou sobre a primeira infância, por traumas e por projeções de outras pessoas. Como a depressão na sociedade ocidental atingiu proporções epidêmicas, incluímos neste capítulo uma Meditação Antidepressão.

Exercício: Meditação Antidepressão

A Meditação Antidepressão deve ser realizada uma vez por dia, de preferência no período da manhã, até que os sintomas da depressão desapareçam.

Para iniciar a Meditação Antidepressão, encontre uma posição confortável, mantendo a coluna ereta. Feche os olhos e respire fundo pelo nariz durante 2 ou 3 minutos. Faça duas contagens regressivas, de 5 até 1 e, depois, de 10 até 1. Em seguida, use o Método Padrão para relaxar os músculos e para se centrar em sua mente autêntica.

Quando estiver relaxada, focalize a atenção mental no lado direito do cérebro durante 2 ou 3 minutos. Em seguida, focalize o lado esquerdo do cérebro durante 2 ou 3 minutos. Tente detectar diferenças entre os dois hemisférios. Verifique a temperatura. Você sente que um dos lados é mais quente do que o outro? Há mais pressão sobre um lado do que sobre o outro? Um lado do seu cérebro está entorpecido e o outro não? Há sentimentos de desconforto localizados em um dos lados do cérebro, mas não no outro? Permaneça durante o tempo que julgar necessário para detectar as diferenças. Em seguida, use o polegar direito para pressionar firmemente o ponto de acupuntura no topo da cabeça durante 10 segundos. Depois de 10 segundos, libere a pressão e espere por 10 segundos. Repita 3 vezes.

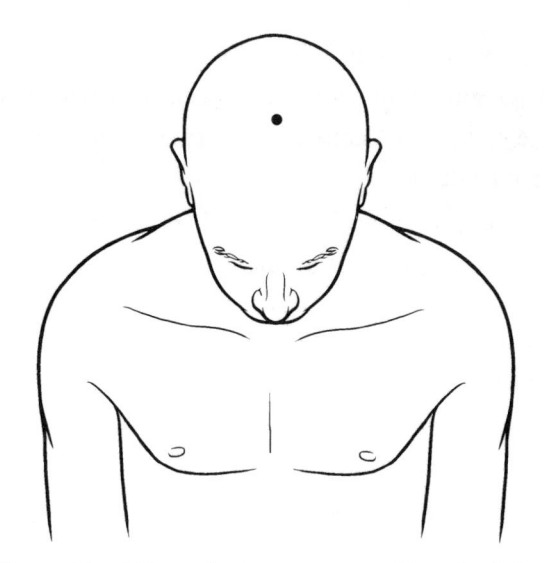

Figura 11: O Ponto de Acupuntura no Topo da Cabeça

Estimular o ponto de acupuntura intensificará o fluxo de prana através de seu cérebro e do sexto e do sétimo chakras. Para intensificar ainda mais esse fluxo, você pode afirmar: "*É minha intenção intensificar o fluxo de prana através do meu cérebro para que o equilíbrio e a harmonia sejam restaurados*". Durante 15 minutos, apenas sinta os efeitos desse processo. Em seguida, conte de 1 até 5, abra os olhos e finalize a meditação, tomando consciência do ambiente à sua volta. Repita o processo tantas vezes quantas julgar necessário.

A bagagem kármica e a mente

A herança kármica de uma mulher, sob a forma de bagagem kármica que veio tanto desta vida como de vidas passadas, pode exercer um impacto negativo sobre a mente dela ao criar apegos que provocam perturbações ou rupturas nas funções do sistema de energia sutil (chakras, auras, meridianos e centros de energia secundários).

Como mostramos no Capítulo 4, a bagagem kármica é a energia densa, autolimitadora e com qualidades individuais que as mulheres (e os homens) carregam nos campos de energia sutil de uma vida para a outra.

Os apegos, criados pela bagagem kármica, podem influenciar o campo de energia sutil das mulheres e, portanto, a mente delas, de três maneiras: podem restringir o acesso ao prana, criar padrões restritivos (problemas de personalidade) que não constituem parte essencial da mente e manter uma mulher apegada a pessoas e a problemas de relacionamento não resolvidos desde a infância e/ou desde vidas passadas.

Ainda que a projeção de aspectos da mente possa causar apegos na maioria dos casos, apegos a outras pessoas podem tomar a forma de cordões. Os cordões se assemelham a tubos longos e finos com um diâmetro constante ao longo de todo o comprimento. Quando uma pessoa se apega à bagagem kármica no seu campo de energia e a projeta sob a forma de um cordão, este pode ficar preso no campo de energia do seu alvo. Quando isso acontece, é criado um apego que conecta o perpetrador ao seu alvo (homem ou mulher), que se manterá enquanto o perpetrador se apegar à falsa impressão de que quer ou precisa de alguma coisa do alvo.

Outro fato a respeito de cordões é que eles não desaparecem quando o perpetrador ou o alvo morrem. Isso significa que você pode permanecer apegada a alguém de uma vida passada, na maioria dos casos a um relacionamento amoroso de uma vida passada, e isso pode se estender ao longo de vidas se essa pessoa projetou um cordão no seu campo de energia. E essa conexão pode interferir com a capacidade dessa pessoa para compartilhar as qualidades universais do feminino com as pessoas que ama nesta vida.

É importante reconhecer que, assim como você, seus amantes de vidas passadas são seres interdimensionais e, quando morrem, não desaparecem simplesmente junto com a bagagem kármica e os cordões que eles projetaram. Depois de uma pausa, eles reencarnam em um novo corpo. Isso significa que você pode permanecer apegada a um amante de uma vida passada durante vidas e que esse apego pode criar um anseio por uma ou mais das qualidades desse amante que atraem você.

Naturalmente, se a pessoa estiver morta você não irá encontrá-la. Mesmo se ela estiver encarnada, esse relacionamento de uma vida passada pode ter uma idade diferente ou viver no outro lado do mundo. Também é possível que você não queira mais essa pessoa, mesmo que a tenha encontrado, pois vocês evoluíram em diferentes direções. Em qualquer caso, permanecer apegado a uma pessoa de uma vida passada e/ou a uma das qualidades dela perturbará as funções de seu campo de energia e impedirá que você integre os três elementos de sua mente para criar uma experiência plena.

Felizmente, mesmo que você não se lembre de seu amante de uma vida passada, é possível superar seu apego cortando o cordão que ainda conecta vocês dois.

Você pode se perguntar como é possível superar um apego a alguém que está morto e de quem você não se lembra mais. No entanto, é possível. Na verdade, você não precisa saber o nome dessa pessoa ou a aparência que tinha na vida passada. Não é preciso nem mesmo saber exatamente qual era o tipo de relacionamento que tinha com ela. É preciso apenas isolar a qualidade pela qual você anseia ou a qualidade que está prejudicando sua capacidade para compartilhar prana com alguém que ama. Fazendo isso, você isolará o cordão que foi projetado em seu campo e poderá assim cortar a ligação energética que provoca seu apego a ela, usando as funções mentais apropriadas.

A história de Lena

A história de Lena ilustra como um apego a um amante de uma vida passada, criado por um cordão, pode interferir na vida e nos relacionamentos de uma mulher.

Na primeira sessão conosco, Lena, uma mulher de 31 anos de Hamburgo, explicou que tinha encontrado recentemente um homem que era exatamente o seu tipo. A atração era tão intensa que decidira dormir com ele já no primeiro encontro.

O encontro começou com um jantar em um dos melhores restaurantes de Hamburgo. Depois do jantar, Lena e seu amigo foram ao apartamento dela, onde tomaram vinho e começaram a se acariciar. Porém, ainda que estivesse vivendo seu sonho romântico,

Lena não conseguia relaxar, seus músculos permaneciam tensos e ela sabia que sua linguagem corporal estava apresentando sinais conflitantes. Ela conseguiu consumar a relação naquela noite, embora a penetração lhe causasse dor e ela continuasse a se comportar com embaraço.

Depois de relatar a história, Lena nos disse que nunca fora capaz de se soltar e de desfrutar do sexo com um homem. Quando examinamos o campo de energia dela no fim da sessão, descobrimos que um cordão ligava Lena a um amante de uma vida passada. O cordão estava localizado em um dos piores lugares possíveis, perto do segundo chakra.

Liberamos o cordão na sessão seguinte, e quase de imediato Lena sentiu uma renovada sensação de receptividade e bem-estar. Depois da sessão, explicamos a ela que o bloqueio do segundo chakra havia impedido que o sistema de energia sutil distribuísse prana livremente e que sem prana em uma medida suficiente ela não seria capaz de ter uma experiência sexual satisfatória com um homem.

Exercício: Corte de uma Conexão com uma Vida Passada

Para liberar um cordão que a conecta a um amante de uma vida passada, o primeiro passo é escolher um sentimento pelo qual anseia ou um bloqueio que interfere constantemente na sua capacidade de compartilhar com outra pessoa as qualidades universais do feminino. Depois de escolher um sentimento ou um bloqueio, encontre uma posição confortável, mantendo a coluna ereta, feche os olhos e respire fundo pelo nariz durante 2 ou 3 minutos. Faça duas contagens regressivas, de 5 até 1 e, depois, de 10 até 1. Em seguida, use o Método Padrão para relaxar os músculos e se centrar em sua mente autêntica. Quando estiver relaxada, afirme: *"É minha intenção criar uma tela visual com dois metros e meio de largura à minha frente"*. Assim que a tela aparecer, execute o Mudra da Felicidade Orgásmica e mantenha este mudra. Então, afirme: *"Tenho a intenção de me tornar consciente do cordão que é responsável pelo [diga o nome do sentimento ou bloqueio] que eu escolhi liberar"*. Permaneça por um momento observando o cordão. Ele será longo e fino, e se estenderá por toda a distância que separa seu campo de energia do campo de energia do perpetrador. Depois de examinar o cordão, afirme: *"É minha intenção criar uma caixa de prana ao redor do cordão que tenho em mente"*. Então, afirme: *"É minha intenção preencher a caixa de prana com felicidade e liberar o cordão, a fonte deles e suas extensões"*. Você sentirá uma mudança no seu campo de energia assim que o cordão for liberado. A pressão diminuirá. O prana fluirá mais livremente. E você será capaz de permanecer centrada com mais facilidade em sua mente autêntica. Como Lena, você também poderá experimentar um sentimento renovado de bem-estar e sentimentos mais suaves emergindo de seu campo de energia.

Depois de liberar o cordão, libere a caixa de prana, a tela visual e depois o mudra. Durante 10 minutos, apenas sinta os efeitos dessas afirmações, depois conte de 1 até 5, e abra os olhos. Você se sentirá totalmente desperta, relaxada e muito melhor do que se sentia antes.

Você pode usar a mesma técnica para liberar os cordões que a prendem a pessoas nesta vida, bem como cordões vindos de vidas passadas. Repita tantas vezes quantas julgar necessário.

Resumo

Neste capítulo, você aprendeu que a mente de uma mulher é composta por três partes e que cada uma delas tem capacidades e necessidades únicas. Também aprendeu exercícios planejados para levá-la a superar a depressão, intensificar a conexão dela com a Terra, protegê-la dos efeitos mais disruptivos das multitarefas e liberar apegos a amantes de vidas passadas.

No próximo capítulo, aprenderá como padrões passivos-agressivos podem impedi-la de manifestar seu poder de maneira saudável. Em seguida, aprenderá a intensificar seu poder abraçando o caminho do meio, e liberando os padrões passivos-agressivos que prejudicam sua vida e seus relacionamentos.

SETE

A Intensificação do Poder Feminino

✳

Em gerações passadas, o processo de aculturação e as expectativas, oportunidades, recompensas e punições desiguais instilaram tanto nas mulheres como nos homens a crença de que era natural que os homens tivessem mais poder que as mulheres. Esse desequilíbrio foi uma das características mais comuns de muitas sociedades e de suas instituições até o século XXI.

Mas esse desequilíbrio não poderia ser imposto unicamente por meio da violência, das leis discriminatórias e de um contrato social repressivo. Essas sociedades, muitas das quais oprimiam tanto os homens como as mulheres, também necessitavam que as pessoas aceitassem seus valores fundamentais. Para isso, criavam uma lista de características humanas de acordo com o gênero (papéis associados ao gênero) e esperavam que tanto mulheres como homens aceitassem essas definições sem questionamento, integrando-as em suas vidas.

Muitas dessas sociedades exigiam que as mulheres fossem nutridoras, gentis, receptivas, pacientes, castas, atraentes, estivessem em contato com os próprios sentimentos etc. Estes atributos são naturais às mulheres e aos homens também. Mas até recentemente, sociedades da Europa, do Oriente Médio e da América do Norte exigiam que as mulheres os aceitassem como valores fundamentais, enquanto muitos homens, em especial aqueles que ocupavam posições de autoridade, eram livres para rejeitá-los a fim de abraçar outro conjunto de valores que lhes eram ensinados como domínio exclusivo dos homens: a competitividade, a afirmação, a ambição, a racionalidade, a dureza, a agressividade etc.

Quando alguém não aceitava os atributos que lhe eram designados, muitas vezes sofria escárnio, rejeição, perseguição, ou pior ainda, violência. Tudo isso, incluindo as crenças restritivas e a programação impostas sobre uma pessoa na primeira infância, conspiravam para minar a capacidade dela para expressar naturalmente seu poder. Como os valores fundamentais mudam lentamente, muitas pessoas e instituições ainda adotam valores que dificultam para as mulheres abraçar seu poder feminino e realizar seu potencial.

O caminho do meio

Neste capítulo, explicaremos que há uma alternativa aos atributos de gênero que ainda são designados às mulheres, até mesmo no século XXI. Essa alternativa é o caminho do meio: uma vida equilibrada que inclui a empatia e o poder da mulher para se expressar livremente, bem como as qualidades universais do feminino.

Ao abraçar o caminho do meio, a mulher será capaz de realizar tão bem quanto o homem, ou até melhor do que ele, qualquer trabalho ou atividade produtiva, pois terá poder e energia suficientes para sustentar o progresso e garantir o sucesso. E é abraçando o caminho do meio que uma mulher atingirá seus objetivos sem que o legado do passado fique no caminho.

No entanto, antes de começarmos a explorar o caminho do meio, será útil nos lembrarmos de que o poder e a liberdade de expressá-lo – algo que homens sempre tiveram garantido – nem sempre estiveram disponíveis para as mulheres. Na verdade, os mitos negativos sobre as mulheres nos fazem lembrar como era difícil para elas abraçarem, no passado, seu poder feminino e se expressarem de maneira honesta.

Mitos negativos sobre o empoderamento feminino

A Grécia Antiga, berço da moderna civilização ocidental, foi excepcionalmente prolífica no que diz respeito aos mitos negativos sobre mulheres poderosas. Medusa, cujo olhar poderia transformar homens em pedra, as mulheres da ilha grega de Lesbos e as amazonas que fizeram guerra contra os homens são exemplos que logo nos vêm à mente. Lembramos também de Circe, que seduzia homens e retirava deles o poder masculino, e das sereias, cujas canções enlouqueciam até mesmo os homens mais poderosos.

Obviamente, os gregos não estavam sozinhos na antipatia por mulheres poderosas. Os primeiros bretões também viam as mulheres fortes como uma ameaça. O exemplo de Morgana, a irmã do rei Arthur, vem de imediato à nossa mente. Morgana era uma mulher poderosa, mas, para homens aprisionados em uma mentalidade medieval, era mais conveniente moldá-la como uma bruxa conivente, sedenta de poder, e não como uma mulher poderosa e radiante.

Em uma sociedade moderna, uma mulher radiante com poder pode não ser comparada com Medusa, que transformava os homens em pedra, ou com Morgana, que os encantava e extraía seu poder, mas pode ser severamente julgada quando tenta afirmar o poder. Se uma mulher é poderosa e consegue ser bem-sucedida no mundo dos homens corre o risco de ser rotulada de dura, conivente, zangada ou, pior ainda, castradora.

Embora esses mitos e adjetivos nada lisonjeiros ainda sejam usados para solapar mulheres poderosas e desencorajá-las de aspirar a posições de autoridade, nenhum desses mitos ou adjetivos descreve pessoas reais. Em vez disso, se alimentam do medo irracional que os homens sentem de mulheres liberadas e do poder inato delas.

No entanto, esses mitos são efetivos, solapando as aspirações naturais de muitas mulheres jovens e sustentando padrões de personalidade passiva-agressiva que minam a confiança das mulheres em si mesmas e no seu poder feminino.

A Máscara da Infâmia

Na Idade Média, época em que havia pouco espaço para as mulheres demonstrarem seu poder de uma maneira saudável, uma mulher considerada culpada de tentar influenciar o marido de maneira passiva-agressiva importunando-o com constantes reclamações, podia ser forçada a usar a máscara da infâmia (*scold's bridle*).

A máscara da infâmia era um dispositivo de metal e couro que se ajustava à boca e era fixado na parte de trás do pescoço. Tinha um depressor de língua, que pressionava o topo da língua para baixo, com esporas ou bordas afiadas. Quando entrava na boca da mulher, tornava a fala dolorosa. O dispositivo destinava-se a humilhar uma mulher condenada por tagarelice por um conselho de homens. Algumas máscaras tinham uma corrente presa na parte da frente para que a vítima pudesse ser conduzida pelas ruas ou presa a um poste.

A máscara da infâmia foi usada em toda a Europa e até mesmo na América do Norte até o século XVII. Em alguns casos, bastava ao marido acusar sua mulher de resmungar continuamente para que a máscara fosse colocada nela. Mulheres que discordavam dos maridos ou que fossem consideradas culpadas por fofocas cruéis ou qualquer outra ofensa menor também podiam ser forçadas a usar essa máscara.

Jogos passivos-agressivos

Como os valores fundamentais que sustentam a obediência dos gêneros a rígidos papéis ainda se manifestam na mídia, na educação e nas atitudes adotadas por muitas famílias, não é de admirar que muitas pessoas continuem a adotar padrões de comportamento passivo-agressivo.

Há muitos jogos passivos-agressivos que as mulheres modernas ainda jogam. Listamos três entre os mais comuns. Você provavelmente reconhecerá pelo menos um deles da sua experiência ou da experiência de seus amigos e familiares.

Sedução

Esta pode ser uma forma de jogo sexual ou de manipulação. Infelizmente, em muitas sociedades, as mulheres aprendem que é natural usar a sedução para obter o que querem dos homens. Ainda hoje, em muitas sociedades, ao usar a sedução para manipular um homem, a mulher bloqueará o próprio acesso ao poder que normalmente emergiria de seu campo de energia sutil.

Resmungo

Mulheres frustradas ou que aprenderam desde crianças a resmungar para os pais, muitas vezes continuam a resmungar para o companheiro ou outros homens da família para obter o que querem. Resmungar é uma expressão extrema de impotência, e qualquer mulher que recorrer a esse padrão sofrerá de falta de autoestima, pois será incapaz de expressar livremente seu poder autêntico.

Manifestações de culpa autoindulgentes ou infundadas

Algumas mulheres que se sentem impotentes usarão a fraqueza ou alguma manifestação de mau-caratismo de um homem para fazê-

-lo se sentir culpado. A manifestação de culpa autoindulgente ou infundada é uma armadilha perigosa porque perturba ou rompe a intimidade do casal e cria um ambiente que destruirá a confiança e o amor necessários para manter os companheiros juntos.

A superação de padrões passivos-agressivos

Se você acha que dominou pelo menos um padrão passivo-agressivo e faz uso dele para afirmar poder e para obter o que quer, faça os dois exercícios a seguir. O primeiro é chamado de retirada de um arquétipo autolimitador e o segundo, de Meditação do Meridiano Governador.

A retirada de arquétipo autolimitador substitui o arquétipo passivo-agressivo que você havia integrado à sua personalidade por um arquétipo mantenedor da vida que intensifica seu poder, sua criatividade e sua radiância. A Meditação do Meridiano Governador aumenta seu poder, intensificando o fluxo de prana ao longo do meridiano governador.

Exercício: A Retirada de um Arquétipo Autolimitador

Para iniciar a retirada de um arquétipo autolimitador, escolha um padrão passivo-agressivo que você já tenha dominado, mas do qual gostaria de se libertar. Em seguida, escolha um arquétipo mantenedor da vida para substituí-lo (há uma lista de arquétipos mantenedores da vida no Capítulo 5) e mantenha ambos os arquétipos em mente. Em seguida, encontre uma posição confortável, mantendo a coluna ereta. Feche então os olhos e respire fundo pelo nariz durante 2 ou 3 minutos. Faça duas contagens regressivas, de 5 até 1 e, depois, de 10 até 1. Em seguida, use o Método Padrão para relaxar os músculos e se centrar em sua mente autêntica. Continue, afirmando: "*É minha intenção visualizar uma tela de dois metros e meio de largura à minha frente*". Assim que a tela aparecer, afirme: "*É minha intenção visualizar a mim mesma na tela expressando em ações o padrão passivo-agressivo do qual eu quero me libertar e segurando na frente do meu peito um sinal que identifique com clareza o padrão*". Por exemplo, se resmungar for o padrão passivo-agressivo de que você quer se libertar, então a imagem deverá segurar um cartaz escrito "mulher resmungona".

Continue, desenhando um círculo preto em torno da sua imagem na tela e elimine-a imediatamente, riscando a imagem com uma linha vermelha. Ao mesmo tempo que estiver apagando a imagem, afirme: "*É minha intenção me libertar do padrão passivo-agressivo que eu tenho em mente e todas as qualidades que o sustentam*". Depois de libertar o padrão passivo-agressivo, você o substituirá pelo arquétipo mantenedor da vida escolhido. Para fazer isso, afirme: "*É minha intenção substituir o arquétipo passivo-agressivo que eu acabei de libertar pelo arquétipo do [diga o seu arquétipo]*". Em seguida, se conecte empaticamente com a imagem durante 15 minutos e experimente todas as qualidades primordiais da vida transmitidas pelo arquétipo que cria raízes no seu campo de energia e no seu corpo. Depois de 15 minutos, libere a imagem e a tela e conte de 1 até 5 e finalize a meditação, tomando consciência do ambiente à sua volta. Repita tantas vezes quantas julgar necessário.

O Meridiano Governador

O Meridiano Governador é o mais importante meridiano masculino no sistema de energia humano. Tem origem no períneo, na base da coluna vertebral, e se estende para cima ao longo da espinha até a altura do sétimo chakra, na coroa da cabeça e além dela. As partes masculinas dos sete chakras tradicionais estão conectadas a ele.

Ao fazer a Meditação do Meridiano Governador, você fará duas coisas que a levarão a adquirir poder: aumentará a quantidade de energia positiva disponível, intensificando o fluxo ascendente de prana em suas costas, e intensificará sua autoconfiança, equilibrando o fluxo ascendente de prana na parte de trás do seu corpo, que é masculina, com o fluxo descendente de prana na parte da frente do seu corpo, que é feminina.

Exercício: Meditação do Meridiano Governador

Para iniciar a Meditação do Meridiano Governador, encontre uma posição confortável, mantendo a coluna ereta. Feche os olhos e respire fundo pelo nariz durante 2 ou 3 minutos. Em seguida, faça duas contagens regressivas, de 5 até 1 e, depois, de 10 até 1. Use o Método Padrão para relaxar os músculos e se centrar em sua mente autêntica. Então, afirme: *"É minha intenção ativar a parte de trás do meu primeiro chakra"*. Para ativar ainda mais a parte de trás do chakra, leve a atenção mental até o chakra e sopre para dentro dele. Quando a parte de trás do primeiro chakra começar a vibrar ou a brilhar, desloque lentamente a atenção mental e sopre para cima, a partir da parte de trás do primeiro chakra ao longo do meridiano governador, até atingir a parte de trás do segundo chakra. Quando atingir a parte de trás do seu segundo chakra, afirme: *"É minha intenção ativar a parte de trás do meu segundo chakra"*. Desfrute por alguns instantes a vibração e o brilho que emerge da parte de trás do segundo chakra. Em seguida, faça o mesmo, trabalhando para cima ao longo do Meridiano Governador até que tenha ativado a parte de trás de todos os sete chakras tradicionais.

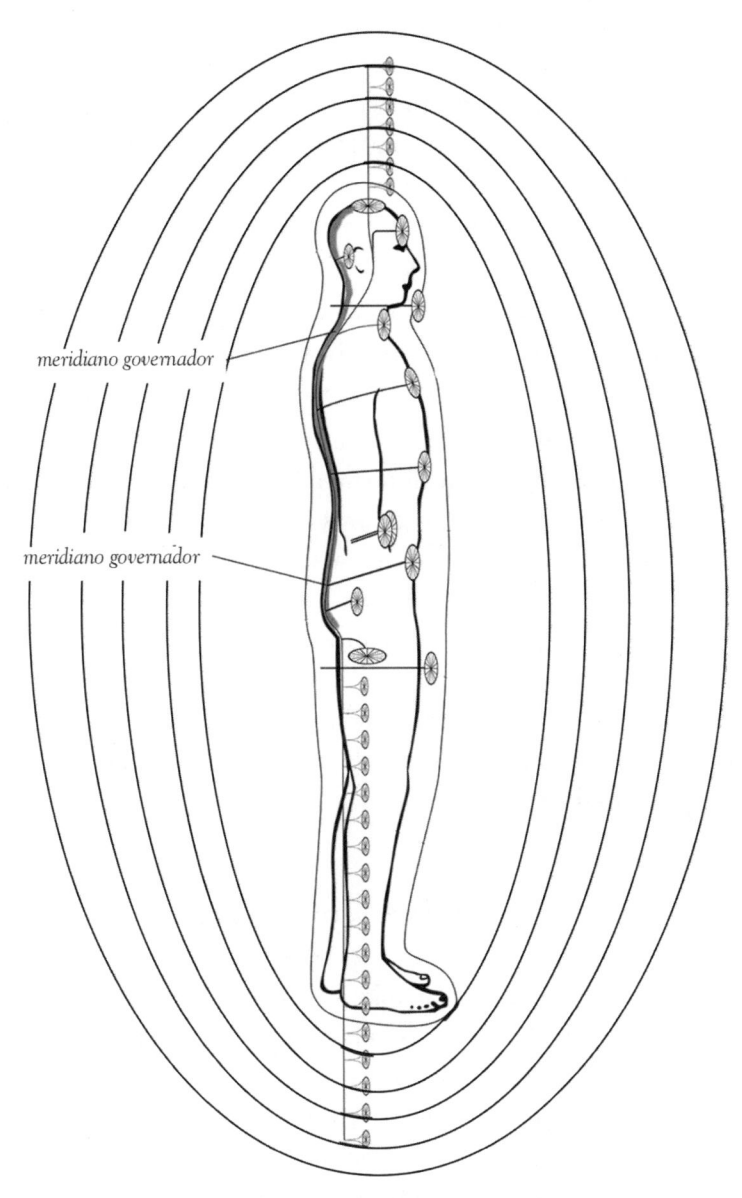

Figura 12: **O Meridiano Governador**

Depois de ativar a parte de trás dos sete chakras tradicionais, afirme: "*É minha intenção me centrar nos campos dos chakras no nível dos meus sete chakras tradicionais*". Durante 15 minutos, apenas sinta essa experiência. Depois de 15 minutos, conte de 1 até 5 e finalize a meditação, tomando consciência do ambiente à sua volta. Repita tantas vezes quantas julgar necessário.

Ativar a parte de trás dos sete chakras tradicionais e intensificar o fluxo de prana ao longo do meridiano governador também intensificará seu poder pessoal. Isso lhe permitirá se expressar como você realmente é, e não como outras pessoas querem que seja.

Outra maneira para intensificar seu poder pessoal e, ao mesmo tempo, avançar e progredir no mundo, consiste em intensificar o fluxo de prana através dos centros de energia secundários nas mãos e nos pés. Você já aprendeu a ativar os centros de energia secundários no Capítulo 3. Nos dois exercícios a seguir, você dará o próximo passo, ativando os centros de energia secundários nas mãos e nos pés e intensificando o fluxo de prana ao longo dos meridianos reinantes que os sustentam. Para isso, precisamos primeiro examinar mais de perto o sistema de meridianos e a maneira como você pode usá-lo para adquirir poder.

Os meridianos principais

Como você aprendeu no Capítulo 3, os meridianos são correntes de prana que têm duas funções importantes: conectam os chakras e os centros de energia secundários espalhados por todo o sistema energético e transmitem prana para as partes do campo de energia humano onde ele é mais necessário. Embora existam centenas de meridianos importantes, os antigos textos chineses e hindus concordam com a ideia de que há dez meridianos reinantes: dois deles estão diretamente conectados aos centros de energia secundários nas mãos e outros dois se conectam aos centros de energia secundários nos pés. Meridianos yang levam prana para longe do centro do corpo, enquanto meridianos yin levam prana em direção ao centro do corpo.

O Yang Yu

Os dois meridianos Yang Yu são canais masculinos localizados em ambos os braços. Eles ligam os ombros aos centros de energia nas palmas das mãos, depois de atravessar os dedos médios.

O Yin Yu

Os dois meridianos Yin Yu são canais femininos dos braços, que ligam os centros nas palmas das mãos com o peito. Eles se deslocam ao longo da parte interna de cada braço e, juntamente com o Yang Yu, formam os centros de energia secundários nas palmas das mãos.

O Yang Chiao

Os dois meridianos Yang Chiao sobem a partir de um ponto central nas solas dos pés e atravessam os lados externos dos tornozelos e das pernas, onde se conectam com meridianos adicionais na base do pênis/vagina.

O Yin Chiao

Os dois meridianos Yin Chiao sobem a partir de um ponto central nas solas dos pés e atravessam os lados internos dos tornozelos e das pernas, onde se conectam com meridianos adicionais na base do pênis/vagina. São chamados de canais negativos das pernas, pois são yin em relação aos meridianos Yang Chiao, que são yang. Juntamente com os meridianos Yang Chiao, formam centros de energia secundários nos pés.

Nos exercícios a seguir você ativará os meridianos Yang Yu–Yin Yu e Yang Chiao–Yin Chiao, junto com os centros de energia nas mãos e nos pés. Ao ativar esses órgãos, você irá adquirir poder para manifestar seus talentos e suas forças por meio do seu trabalho e dos seus relacionamentos e se impregnará de poder para seguir em frente e progredir no mundo.

Exercício: Meditações Yin Yu e Yang Yu

A Meditação Yin Yu–Yang Yu é planejada para intensificar o fluxo de prana ao longo do circuito formado pelos meridianos que convergem das palmas das mãos, primeiro do lado direito do corpo e, em seguida, do lado esquerdo.

Para iniciar a Meditação Yin Yu–Yang Yu, encontre uma posição confortável, mantendo a coluna ereta. Em seguida, use o Método Padrão para relaxar os músculos e se centrar em sua mente autêntica. Continue, afirmando: "*É minha intenção ativar meu chakra do coração*". Em seguida, afirme: "*É minha intenção me centrar no campo do meu chakra do coração*". Depois que estiver centrada no campo do chakra do coração, afirme: "*É minha intenção projetar minha atenção mental na extremidade superior do meridiano Yang Yu no lado direito do meu corpo*". Se não houver obstruções, no momento em que sua atenção mental atingir o Yang Yu, o prana que flui ao longo do meridiano irá levá-la meridiano abaixo até o ponto final na palma da mão. Assim que a atenção mental atingir esse ponto final, mova-a cerca de dois centímetros e meio diagonalmente para baixo, em direção à base da mão. Esse é o ponto de acesso do meridiano Yin Yu (na palma da mão direita). Se não houver obstruções, no momento em que a atenção mental encontrar o meridiano, ela será levada para cima, ao longo da parte interior do braço (pelo prana que flui ao longo do meridiano) até o ponto final, no lado direito do peito.

Ao completar o circuito, libere sua atenção mental e desfrute o fluxo intensificado de prana ao longo dos meridianos Yin Yu e Yang Yu e através do centro de energia na palma da mão.

Quando estiver pronta para prosseguir e executar a segunda parte desse exercício, afirme: "*É minha intenção projetar minha atenção mental no ponto de acesso ao meridiano Yang Yu no lado esquerdo do meu corpo*". Se não houver obstruções, no momento em que você localizar o ponto de acesso com sua atenção mental, esta será levada para baixo, até o ponto final do meridiano na palma da mão esquerda. Continue, movendo a atenção mental dois centímetros e meio diagonalmente para baixo da palma da mão, em um ângulo que se afasta em 45 graus do polegar. Lá você encontrará o ponto de acesso ao meridiano Yin Yu. Deixe que o prana que flui ao longo do meridiano transporte sua atenção mental até o ponto final no peito e então libere a atenção mental.

Durante 15 minutos, apenas sinta os efeitos desse exercício. Depois conte de 1 até 5 e abra os olhos. Você se sentirá totalmente desperta, relaxada e muito melhor do que se sentia antes. Se praticar esse exercício todos os dias por apenas cinco dias, você experimentará uma melhora significativa na motivação e na capacidade para manifestar seu poder feminino no mundo.

Exercício: A Meditação Chao Yin–Chao Yang

Na Meditação Chao Yin–Chao Yang, você intensificará o fluxo de prana ao longo do circuito formado pelos meridianos que convergem nos pés, primeiro no lado direito do espaço do corpo e, em seguida, no lado esquerdo. À medida que o fluxo de prana ao longo de cada circuito aumenta, seus centros de energia secundários se tornarão mais ativos e você será capaz de avançar e de progredir mais no mundo.

Para iniciar o exercício, encontre uma posição confortável, mantendo a coluna ereta. Em seguida, use o Método Padrão para relaxar os músculos e se centrar em sua mente autêntica. Continue, afirmando: "*É minha intenção ativar meu chakra do coração*". Em seguida, afirme: "*É minha intenção me centrar no campo do meu chakra do coração*". Quando você estiver centrada no chakra do coração, afirme: "*É minha intenção projetar minha atenção mental na extremidade superior do meridiano Chao Yang, no lado direito do meu corpo*". Assim que sua atenção mental tiver sido projetada no ponto de acesso do Chao Yang, o prana que flui ao longo do meridiano irá levá-la até seu ponto final, na sola do pé. Uma vez que a atenção mental tiver alcançado o ponto final, mova-a na diagonal para trás e para dentro, por dois centímetros e meio. Esse é o ponto de acesso ao Meridiano Chao Yin (na sola do pé direito). Se não houver obstruções, no momento em que a atenção mental encontrar o meridiano, esta será levada para cima, por dentro do tornozelo e da coxa até um ponto quatro centímetros abaixo da base da coluna vertebral, na parte de dentro da perna. Ao completar o circuito, liberte sua atenção mental. Permaneça centrada no campo do chakra do coração e desfrute o fluxo intensificado de prana no centro da sola do pé e nos meridianos Chao Yang e Chao Yin.

Quando estiver pronta para prosseguir, afirme: "*É minha intenção projetar minha atenção mental no ponto de acesso do meridiano Chao Yang, no lado esquerdo do meu corpo*". Se não houver obstruções, no momento em que sua atenção mental atingir o Chao Yang, o prana que flui ao longo do meridiano a levará para baixo, até o ponto final dele na sola do pé. Quando sua atenção mental atingir o ponto final, mova-a até o ponto de acesso Chao Yin na sola do pé diagonalmente e para trás, ao longo de dois centímetros e meio. No momento em que sua atenção mental encontrar o meridiano, ela será carregada para cima, por dentro do tornozelo e da coxa, até um ponto aproximadamente quatro centímetros abaixo da base da coluna vertebral, pelo prana que flui ao longo do meridiano. Quando o circuito estiver completo, libere sua atenção mental.

    Durante 15 minutos, apenas sinta os efeitos desse exercício. Em seguida, conte de 1 até 5 e abra os olhos. Você se sentirá totalmente desperta, relaxada e muito melhor do que se sentia antes. Se praticar esse exercício todos os dias durante apenas cinco dias, você experimentará uma melhora significativa na motivação e na capacidade para progredir no mundo.

Resumo

No início deste capítulo, você aprendeu como os padrões passivos-agressivos podem perturbar ou romper seu poder. E aprendeu a superar os padrões passivos-agressivos por meio da execução da retirada de um arquétipo autolimitador e da Meditação do Meridiano Governador.

    Depois aprendeu a fazer as Meditações Yin Yu–Yang Yu e Chao Yin–Chao Yang. Essas duas meditações, se praticadas regularmente, permitirão que você manifeste mais do seu poder no mundo e faça maiores progressos no seu trabalho e nos seus relacionamentos.

    No próximo capítulo, você aprenderá a intensificar a criatividade ao aprimorar a capacidade para conceber ideias criativas e manifestá-las no mundo.

OITO

A Intensificação da Criatividade

✣

Embora todos tenham capacidade inata para ser criativos, poucas pessoas conseguem explicar exatamente o que é a criatividade ou como manifestá-la plenamente no mundo físico. O que sabemos intuitivamente é que uma avó está envolvida em um ato criativo ao tricotar um pulôver para o neto. Assim como uma mulher que cria um novo negócio pela internet. Elaborar uma proposta de negócio pode ser algo tão criativo quanto compor uma sinfonia.

A criatividade está apenas vagamente relacionada ao talento. E embora nem todos tenham talento em uma determinada área, como a música ou a matemática, todos têm grandes recursos de criatividade adormecidos dentro de si.

Apresentamos nas páginas a seguir exercícios para melhorar a criatividade, para que ela possa florescer em qualquer ambiente. Mas antes disso é preciso deixar claro que a criatividade é composta de duas partes: concepção e manifestação. A concepção é sustentada pela consciência, que aumenta a receptividade a novos conceitos, interpretações e ideias.

A manifestação, a capacidade para apresentar sua concepção no mundo físico, é a segunda parte do processo criativo, e requer o resgate da sua voz interior.

A voz interior de uma mulher é o elemento mais importante do processo criativo, e a criatividade só florescerá se essa mulher tiver acesso à consciência necessária para sustentá-la. A fim de ajudar você a ter acesso a toda consciência de que precisa, incluímos uma Meditação do Campo de Purusha, na qual você se centrará no campo de purusha, o campo primordial da consciência.

O campo de purusha é um campo de recursos que emergiu junto com o campo de prakriti, o campo primordial da energia feminina, durante o quarto tattva, o quarto passo na evolução do universo. Ao praticar a Meditação do Campo de Purusha, você terá acesso à consciência na fonte. Isso a ajudará a evitar grande parte da distorção que subsequentemente entrou nos diversos campos da consciência durante os estágios posteriores da evolução.

Exercício: A Meditação do Campo de Purusha

Para iniciar a Meditação do Campo de Purusha, encontre uma posição confortável, mantendo a coluna ereta. Respire fundo pelo nariz durante 2 ou 3 minutos. Em seguida, faça duas contagens regressivas, de 5 até 1 e, depois, de 10 até 1. Use o Método Padrão para relaxar os músculos e se centrar em sua mente autêntica. Então, afirme: *"É minha intenção me centrar no meu campo de purusha"*. Em seguida, afirme: *"É minha intenção preencher de prana o meu campo de purusha"*. Durante alguns instantes, apenas sinta essa mudança. Então, afirme: *"É minha intenção voltar meus órgãos de percepção para dentro até o nível do meu campo de purusha"*.

Durante 15 minutos, apenas sinta os efeitos dessa meditação. Então conte de 1 até 5. Quando chegar ao número 5, abra os olhos.

Você se sentirá totalmente desperta, relaxada e muito melhor do que se sentia antes.

Ao praticar a Meditação do Campo de Purusha regularmente, você irá recuperar rapidamente a consciência de que necessita para sustentar o processo criativo.

A intensificação da intuição e da percepção interior

A manifestação começa com a emergência da voz interior de uma mulher. Infelizmente, muitas mulheres se sentem tão desanimadas e dependentes das opiniões de outras pessoas – pais, amigos, patrões etc. – que raramente entram em contato com sua voz interior. Outras mulheres, como parte da programação da primeira infância, aprenderam a desconfiar da voz interior porque foram ensinadas a dar maior peso às opiniões e crenças de pessoas em posições de autoridade. A mídia também desencoraja as mulheres, especialmente as jovens que entram na puberdade, a confiarem na voz interior e a manifestarem sua criatividade no mundo.

Se acrescentarmos a tudo isso a escassez de arquétipos femininos saudáveis e a dificuldade de muitas mulheres para se tornarem plenamente autônomas, não nos causará nenhuma surpresa o fato de muitas mulheres terem dificuldade para sentir e entrar em contato com a voz interior.

O rito de passagem de uma mulher

Nas sociedades matriarcais, a autonomia e a plena emergência da voz interior e da criatividade de uma mulher jovem ocorrem na puberdade e são comemoradas nos ritos de passagem. Porém, nas sociedades tecnológicas modernas, onde não existe um rito de passagem claramente definido que a conduza até a plena condição de mulher, a voz interior de uma jovem pode ser interrompida na infância por uma mãe ou por um pai com desenvolvimento psicológico incompleto e que não é totalmente autônomo(a). Um pai ou uma mãe excessivamente protetor(a), que não tenham alcançado plena autonomia para si mesmos, sufocarão a filha com projeções de energia distorcida. E essas projeções podem romper o acesso dela à voz interior e à criatividade inata.

Um pai ou uma mãe excessivamente possessivos, que não tenham alcançado plena autonomia, impedirão que a filha desenvolva uma identidade afirmativa da vida forte o bastante. E sem uma forte identidade, uma jovem carecerá da independência, da autoestima e da perseverança necessárias para reivindicar sua voz interior.

Um pai ou uma mãe que não tenham alcançado plena autonomia, que negligenciam a filha e não ofereçam a ela o amor ou a nutrição de que necessita, impedirão que ela desenvolva os recursos interiores de que precisa para se aventurar sozinha no mundo. Felizmente, porém, e independentemente da sua história pessoal, ela ainda pode reivindicar sua voz interior. É por isso que todas as mulheres podem ter acesso, por meio do seu campo de energia, à consciência e à energia necessárias para superar qualquer obstáculo que restrinja ou iniba a criatividade e a capacidade para se manifestarem no mundo.

A história de Julie

O caso de Julie ilustra como uma mãe possessiva pode perturbar e até interromper a capacidade de uma jovem de ter acesso à sua voz interior. Julie tinha 27 anos quando veio a nós pedindo ajuda. Ela vivia em Freiburg, na Floresta Negra da Alemanha, desde que se formara na Universidade de Heidelberg, em 2008.

Julie crescera sem a presença do pai e a mãe tinha obsessão por limpeza. Gudrun também era controladora em outros sentidos e se estressava com facilidade quando Julie falava muito alto ou agia com muita agitação.

À medida que foi crescendo, Julie foi se tornando cada vez mais retraída e dependente da aprovação da mãe, relutando em desobedecê-la ou até mesmo em expressar os próprios sentimentos e emoções. Não demorou muito para que o medo passasse a dominar sua vida, e ela se tornou uma extensão da mãe. Como resultado, não desenvolveu uma identidade independente nem estabeleceu relacionamentos saudáveis com outras crianças.

Estava claro que a mãe nunca havia estabelecido uma identidade própria e que despejara sua energia em Julie para viver sua vida de forma perniciosa através da própria filha. Quando Julie terminou o ensino secundário, aconselhada pela mãe, se tornou advogada, profissão que exigia pouco contato humano ou criatividade. No entanto, problemas começaram a surgir quando Julie começou a namorar um cineasta de Berlim.

Graças às suas interações íntimas, Peter percebeu que Julie se tornara tão dependente da mãe que havia perdido o acesso à sua voz interior. Ele a encorajou a deixar a mãe para trás e procurar ajuda. Foi quando Julie veio até nós.

Reconhecemos de imediato que ela tinha fronteiras energéticas vulneráveis em seu campo sutil e seus chakras estavam cheios de projeções energéticas psíquicas da mãe e que esta havia provocado rupturas na vontade, no desejo e na resistência da filha. Em outras palavras, sua mãe havia projetado energia de baixo nível vibratório de sua própria bagagem kármica no campo essencial de Julie.

Ajudar Julie a estabelecer uma identidade independente foi a primeira de nossas prioridades, ensinando-a a curar seus aspectos mentais e a se centrar em seus campos de recursos informacionais apropriados. Dentro de alguns meses, Julie podia sentir novamente a si mesma e continuamos fornecendo-lhe tarefas com o objetivo de recuperar sua voz interior.

Julie fez grandes progressos. E você também pode fazê-lo. Se você perdeu contato com sua voz interior, pode recuperá-lo executando a mesma série de tarefas que ajudaram Julie.

A *primeira tarefa*

A fim de recuperar sua voz interior, sua primeira tarefa será a de liberar o drama interior que você absorveu de sua mãe ou de seu pai. É esse drama e a bagagem kármica que o sustenta que perturbam, ou até mesmo rompem, a voz interior e a criatividade de uma mulher. Isso porque ambos internalizam características que desvalorizam as qualidades universais do feminino e criam uma luta interior que perturba a formação de uma identidade forte e estável, necessária para uma mulher expressar livremente sua criatividade.

Para realizar a primeira tarefa, você precisa fazer a Meditação da Liberdade Infinita.

Exercício: A Meditação da Liberdade Infinita

Para iniciar a Meditação da Liberdade Infinita, encontre uma posição confortável, mantendo a coluna ereta. Feche os olhos e respire fundo pelo nariz durante 2 ou 3 minutos. Em seguida, faça duas contagens regressivas, de 5 até 1 e, depois, de 10 até 1. Use o Método Padrão para relaxar os músculos e para se centrar em sua mente autêntica. Em seguida, visualize uma tela de cerca de dois metros e meio à sua frente. Desenhe com o dedo na tela um símbolo do infinito na horizontal e então afirme: "*É minha intenção visualizar minha mãe dentro do lado esquerdo do símbolo do infinito*". Continue, afirmando: "*É minha intenção visualizar uma imagem de mim mesma dentro do lado direito do símbolo do infinito"*. Em seguida, afirme: *"É minha intenção cortar todos os apegos à minha mãe que romperam meu acesso à minha voz interior"*. Em seguida, visualize uma espada em sua mão masculina (a mão direita se você for destra ou a esquerda se você for canhota) e, com um golpe rápido e decisivo, corte o símbolo do infinito no ponto em que ele é mais estreito. Então, libere o símbolo do infinito e as imagens de você mesma e de sua mãe. Por fim, libere a tela.

Durante 10 minutos, apenas sinta essa mudança. Conte de 1 até 5 e abra os olhos. Você se sentirá totalmente desperta, relaxada, e reconhecerá que o controle de seu campo de energia está se movendo de volta para você – onde ele pertence! Repita tantas vezes quantas julgar necessário.

A *segunda tarefa*

A segunda tarefa para recuperar sua voz interior será criar mais espaço em seu campo de energia para que possa expressar suas emoções autênticas.

O primeiro chakra fornece o prana que sustenta emoções autênticas e que permite que elas emerjam livremente. Os chakras, do segundo ao sexto, e os campos áuricos que os envolvem, regulam a expressão das quatro emoções humanas autênticas: raiva, medo, dor e alegria.

Embora possa parecer que todas as emoções sejam as mesmas, a verdade é que existem apenas quatro emoções autênticas.

As emoções são consideradas autênticas por três razões: são compostas de energia com qualidades universais; emergem do seu sistema energético a partir dos chakras quando seu relacionamento com alguém foi rompido, e podem ser resolvidas esbravejando, gritando, chorando ou simplesmente deixando a energia emocional subir para os órgãos de expressão no rosto.

Em contraste com as quatro emoções autênticas, há uma miríade de emoções inautênticas que podem emergir da bagagem kármica e das projeções externas.

Uma emoção é considerada inautêntica por duas razões: emerge de campos de energia com qualidades individuais (bagagem kármica e projeções externas) e não pode ser resolvida esbravejando, gritando, chorando ou simplesmente deixando que a emoção se eleve ao longo do sistema de energia até os órgãos de expressão no rosto. Deve-se notar que o fato de uma emoção ser inautêntica não significa que você não irá senti-la.

O espaço e a resolução de emoções

O tempo necessário para que você expresse suas emoções autênticas lhe proporciona o espaço de que precisa para que suas ideias criativas evoluam para uma forma que possa ser manifestada com sucesso no mundo. O espaço está intimamente ligado à condição dos campos áuricos e à qualidade da energia neles contida.

Os campos áuricos são grandes campos de prana que preenchem e envolvem os campos de energia sutil em todas as dimensões. A partir da superfície do seu corpo em todas as dimensões, seus campos áuricos estendem-se para fora (em todas as direções) desde cerca de seis centímetros até mais de oito metros. Consulte novamente a Figura 7.

Estruturalmente, cada campo áurico é composto de uma cavidade interna e de uma delgada fronteira superficial que o envolve e lhe confere sua forma oval característica. Do ponto de vista funcional, cada campo áurico serve como um reservatório de prana e como uma fronteira que separa o ambiente interno do externo.

Para recuperar sua voz interior, suas auras em todas as dimensões precisam ser fortes, firmes e livres do acúmulo desordenado de bagagem kármica.

A segunda tarefa consistirá em preencher com prana os campos áuricos que envolvem do primeiro ao sexto chakras de modo que haja mais espaço, e portanto mais tempo, para que suas emoções autênticas possam ser expressas.

Exercício: O Preenchimento dos Campos Áuricos com Prana

Para preencher seus campos áuricos com prana, encontre uma posição confortável, mantendo a coluna ereta. Respire fundo pelo nariz durante 2 ou 3 minutos. Em seguida, faça duas contagens regressivas, de 5 até 1 e, depois, de 10 até 1. Use o Método Padrão para relaxar os músculos e se centrar em sua mente autêntica. Então, afirme: "*É minha intenção me centrar em meu campo de prakriti*". Em seguida, preencha com prana seus campos áuricos desde a primeira até a sexta dimensão. Para fazer isso, afirme: "*É minha intenção preencher com prana os campos áuricos que envolvem meus chakras, desde o primeiro até o sexto*". Não faça nada depois disso – apenas desfrute o processo durante os 15 minutos seguintes. Depois de 15 minutos, conte de 1 até 5, abra os olhos e finalize a meditação, tomando consciência do ambiente à sua volta. Repita tantas vezes quantas julgar necessário.

A terceira tarefa

A próxima tarefa consiste em intensificar sua sensualidade, e para isso é preciso intensificar a sensibilidade de seus órgãos da percepção. Você pode não estar ciente disso, mas sua capacidade para sentir coisas mundanas através dos órgãos da percepção – visão, audição, paladar, olfato e tato – é regulada pelos órgãos do campo de energia, particularmente pelos chakras. Por isso, ativar os chakras apropriados pode intensificar as funções dos seus sentidos, o que, por sua vez, intensificará sua sensualidade e lhe ajudará a liberar sua voz interior.

No exercício que se segue, você usará os chakras no espaço do seu corpo juntamente com os chakras correspondentes a eles e situados abaixo do espaço do corpo, para intensificar as sensações de tato, paladar, olfato, visão e audição.

Antes de prosseguir, examinaremos os seis primeiros chakras abaixo do espaço pessoal porque, juntamente com os sete chakras tradicionais, eles exercem o maior impacto sobre os órgãos da percepção e a capacidade para sentir coisas mundanas.

Os chakras abaixo do espaço do corpo começam sua descida logo abaixo do primeiro chakra na base da coluna vertebral. O primeiro chakra abaixo do espaço do corpo está localizado cerca de seis centímetros abaixo do períneo, e os chakras restantes estendem-se para baixo, ao longo de aproximadamente seis metros (ver Figura 7).

Se você estudar a Figura 7, verá que os chakras abaixo do espaço pessoal do corpo são quase idênticos aos chakras dentro do espaço do corpo, exceto quanto ao comprimento: são cerca de 40% mais curtos.

No próximo exercício, você intensificará as funções dos órgãos da percepção ativando o chakra apropriado no espaço do corpo e o chakra correspondente abaixo dele. Depois de ativar os chakras apropriados, você se centrará nos campos dos chakras nas dimensões reguladas pelos dois chakras que você ativou.

Para intensificar o sentido do tato, você ativará o terceiro chakra, bem como o terceiro chakra abaixo do espaço do corpo e depois se centrará nos campos desses dois chakras. Para intensificar os sentidos do olfato e do paladar, você ativará o quinto chakra, bem como o quinto chakra abaixo do espaço do corpo e então se centrará nos campos desses dois chakras. Para intensificar os sentidos da visão e da audição, você ativará o sexto chakra, bem como o sexto chakra abaixo do espaço do corpo e se centrará em ambos os campos desses chakras.

Você fará o exercício intensificando o sentido do tato e depois pode usar a mesma técnica para melhorar as funções dos outros sentidos, ativando os chakras apropriados e centralizando-se nos campos correspondentes a esses chakras.

Exercício: Intensifique sua Sensualidade

Para intensificar o sentido do tato, encontre uma posição confortável, mantendo a coluna ereta. Feche os olhos e respire fundo pelo nariz por 2 ou 3 minutos. Então, faça duas contagens regressivas, de 5 até 1 e, depois, de 10 até 1. Use o Método Padrão para relaxar os músculos e se centrar em sua mente autêntica. Em seguida, afirme: "*É minha intenção ativar meu terceiro chakra*". Continue, afirmando: "*É minha intenção ativar meu terceiro chakra abaixo do espaço do corpo*". Durante alguns instantes, apenas sinta essa mudança. Então, afirme: "*É minha intenção me centrar no campo do meu terceiro chakra*" e em seguida afirme: "*É minha intenção me centrar no campo do meu terceiro chakra abaixo do espaço do meu corpo*". Continue, afirmando: "*É minha intenção voltar meus órgãos da percepção para dentro, até os níveis do meu terceiro chakra e do terceiro chakra abaixo do espaço do meu corpo*".

Durante 15 minutos, apenas sinta os efeitos dessa experiência, conte de 1 até 5 e finalize a meditação, tomando consciência do ambiente à sua volta. Repita tantas vezes quantas julgar necessário.

A *quarta tarefa:* A *recuperação da voz interior*

Agora que todos os preparativos necessários foram feitos, você está pronta para recuperar sua voz interior, executando o Mudra da Voz Interior.

Para isso, sente-se em uma posição confortável, mantendo a coluna ereta. Use o Método Padrão para relaxar os músculos e se centrar em sua mente autêntica. Em seguida, leve a ponta da língua para o topo do palato e a mantenha no ponto onde a parte de trás dos dentes encontra a gengiva. Junte as pontas dos dedos mínimos de modo que eles formem um triângulo. Continue juntando os lados externos dos dedos anelares de modo que a primeira e a segunda articulação de ambos se toquem.

Junte as pontas dos dedos médios de modo a formar um segundo triângulo. Em seguida, junte as partes externas dos dedos indicadores de modo que eles se toquem desde as pontas até a primeira articulação. Finalmente, sobreponha os polegares de modo que as pontas dele toquem os dedos indicadores em um ponto entre as segundas articulações e os nós dos dedos.

Figura 13: O *Mudra da Voz Interior*

Mantenha este mudra durante 10 minutos e sinta a mudança enquanto sua voz interior emerge e seus sumos criativos voltam a fluir livremente. Depois de 10 minutos, libere o mudra, conte de 1 até 5 e finalize o exercício, tomando consciência do ambiente à sua volta.

A execução das quatro tarefas durante apenas duas semanas é o bastante para recuperar sua voz interior, e você voltará a ser capaz de manifestar sua criatividade no mundo. Repita tantas vezes quantas julgar necessário.

Resumo

Neste capítulo, você aprendeu a aprimorar a criatividade executando a Meditação do Campo de Purusha e restaurando sua voz interior. No próximo capítulo, aprenderá a aumentar a beleza interior, independentemente de sua idade, de modo a transformar a maneira como você se apresenta e como outras pessoas percebem você.

Incluímos sugestões sobre como usar alimentos, exercícios, ambientes naturais, íons negativos e coisas belas para intensificar a beleza interior e a radiância. Foi dedicada uma atenção especial ao bom caráter e à sua influência sobre a radiância feminina. Para intensificar o bom caráter quando necessário, incluímos uma série de exercícios fáceis de executar.

NOVE

A Intensificação da Radiância Feminina

✣

A beleza interior

A beleza interior é uma forma de radiância que emerge das profundezas do campo de energia de uma mulher, muda a maneira como ela se sente a respeito de si mesma, bem como a maneira como as pessoas a percebem. Neste capítulo, tentaremos abrir caminho em meio aos entulhos que se prendem às inseguranças das mulheres e chegar à verdade básica sobre a beleza interior – o que ela é e o que ela não é. Em seguida, examinaremos como intensificar a beleza interior, independentemente da idade, de modo que isso não apenas transformará a maneira como alguém percebe as coisas, mas também a maneira como outras pessoas a percebem.

Na mente da maioria das pessoas, a beleza está ligada exclusivamente a características físicas, mas há pessoas que já reconhecem que a beleza depende da maneira como uma pessoa se sente. Uma mulher pode ter traços perfeitos e um corpo jovem e atlético. Mas se ela não se sentir bem, se estiver deprimida, estressada ou exausta, se carecer de autoestima ou de caráter, se estiver em conflito e não for capaz de irradiar livremente sua energia, ela não se sentirá bela e nem será considerada bela por outras pessoas, mesmo que tenha todas as características associadas à beleza física.

Por outro lado, o bom caráter, um corpo saudável e uma abundância de energia feminina podem fazer qualquer mulher parecer bela, mesmo que não tenha traços perfeitos. Tal mulher ganhará o respeito e a admiração das pessoas porque irradiará o brilho associado a uma mulher bela, que é o fundamento da beleza. E é esse brilho que fará uma mulher se sentir bela quando olhar para si mesma no espelho e quando olhar nos olhos de outras pessoas.

O brilho interior

Você pode não estar ciente disso, mas tudo o que vemos no ambiente externo é uma interpretação do mundo que nos rodeia. Nunca vemos o mundo como ele realmente é por causa das limitações dos nossos órgãos da percepção e da maneira como interpretamos nossas experiências.

Quando alguém nos causa uma má impressão, podemos achar essa pessoa feia mesmo que tenha traços perfeitos. E podemos achar linda uma pessoa plena de traços imperfeitos, se ela nos transmitir uma boa sensação. Desse modo, quando lidamos com a beleza, não estamos apenas lidando com a estrutura óssea e com uma pele impecável; estamos lidando com aparências subjetivas.

Também é útil lembrarmos de que a beleza física pode se tornar um fardo ou, em casos extremos, uma deficiência. Todos conhecemos histórias de mulheres que foram abusadas ou marginalizadas no trabalho por causa de sua beleza. Mas a beleza interior, ao contrário, sempre melhora a vida de uma mulher, independentemente do que nos dizem os propagandistas da mídia.

A intensificação da beleza interior

Então, o que intensifica a beleza interior? Nossa experiência e nosso trabalho nos ensinou que a beleza interior tem quatro aspectos essenciais: boa saúde, caráter, paz interior e energia feminina.

A boa saúde

A beleza interior sempre esteve associada à boa saúde. Quando falamos de saúde, estamos nos referindo tanto à saúde física como à saúde do campo de energia sutil de uma mulher.

Atividades que perturbam a boa saúde incluem fumar, tomar bebidas alcoólicas e usar drogas em excesso. A inatividade, assim como atividades mentais estressantes, como a preocupação, também prejudicam a boa saúde. Todas essas atividades interferem no fluxo de prana e perturbam o equilíbrio energético entre o corpo físico e o campo de energia sutil.

Promover a boa saúde e a beleza interior consiste, portanto, em fumar menos, beber menos, usar menos drogas e ter um estilo de vida menos sedentário. Também significa que você precisa ter um estilo de vida mais natural. Mesmo que a vida no século XXI force você a passar longos períodos em ambientes artificiais, seu corpo é planejado para interagir com a natureza, e são os elementos naturais que exercem efeito mais positivo sobre sua saúde e seu bem-estar.

O alimento é algo natural que promove a boa saúde. Pode ser que você seja obrigada a trabalhar em um escritório e a ir e voltar de carro do seu trabalho, mas ninguém a obriga a comer alimentos processados que fornecem zero calorias, mas pouco mais que isso. A experiência nos ensinou que os alimentos exercem um efeito extraordinário sobre a beleza e a boa saúde. Alimentos frescos naturais, e não adulterados, têm as qualidades mais mantenedoras da vida, a protegem contra os radicais livres e outras substâncias tóxicas e contêm vitaminas e nutrientes que manterão seu metabolismo saudável. Alimentos frescos também têm nutrientes que podem reduzir o estresse, manter os músculos firmes e a pele macia e sedosa.

Listamos a seguir vários alimentos que podem ser adicionados à sua dieta. Todos têm propriedades benéficas que promovem a beleza interior e a boa saúde.

Manga: contém caroteno, que protege dos danos provocados pelos raios ultravioleta e intensifica a radiância da pele, e zinco, que aumenta a resistência e o brilho dos cabelos. As mangas melhoram a saúde das gengivas, tornam o tecido conjuntivo mais firme, são ricas em vitamina A, que intensifica a vitalidade, e têm propriedades que melhoram o humor. Comer manga pode fazer com que você se sinta eufórica.

Mamão: contém grandes quantidades de vitamina A, que melhora a visão e confere um brilho saudável aos olhos. Intensifica a função de enzimas que promovem a vitalidade e outros processos vitais essenciais, melhora o funcionamento do coração e a circulação e aumenta a capacidade do cólon, o que também promove a saúde da pele e melhora o tônus muscular.

Cereja: contém ácido fólico, que melhora o metabolismo celular e é uma das vitaminas mais importantes que podem ser ingeridas durante a gravidez, pois desempenha um papel importante na produção de células nervosas. As cerejas também contêm grandes quantidades de ferro, que tem propriedades rejuvenescedoras que tornam as gengivas e a pele mais saudáveis.

Açafrão: tem propriedades afrodisíacas e regenerativas. Na medicina ayurvédica, o açafrão é utilizado para combater a depressão e para harmonizar e equilibrar o ciclo menstrual de uma mulher.

Alho: conhecido por suas propriedades rejuvenescedoras e regeneradoras, o alho pode reduzir o nível de colesterol e ajudar o corpo a descartar resíduos metabólicos. É bom para o coração e pode ser usado para combater infecções, doenças da pele e problemas ciáticos.

Evite comer à noite

Embora alimentos frescos e saudáveis intensifiquem a beleza interior, comer muito ou comer tarde da noite pode ser ruim para a saúde e a radiância.

Comer à noite adicionará quilos ao seu corpo porque o metabolismo noturno é incompleto. Além disso, como as células são restauradas enquanto dormimos, comer tarde da noite obriga o corpo a executar essa tarefa essencial junto com o difícil trabalho da digestão. Isso causará estresse no organismo, aumentando a pressão arterial, a produção de colesterol ruim e o nível de açúcar no sangue, todos esses fatores de risco para o diabetes e outras doenças. Na Europa, um velho provérbio afirma: "*Frühstücken wie ein Kaiser, Mittagessen wie ein König, und Abendessen wie ein Bettler*" (Tome o café da manhã como um imperador, almoce como um rei e jante como um mendigo).

Exercício físico

O exercício físico realça a radiância feminina de várias maneiras: melhora o tônus muscular, aumenta o estado de alerta mental e melhora a circulação sanguínea, ajudando a liberar toxinas responsáveis pelo envelhecimento. O exercício melhora o sono, que traz seus próprios benefícios para a saúde e a beleza, e aumenta a produção de serotonina, que intensifica o prazer e ajuda a superar os efeitos da depressão.

O exercício vigoroso e regular ajuda a superar as limitações, o que, por sua vez, ajuda a superar o medo e a ansiedade. Os hormônios do estresse são reduzidos quando você se exercita regularmente, de modo que reduzirá também a tensão física.

Para quem procura um regime regular de exercício físico, recomendamos o Hatha Yoga ou o Tai Chi Chuan, que proporcionam benefícios para a saúde e ajudam a integrar as atividades do corpo físico com as atividades do campo de energia sutil.

Ambientes naturais

Boa saúde e ambientes naturais caminham de mãos dadas. Esses locais, especialmente florestas, têm um efeito rejuvenescedor sobre as pessoas, mas nem todas as florestas são iguais. As florestas de crescimento antigo são famosas pela complexidade ecológica e pela idade das árvores, e as árvores mais antigas irradiam no ambiente grandes quantidades de prana. Quando há várias árvores antigas juntas, a atmosfera ao redor delas está saturada de prana. O efeito disso chega a ser tão forte que a depressão pode ser interrompida e a ansiedade reduzida. A intensificada radiação de prana e o prazer que dela resulta beneficiam as mulheres física e energeticamente, aumentando a capacidade delas para se conectar com a Terra e com outras pessoas.

Quase todas as florestas nacionais dos Estados Unidos e do Canadá têm bosques de crescimento antigo, especialmente nos pontos mais altos. Faça uma caminhada, leve amigos e um pouco de comida natural e fresca para um piquenique.

Desfrute coisas belas

Quando uma mulher desfruta coisas belas – arte, natureza e belos objetos feitos pelo ser humano – as pupilas se dilatam e há uma reação emocional. A música pode exercer um efeito particularmente positivo na beleza e na saúde: a complexidade de certos tipos de música estimula partes do cérebro ligadas à criatividade, à concentração e ao pensamento abstrato.

Esse não é um fato bem conhecido, mas os sete tons na escala musical estão ligados energeticamente aos sete chakras tradicionais. Os compositores barrocos, e até mesmo alguns compositores modernos, estavam cientes dessa conexão e compuseram obras musicais que estimulam os chakras e proporcionam aos ouvintes um súbito aumento da quantidade de endorfinas.

Íons negativos

Os íons negativos são criados na natureza quando moléculas de ar se quebram pela ação da luz do Sol, do movimento do ar e da água. São moléculas inodoras, sem gosto e invisíveis que inalamos em abundância em certos ambientes. Pense em montanhas, cachoeiras e praias. Acredita-se que os íons negativos, ao alcançarem nossa corrente sanguínea, produzam reações bioquímicas que aumentam os níveis da serotonina, substância química que intensifica o humor. Acredita-se que níveis intensificados de serotonina ajudam a aliviar a depressão e o estresse, e aumentam a energia – e tudo isso intensifica a saúde e a beleza.

Felizmente, todas as casas contam com ionizadores naturais: os chuveiros. Sugerimos que você tome um banho de íons negativos pulverizando o corpo com água fria do chuveiro pelo menos uma vez por dia.

Bom caráter

A energia com qualidades universais é, ao mesmo tempo, o fundamento e o produto do bom caráter. Isso significa que as mulheres perseverantes com autodisciplina, paciência e coragem irradiam prana livremente e brilham com beleza interior. Por outro lado, se uma mulher está aprisionada em campos de energia distorcida e se é indisciplinada, intolerante com os defeitos de outras pessoas e se não é confiável porque não persevera nem tem a coragem de viver com integridade, então ela terá muito pouco prana disponível. Como resultado, ela ficará rígida e sua postura sofrerá com isso. Os olhos dela ficarão embotados e, em vez de se mover com graça e de irradiar livremente qualidades femininas, ela ficará constrangida e mal-humorada por causa da energia distorcida que domina suas interações energéticas sutis.

É claro que tudo isso pode ser evitado se uma mulher optar por intensificar seu bom caráter. Com isso em mente, incluímos um exercício para cada qualidade associada ao bom caráter. Assim, em vez de se demorar em seus defeitos de caráter, pratique os exercícios e em pouco tempo você receberá os benefícios, que incluem a beleza interior e a radiância que vêm do fato de ter um bom caráter.

Paciência
Para aumentar sua paciência, você precisa executar o Mudra da Paciência. Para começar, sente-se em uma posição confortável, mantendo a coluna ereta. Use o Método Padrão para relaxar e se centrar em sua mente autêntica. Em seguida, desloque a ponta da língua até o ponto onde a gengiva e os dentes superiores se encontram. Então, junte as solas dos pés. A seguir, junte as mãos em concha de modo que fiquem embutidas perfeitamente uma na outra, enquanto pressiona o polegar esquerdo contra o lado externo do dedo

mínimo direito, e o polegar direito contra o lado externo do dedo indicador direito. Mantenha este mudra durante 10 minutos com os olhos fechados. Repita tantas vezes quantas julgar necessário.

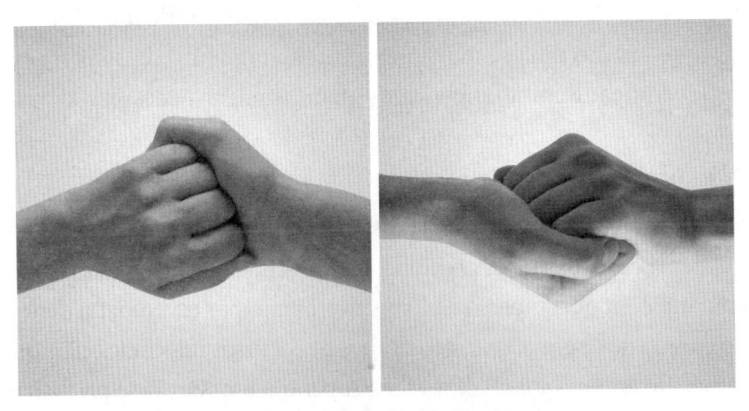

Figura 14: O Mudra da Paciência

Perseverança

Não é possível perseverar sem uma quantidade de prana suficiente. Para melhorar sua perseverança, você precisa aumentar a pressão no seu campo de energia, o que aumentará a quantidade de prana que flui através dele. A maneira mais simples de aumentar a pressão no campo de energia é ativar o primeiro e o sétimo chakras, se centrar nos campos correspondentes a esses chakras e usar sua intenção para intensificar o fluxo de prana ao longo do meridiano governador. Para fazer isso, feche os olhos e respire fundo pelo nariz durante 2 ou 3 minutos. Em seguida, faça duas contagens regressivas, de 5 até 1 e, depois, de 10 até 1. Use o Método Padrão para relaxar os músculos e se centrar em sua mente autêntica. Então, afirme: *"É minha intenção ativar meu primeiro chakra"*. Em seguida, afirme: *"É minha intenção me centrar no campo do meu primeiro chakra"*. Continue, afirmando: *"É minha intenção ativar meu sétimo chakra"*. Em seguida, afirme: *"É minha intenção me centrar no campo do meu sétimo chakra*". Para completar o exercício, afirme: "*É minha intenção aumentar o fluxo de prana ao longo do meu meridiano governador*". Durante 10 minutos, apenas sinta os efeitos dessas afirmações, conte de 1 até 5 e abra os olhos. Se você praticar o exercício durante apenas uma semana, ocorrerá um aumento sensível na sua perseverança. Repita tantas vezes quantas julgar necessário.

Não provocar prejuízos

Para superar campos de energia distorcidos que sustentam pensamentos, sentimentos e ações prejudiciais, é preciso ser capaz de entrar em empatia com outras pessoas. Existem três campos de empatia dentro do campo de energia, que são campos de recursos informacionais que fornecem energia aos chakras. Para superar a tendência de prejudicar outras pessoas, você precisa preencher esses campos com prana e irradiar o excesso de energia através dos seus chakras etéricos.

Para começar, feche os olhos e respire fundo pelo nariz durante 2 ou 3 minutos. Em seguida, faça duas contagens regressivas, de 5 até 1 e, depois, de 10 até 1. Use o Método Padrão para relaxar os músculos e se centrar em sua mente autêntica. Então, afirme: "*É minha intenção ativar meu chakra etérico superior*". Continue, afirmando: "*É minha intenção ativar meu chakra etérico inferior*". Em seguida, afirme: "*É minha intenção me centrar em meus três campos de empatia*".

Assim que estiver centrada em seus três campos de empatia, afirme: "*É minha intenção preencher com prana meus três campos de empatia*". Em seguida, afirme: "*É minha intenção irradiar prana dos meus três campos de empatia através dos meus chakras etéricos*". Durante 15 minutos, apenas sinta os efeitos dessas afirmações, conte de 1 até 5 e finalize a meditação, tomando consciência do ambiente à sua volta. Repita tantas vezes quantas julgar necessário.

Disciplina

Problemas com a disciplina estão diretamente relacionados com problemas de polaridade em seu campo de energia sutil. Embora pareça que existem dois campos de polaridade, quando você entrar no universo não físico encontrará outros campos de polaridade, que influenciam as interações energéticas. Quando se trata de disciplina, o campo polar mais importante é o terceiro, o campo neutro.

Centrando-se em seu terceiro campo polar, você se libertará do "puxa-empurra" provocado pelos campos de energia distorcidos. E será capaz de permanecer focada e disciplinada em um mundo caótico e em constante mudança.

Para melhorar a disciplina, feche os olhos e respire fundo pelo nariz durante 2 ou 3 minutos. Em seguida, faça duas contagens regressivas, de 5 até 1 e, depois, de 10 até 1. Use o Método Padrão para relaxar os músculos e se centrar em sua mente autêntica. Então, afirme: "*É minha intenção me centrar no meu terceiro campo polar*". Em seguida, afirme: "*É minha intenção voltar meus órgãos de percepção para dentro no meu terceiro campo polar*". Permaneça centrada durante 15 minutos. Então, conte de 1 até 5 e finalize a meditação, tomando consciência do ambiente à sua volta. Repita tantas vezes quantas julgar necessário.

Longanimidade

Trata-se da capacidade para permanecer firme em tempos turbulentos e/ou difíceis. Para permanecer firme é preciso intensificar a capacidade de vivenciar a alegria e manifestá-la no mundo. O segundo chakra regula a alegria sexual e o quinto regula a alegria incondicional. Para intensificar a longanimidade, você precisa ativar esses dois chakras e se centrar nos campos correspondentes a eles. Em seguida, você precisa ativar os centros de energia secundários nas mãos e nos pés.

Para começar, feche os olhos e respire fundo pelo nariz durante 2 ou 3 minutos. Então, faça duas contagens regressivas, de 5 até 1 e, depois, de 10 até 1. Use o Método Padrão para relaxar os músculos e se centrar em sua mente autêntica. Então, afirme: "*É minha intenção ativar meu segundo chakra*". Continue, afirmando: "*É minha intenção ativar meu quinto chakra*". Depois que os dois chakras estiverem ativos, afirme: "*É minha intenção me centrar no campo do meu segundo chakra*". Continue, afirmando: "*É minha intenção me centrar no campo do meu quinto chakra*".

Durante alguns instantes, apenas sinta essa mudança. Então, afirme: "*É minha intenção ativar os centros de energia secundários em minhas mãos*". Continue, afirmando: "*É minha intenção ativar os centros de energia secundários nos meus pés*". Permaneça centrada durante 15 minutos, conte de 1 até 5 e finalize a meditação, tomando consciência do ambiente à sua volta.

Se você praticar o exercício regularmente, permanecerá firme e autoconfiante mesmo em tempos difíceis. Repita tantas vezes quantas julgar necessário.

Coragem

A coragem é um sentimento associado aos rins e é o terceiro chakra que regula o prana na região do corpo que inclui os rins. Quando o terceiro chakra é bloqueado e a energia sutil não é capaz de irradiar através dos rins, você vai sentir medo. Sem a contração causada pelo medo, tanto a coragem física como a moral emergirão espontaneamente.

A fim de aumentar sua coragem, você precisa fazer a Meditação da Coragem Intensificada. Para começar, encontre uma posição confortável, mantendo a coluna ereta. Respire fundo pelo nariz durante 2 ou 3 minutos. Em seguida, faça duas contagens regressivas, de 5 até 1 e, depois, de 10 até 1. Use o Método Padrão para relaxar os músculos e se centrar em sua mente autêntica. Então, afirme: "*É minha intenção ativar meu terceiro chakra*". Em seguida, afirme: "*É minha intenção me centrar no campo do meu terceiro chakra.*" Continue, afirmando: "*É minha intenção preencher com prana o campo do meu terceiro chakra*". Durante alguns instantes, apenas sinta essa mudança. Então, afirme: "*É minha intenção ativar os centros de energia secundários em minhas mãos*". Assim que seus centros de energia secundários estiverem ativos, coloque as palmas das mãos sobre os rins. Ao fazer isso, você intensificará o fluxo de prana através desses orgãos, o que, por sua vez, intensificará os sentimentos associados à coragem.

Continue por 15 minutos. Em seguida, retire as mãos, conte de 1 até 5 e finalize a meditação, tomando consciência do ambiente à sua volta. Repita tantas vezes quantas julgar necessário.

Energia feminina

A energia feminina, sob a forma de prana, é tão poderosa que quando uma mulher a irradia livremente, as pessoas são cativadas pelo brilho interior que permeia o corpo e a mente dessa mulher. A fim de aumentar a quantidade de energia feminina que irradia através do seu campo de energia sutil – de modo que o brilho interior transforme você e a sua aparência – você precisa executar a Meditação do Campo de Prakriti.

O campo de prakriti é um campo de recursos que contém algumas das frequências mais altas e mais puras da energia feminina. Como todos os campos de recursos informacionais, esse campo preenche seu campo de energia e se estende para além dele em todas as direções. Centrando-se no campo de prakriti, você irá experimentar a energia feminina primordial. Esta é a energia que cria e sustenta a vida e dá a você a força para se tornar uma mulher radiante.

Exercício: A Meditação do Campo de Prakriti

Para iniciar a meditação, encontre uma posição confortável, mantendo a coluna ereta. Feche os olhos e respire fundo pelo nariz durante 2 ou 3 minutos. Em seguida, faça duas contagens regressivas, de 5 até 1 e, depois, de 10 até 1. Use o Método Padrão para relaxar os músculos e para se centrar em sua mente autêntica. Então, afirme: "*É minha intenção me centrar em meu campo de prakriti*". Continue, afirmando: "*É minha intenção voltar meus órgãos de percepção para dentro no meu campo de prakriti*". Depois de alguns instantes, sua orientação mudará e você se tornará consciente de uma grande cavidade que preenche seu corpo físico e se estende além dele. Essa cavidade é o campo de prakriti.

A partir do seu novo ponto de vista dentro do campo de prakriti, você se tornará ciente do poder feminino e do amor em sua forma primordial. E sentirá ambos irradiando livremente através de você.

Durante 15 minutos, apenas sinta os efeitos dessa experiência e então conte de 1 até 5. Quando chegar ao número 5, abra os olhos e finalize a meditação, tomando consciência do ambiente à sua volta. Repita tantas vezes quantas julgar necessário.

Quanto mais frequentemente você praticar a Meditação do Campo de Prakriti, maiores serão os benefícios e mais fácil será entrar em contato com a radiância que vem do feminino universal dentro de você.

Paz interior

A paz interior é um estado de quietude que emerge de suas profundezas. Ela surge quando o movimento para e você pode concentrar a mente na alegria que espontaneamente irradia através de seu campo de energia. O Mudra da Paz Interior destina-se a ajudá-la a vivenciar a paz interior, independentemente das circunstâncias.

Para executar o Mudra da Paz Interior, sente-se em uma posição confortável, mantendo a coluna ereta. Use o Método Padrão para relaxar os músculos e se centrar em sua mente autêntica. Em seguida, coloque o polegar esquerdo no ponto de acupuntura sobre a borda interna do polegar direito, logo abaixo da unha. Junte as pontas internas dos dedos indicadores. Curve os dedos médios para dentro, fazendo com que se toquem desde a primeira até a segunda articulação. As almofadas dos dedos anelares deverão se tocar até a primeira articulação, e o dedo mínimo esquerdo deve ser colocado sobre a unha do dedo mínimo direito desde a ponta até a primeira articulação.

Figura 15: O Mudra da Paz Interior

Mantenha as solas dos pés totalmente estendidas no chão e a língua na posição normal. Mantenha este mudra durante 10 minutos com os olhos fechados. Depois de 10 minutos, conte de 1 até 5 e abra os olhos. Repita tantas vezes quantas julgar necessário.

Resumo

Neste capítulo, você aprendeu que uma mulher pode intensificar a beleza interior melhorando a saúde e o caráter, vivenciando mais plenamente a paz interior e aumentando o fluxo de prana através do campo de energia. No próximo capítulo, você aprenderá a superar os sintomas crônicos e agudos do trauma. Uma especial atenção foi dada aos traumas que vêm de vidas passadas, aos traumas físicos e psicológicos, ao trauma sexual e ao trauma da negligência.

DEZ

A Cura de Traumas do Corpo, da Alma e do Espírito

✣

Vamos iniciar este capítulo examinando como um evento traumático pode incapacitar uma mulher tanto no nível físico como no nível energético sutil. Depois disso, ensinaremos três exercícios elaborados para curar as feridas energéticas responsáveis pelos sintomas mais duradouros. Em seguida, apresentaremos exercícios e dicas planejadas para superar de modo permanente os padrões e os sintomas psicológicos causados pelos traumas mais comuns às mulheres modernas: o trauma que vem de vidas passadas, o trauma físico, o trauma psicológico, o trauma sexual e o trauma da negligência.

Trauma, a história interior

Embora médicos e profissionais da saúde mental venham estudando há muitos anos as várias formas de trauma, ainda há dificuldade para defini-las. Isso acontece porque é quase impossível definir ou até mesmo descrever um evento traumático sem levar em consideração a violência imposta sobre o campo de energia sutil da sobrevivente. Há uma simples razão para isso: a violência imposta sobre o campo de energia sutil, que é a responsável pelos sintomas agudos e duradouros que a sobrevivente precisa suportar.

Para compreender por que um evento traumático pode ter um efeito de longo prazo sobre uma pessoa, é importante reconhecer que cada evento traumático é, na verdade, um evento duplo, que inclui dois traumas, um trauma físico-psicológico e um trauma energético sutil, que não é físico, mas nem por isso menos real.

A memória do trauma físico e psicológico pode ser reprimida, mas o trauma energético continuará a emergir na consciência da vítima durante muitos anos na forma de uma ruptura da identidade e da orientação sexual autênticas. Ele também contribuirá para o colapso de confiança da sobrevivente, que poderá ter a autoestima rompida e dificultar relacionamentos íntimos de longo prazo.

A partir de nossa experiência, aprendemos que um trauma energético terá três efeitos significativos sobre a sobrevivente. Haverá uma violenta intrusão de energia distorcida no campo de energia dela, o que fará com que um ou mais veículos energéticos sejam ejetados. Isso é conhecido como "fragmentação". E a intrusão interromperá o fluxo de prana através do sistema de energia sutil. Esses três efeitos energéticos criam problemas que se estendem por toda a vida da sobrevivente, que normalmente não podem ser corrigidos pela terapia convencional nem pela medicina ortodoxa.

Sintomas de segunda geração

Mesmo que um trauma energético tenha um efeito imediato sobre o campo de energia sutil da sobrevivente, a maioria das pessoas traumatizadas não reconhecerá os sintomas de primeira geração e só reconhecerá que algo está seriamente errado mais tarde, quando os sintomas de segunda e de terceira gerações emergirem. Esses sintomas incluem a perturbação – ou a própria ruptura – do autocontrole, da confiança, do poder pessoal, da autoestima e da vitalidade. A depressão e a ansiedade são sintomas de segunda geração comuns.

Com o passar do tempo, esses sintomas energéticos e psicológicos podem levar à perda de motivação, à disfunção sexual, a bloqueios criativos e a problemas de limites que podem fazer com que a sobrevivente se retire das atividades normais da vida cotidiana.

Quando uma criança é traumatizada, haverá complicações adicionais de longo prazo, como uma ruptura da identidade pessoal e a criação de pontos cegos, o que tornará difícil para ela ter sucesso na escola e constituir relacionamentos saudáveis com outras crianças. Pontos cegos são criados quando a dor e o medo são muito difíceis de serem suportados e a criança empurra o evento, bem como partes de sua mente e de seu campo de energia sutil, para fora da percepção consciente. Quando isso acontece, a criança perde o acesso às funções da mente aprisionadas dentro desses pontos cegos e partes da mente e do campo de energia sutil passam a não poder mais ser usadas para interagir com outras pessoas de maneira saudável. Como resultado, a vítima pode se tornar rígida, inflexível e incapaz de ter empatia ou até mesmo de compreender os pontos de vista e os sentimentos dos outros.

Como as três feridas energéticas descritas acima são responsáveis pelos sintomas mais duradouros que os traumas produzem, vamos em primeiro lugar aprender a superá-los. Depois disso, forneceremos uma série de exercícios preparados especificamente para curar os sintomas de segunda geração causados pelos traumas mais comuns que as meninas, as jovens e as mulheres vivenciam.

Como a intrusão de energia distorcida no campo de energia sutil da sobrevivente é o fator responsável por todos os sintomas subsequentes, vamos primeiro ensinar a curar intrusões.

Intrusões

Uma intrusão é criada pela projeção violenta de energia distorcida no campo de energia sutil da sobrevivente. O alvo de uma intrusão pode sentir como se um alfinete ou dardo tivesse furado sua pele quando essa energia faz contato com seu campo de energia sutil. A intrusão também pode fazer a vítima se sentir como se estivesse sendo sufocada ou como se uma onda de energia discordante estivesse sendo derramada dentro dela.

Não é preciso estar em contato físico com o perpetrador para ser o alvo de uma intrusão. Pessoas ligadas a campos densos de energia podem projetar uma intrusão em seu campo de energia sutil quando pensam em você, têm sentimentos intensos a seu respeito ou têm o desejo de mudá-la, manipulá-la, controlá-la ou puni-la.

Exercício: A Liberação de Intrusões

Felizmente, com os conhecimentos e habilidades que já adquiriu, você tem todas as ferramentas necessárias para liberar uma intrusão de energia distorcida do seu campo de energia sutil. Na verdade, liberar uma intrusão não é mais difícil do que liberar uma bagagem kármica. O primeiro passo será escolher um sentimento, uma atitude, um bloqueio ou um padrão autolimitador que cria um medo irracional de determinada pessoa, lugar ou coisa, ou que interfere na sua capacidade para ser você mesma, para se expressar livremente e atingir seus objetivos.

Exemplos de sentimentos causados por intrusões são pânico, mau pressentimento, ira, frustração, ansiedade, alienação, arrogância, desprezo, irritação crônica e aborrecimento. Exemplos de padrões causados por intrusões incluem dúvida com relação a si mesma, autossabotagem, impotência, desânimo, dependência, insegurança, indolência e falta de autoestima.

Depois de escolher um padrão ou um sentimento sobre o qual você queira trabalhar, encontre uma posição confortável, mantendo a coluna ereta. Feche então os olhos e respire fundo pelo nariz durante 2 ou 3 minutos. Use o Método Padrão para relaxar os músculos e se centrar em sua mente autêntica. Em seguida, execute o Mudra da Felicidade Orgásmica (ver Capítulo 4) e mantenha ele enquanto afirma: "*É minha intenção criar uma caixa de prana em torno da intrusão que causa o [nomeie aqui o sentimento ou padrão intruso] que eu tenho em mente*". Quando você for capaz de ver e/ou sentir a caixa de prana, continue, afirmando: "*É minha intenção preencher com felicidade a caixa de prana que eu criei*". Então, afirme: "*É minha intenção que a felicidade libere a intrusão em minha caixa de prana*".

Assim que a intrusão for liberada, haverá uma sensação de alívio, que é muitas vezes acompanhada por um estalo que indica que a única coisa que permanece na caixa de prana é a felicidade.

Depois de liberar a intrusão, libere a caixa de prana. Em seguida, desfaça o Mudra da Felicidade Orgásmica. Depois de 10 minutos, apenas sinta os efeitos das mudanças que vivenciou. Conte então de 1 até 5 e finalize a meditação, tomando consciência do ambiente à sua volta.

Fragmentação

O campo de energia ficará fragmentado sempre que um veículo energético tiver se expelido dele. A causa mais comum da fragmentação é a intrusão de energia distorcida no campo de energia. A fragmentação pode ocorrer em qualquer dimensão, durante qualquer fase da vida, incluindo os nove meses entre a concepção e o nascimento. A fragmentação e os efeitos colaterais dela se tornaram tão comuns que superar a fragmentação descontaminando e reintegrando veículos energéticos se tornou parte essencial do trabalho de cura e do trabalho energético. Isso acontece porque os veículos energéticos realizam inúmeras funções vitais, permitindo a formação de uma identidade autêntica e a interação com o ambiente tanto no nível físico como no não físico. Veículos energéticos também ajudam você a manifestar o anseio da alma e o cumprimento do dharma.

Para curar a fragmentação, é preciso primeiro localizar um veículo energético que tenha sido expelido e depois descontaminá-lo e reintegrá-lo ao seu campo de energia.

Para fazer isso, você usará a mesma técnica a que recorreu para localizar e liberar bagagem kármica e que foi apresentada no Capítulo 4.

Depois de localizar e descontaminar um veículo energético é preciso reintegrá-lo para que ele seja congruente. Para um veículo energético ser congruente, ele precisa estar centralizado exatamente no meio do espaço do seu corpo. A congruência é importante, pois permite que o veículo reintegrado funcione de maneira sincronizada com outros veículos energéticos no seu campo de energia, facilita o fluxo ininterrupto de prana através dele e permite que você o reintegre a sua identidade autêntica.

Exercício: A Cura da Fragmentação

Para curar a fragmentação, encontre uma posição confortável, mantendo a coluna ereta. Feche os olhos e respire fundo pelo nariz durante 2 ou 3 minutos. Use o Método Padrão para relaxar os músculos e se centrar em sua mente autêntica. Em seguida, execute o Mudra da Felicidade Orgásmica e o mantenha. Então, afirme:

"É minha intenção criar uma caixa de prana ao redor do meu veículo enérgético que foi expelido e se afastou do espaço do corpo pela intrusão que eu liberei no último exercício". Continue, afirmando: "É minha intenção preencher com felicidade a caixa de prana que eu acabei de criar e reintegrar o veículo energético dentro dela em meu campo de energia sutil". Não faça nada depois disso. Seu veículo energético será descontaminado e reintegrado automaticamente. Depois que o veículo enérgético se tornou congruente, durante 10 minutos, apenas sinta os efeitos dessas afirmações. Em seguida, libere a caixa de prana, desfaça o Mudra da Felicidade Orgásmica, conte de 1 até 5 e finalize a meditação, tomando consciência do ambiente à sua volta.

Quando a congruência for alcançada você experimentará uma sensação de satisfação, de mais força interior e de mais estabilidade.

Como uma experiência traumática pode fazer com que mais de um veículo energético seja expelido, talvez seja necessário repetir o processo mais de uma vez. Para fazer isso, sempre reintegre primeiro o veículo energético que esteja mais afastado do seu campo energético. Dessa maneira, você reintegrará em um compasso constante todos os veículos energéticos que foram expelidos como resultado de uma experiência traumática.

Erros são inevitáveis. Isso significa que você pode reintegrar um veículo energético que ainda contém elementos contaminantes. Se isso acontecer, os sintomas emergirão quase que imediatamente. Os sintomas mais comuns são súbitos sentimentos antiegoicos e antissociais, que emergem de elementos contaminantes dentro do veículo energético. Para corrigir a situação, é preciso remover os contaminantes (enquanto o veículo energético estiver no seu campo de energia).

O processo é essencialmente o mesmo usado para liberar bagagem kármica. Basta usar sua intenção e sua atenção mental para colocar o veículo energético em uma caixa de prana. Execute o Mudra da Felicidade Orgásmica e o mantenha enquanto afirma: "*É minha intenção que a felicidade preencha a caixa de prana que eu acabei de criar e libere todos os contaminantes dentro dela*". A felicidade liberará qualquer contaminação residual – e também garantirá que o veículo energético seja adequadamente integrado.

A restauração do fluxo de prana

Sempre que você vivenciar um evento traumático, o fluxo de prana através do seu campo de energia será rompido. O fluxo energético será parcialmente restaurado quando as intrusões responsáveis pelo trauma forem removidas e quando os veículos energéticos que tiverem sido expelidos forem reintegrados. No entanto, para restaurar completamente o fluxo de prana em níveis saudáveis é preciso reativar seus treze chakras no espaço do corpo e os primeiros seis acima dele.

Exercício: A Ativação do Primeiro ao Décimo Terceiro Chakras

Para restaurar o fluxo de prana através de seu campo de energia, encontre uma posição confortável, mantendo a coluna ereta. Feche os olhos e respire fundo pelo nariz durante 2 ou 3 minutos. Faça então contagens regressivas de 5 até 1 e, depois, de 10 até 1. Use o Método Padrão para relaxar os músculos e se centrar em sua mente autêntica. Então, afirme: "*É minha intenção ativar meu primeiro chakra*". Em seguida, afirme: "*É minha intenção me centrar no campo do meu primeiro chakra*". Faça o mesmo ativando o segundo, terceiro, quarto, quinto, sexto e sétimo chakras tradicionais, e se centrando nos campos correspondentes a esses chakras. Faça o mesmo com os chakras físicos superiores e inferiores e com os chakras físicos-materiais superiores e inferiores.

Durante alguns instantes, apenas sinta os efeitos dessas afirmações. Em seguida, ative o oitavo, nono, décimo, décimo primeiro, décimo segundo e décimo terceiro chakras acima do espaço do corpo e se centre nos campos correspondentes a esses chakras. Depois de ativar os treze chakras e de se centrar nos campos dos treze chakras no espaço do corpo e dos primeiros seis acima do espaço do corpo, afirme: *"Nos níveis do meu primeiro ao meu décimo terceiro chakras no espaço do corpo e dos primeiros seis acima do espaço do corpo, é minha intenção voltar para dentro meus órgãos de percepção"*. Finalmente, afirme: *"É minha intenção preencher com prana meus campos dos chakras da primeira à décima terceira dimensões e os seis seguintes acima da minha cabeça"*.

Durante 15 minutos, apenas sinta os efeitos das mudanças que experimentará, conte de 1 até 5 e então abra os olhos. Você se sentirá totalmente desperta, relaxada e muito melhor do que se sentia antes. Ao praticar este exercício regularmente, você irá restaurar o fluxo de prana através de seus chakras e campos dos chakras. Isso lhe permitirá superar muitos dos efeitos residuais que são o legado do evento traumático que vivenciou.

A cura de um trauma de vida passada

Agora que você aprendeu a curar sintomas energéticos de primeira geração criados por um evento traumático, examinaremos os quatro traumas mais comuns que as pessoas vivenciam no mundo moderno: traumas de vidas passadas, traumas físicos e psicológicos, traumas de negligência e traumas sexuais. Vamos começar examinando traumas de vidas passadas.

Como a bagagem kármica, os traumas de vidas passadas podem dificultar o estabelecimento de uma identidade saudável e de relacionamentos íntimos, que você cumpra o seu dharma e experimente o seu poder, sua criatividade e sua radiância. Além disso, podem criar padrões autolimitadores que tornam quase inevitável feridas e traumas subsequentes.

Embora seja muito comum que traumas de vidas passadas sejam ligados a padrões de autolimitação e a eventos traumáticos nesta vida, curar um trauma de vida passada não é mais difícil do que curar qualquer outra ferida energética. No entanto, para isso é essencial conectar eventos que ocorreram em sua vida passada com os padrões autolimitadores e os eventos traumáticos vivenciados nesta vida. Com esse objetivo, apresentamos a seguir a Meditação do Cordão de Prata. Cada corpo energético está conectado ao campo de energia de uma pessoa por um cordão de prata que se estende a partir da parte de trás do pescoço e pode se esticar quase que indefinidamente.

Exercício: A Meditação do Cordão de Prata

Para fazer a Meditação do Cordão de Prata, escolha um sentimento, uma atitude, um bloqueio ou um padrão autolimitador presente em você desde que era criança. Deve ser algo que tem interferido constantemente com a sua capacidade para ser você mesma, para seguir o seu dharma e para sentir e expressar-se livremente. Depois de fazer sua escolha, encontre uma posição confortável, mantendo a coluna ereta. Faça então duas contagens regressivas, de 10 até 1 e, depois, de 5 até 1. Use o Método Padrão para relaxar os músculos e para se centrar em sua mente autêntica e afirme: "*É minha intenção criar uma tela visual de dois metros e meio de largura à minha frente*". Assim que a tela aparecer, afirme: "*É minha intenção seguir um cor-*

dão de prata que se estende da parte de trás do meu pescoço até o evento traumático que eu escolhi curar – e ter uma visão do evento na tela à minha frente". Não faça nada depois disso.

Deixe-se atrair para dentro desse drama da vida passada que causou o trauma. Mantenha-se alerta e não ignore qualquer qualidade que emergir na sua percepção consciente: sentimentos, sons, o ambiente físico e as ações e expressões das pessoas. Tudo o que você vê na tela ou sente no seu corpo e no seu campo de energia lhe fornecerá detalhes valiosos.

Depois de vivenciar novamente os eventos que levaram ao trauma em ambos os níveis, físico e não físico, libere as imagens na tela. Libere a tela em seguida, conte de 1 até 5 e finalize a meditação, tomando consciência do ambiente à sua volta.

É uma boa ideia anotar o que você vivenciou na Meditação do Cordão de Prata e permanecer receptiva a ideias e percepções que emerjam na sua percepção consciente.

Quando estiver pronta para prosseguir, use os três exercícios que aprendeu neste capítulo para liberar as intrusões que a conectam ao perpetrador para descontaminar e reintegrar os veículos energéticos que foram expelidos do seu campo de energia por causa da fragmentação e para restaurar o fluxo de prana através de seu campo energético. Repita os exercícios tantas vezes quantas julgar necessário.

A cura de traumas físicos e psicológicos

Colocamos os traumas físicos e psicológicos em uma só categoria porque a violação energética é praticamente a mesma em ambos os casos. Sempre haverá um ataque sustentado que derruba as defesas naturais da sobrevivente.

Se o alvo de um ataque for capaz de se defender física e energeticamente, a sobrevivente não será traumatizada mesmo que a violência seja extrema ou mesmo contínua. Um bom exemplo são as brigas de infância que podem causar lesões físicas e sofrimento emocional, mas que não acarretam efeitos energéticos no longo prazo.

Para superar os efeitos de traumas físicos e/ou psicológicos, é preciso restaurar a saúde de seu campo de energia e sua coragem. Para isso, você precisa usar os exercícios que aprendeu anteriormente neste capítulo para liberar as intrusões, superar a fragmentação e restaurar o fluxo de prana através de seu campo de energia. Depois disso, vai restaurar sua coragem realizando a Meditação do Campo Essencial.

Exercício: A Meditação do Campo Essencial

Para iniciar a Meditação do Campo Essencial, encontre uma posição confortável, mantendo a coluna ereta. Feche os olhos e respire fundo pelo nariz durante 2 ou 3 minutos. Use o Método Padrão para relaxar os músculos e se centrar em sua mente autêntica. Então, afirme: *"É minha intenção me centrar em meu campo essencial"*. Continue, afirmando: *"É minha intenção voltar para dentro meus órgãos de percepção no nível do meu campo essencial"*. Durante alguns instantes, apenas sinta essa mudança. Então, afirme: *"É minha intenção preencher com prana meu campo essencial na seção associada com a coragem"*. Durante 15 minutos, apenas vivencie a mudança em seu nível de coragem e autoconfiança. Conte de 1 até 5 e finalize a meditação, tomando consciência do ambiente à sua volta. Repita tantas vezes quantas julgar necessário.

A cura do trauma da negligência

Um tipo de trauma desconsiderado com frequência pelos médicos é a negligência. Uma mulher pode vivenciar o trauma da negligência se seus pais ou guardiães não a querem, se queriam um menino ou se estão muito envolvidos consigo mesmos para conseguir cuidar dela de maneira adequada. A negligência sempre está ligada à rejeição da criança, psicológica e energeticamente. Isso ocorre porque o adulto negligente projetará energia distorcida de sua bagagem kármica sobre a criança para afastá-la de si. Como acontece com todos os eventos traumáticos, a projeção violenta de energia distorcida criará uma intrusão. Isso, por sua vez, causará fragmentação e interromperá o fluxo de prana através do campo de energia da criança.

Embora não existam duas mulheres que tenham vivido a mesma experiência quando crianças ou adolescentes, alguns elementos da negligência são universais. A negligência produz sentimentos de abandono e de isolamento, rompe a confiança e dificulta a formação de uma identidade afirmativa da vida.

Apresentamos a seguir um programa em cinco partes que tem como objetivo ajudar você a superar os efeitos da negligência. Após cumprir esse programa, é preciso fazer uma pausa de dois dias e depois repeti-lo, até que a recuperação esteja completa.

Dia 1

No dia 1, você irá liberar a intrusão que foi usada pelo adulto negligente para rejeitá-la e reintegrará os veículos energéticos que foram ejetados de seu campo de energia. Depois disso, você intensificará o fluxo de prana através de seu campo de energia ativando os treze chakras no espaço do corpo e os seis primeiros acima do espaço do corpo.

Dia 2

No dia 2, você ativará seu primeiro e terceiro chakras e se centrará nos respectivos campos desses chakras (ver Capítulo 3).

Dia 3

No dia 3, você executará o Mudra da Confiança e o Mudra da Autoestima (ver Capítulos 2 e 5).

Dia 4

No dia 4, você usará a tela visual para criar um arquétipo que promove a autoconfiança e a estabilidade. Sugerimos que use o arquétipo da mulher inocente (ver Capítulo 5).

Dia 5

No quinto dia, você intensificará sua conexão com o feminino universal executando o Mudra da Joia Preciosa (ver Capítulo 1).

Trauma sexual

Ao contrário do que muitas pessoas pensam, o abuso sexual não tem a ver exclusivamente com sexo. Esse tipo de abuso se manifesta sob muitas formas, mas sempre tem relação fundamental com o poder e o controle.

Embora estejamos familiarizados com as formas mais conhecidas de abuso sexual, na sociedade ocidental as formas sutis da prática são muitas vezes negligenciadas. Isso significa que muitas pessoas que foram abusadas sexualmente, em particular quando crianças, não conseguem reconhecer a extensão do trauma energético que vivenciaram. Além disso, muitas vezes essas pessoas não têm consciência de que os efeitos do abuso podem durar toda uma vida se não forem tratados de maneira adequada.

Formas sutis de abuso sexual incluem linguagem inadequada, nudez, toque ou olhar fixo. Sinais contraditórios emitidos por cuidadores, sinais que mascaram as intenções sexuais do perpetrador, podem ser especialmente traumáticos porque a decepção decorrente pode romper a confiança. Essas atitudes podem criar confusão e insegurança em meninas e mulheres jovens em momentos críticos de seu desenvolvimento emocional e mental (Tjaden e Thoennes, 1998).

O que é importante lembrar quando abordamos o trauma sexual é que as feridas de uma sobrevivente não são diretamente proporcionais à intensidade do ato físico. O abuso sutil pode ter um efeito ainda mais profundo do que atos sexuais explícitos sobre uma criança, adolescente ou adulto. Isso acontece por causa dos problemas energéticos de longo prazo criados pela incapacidade da sobrevivente para conectar os sintomas do abuso sexual às suas causas.

Para piorar a situação, muitos adolescentes e adultos optam por manter o abuso pelo qual passaram em segredo, por vergonha ou por medo do julgamento e do ostracismo. No entanto, independentemente de como uma pessoa racionalize o abuso, mantê-lo em segredo só aumentará a vergonha. E a vergonha tornará ainda mais difícil para a sobrevivente superar os efeitos do trauma sexual original.

Quando a vergonha é adicionada à equação, há somente um remédio. A mulher precisa confrontar pessoalmente o abuso, fazendo contato com a mulher que teria se tornado caso o abuso nunca tivesse ocorrido. Ao fazer isso, a sobrevivente pode restaurar sua identidade autêntica e assim ser capaz de manifestar o anseio de sua alma e de viver relacionamentos íntimos sem o legado do trauma que se põe no caminho.

Para superar o trauma sexual, você precisa primeiro liberar as intrusões e, em seguida, descontaminar e reintegrar os veículos energéticos que foram ejetados. Para restaurar o fluxo de prana através do seu campo energético, você precisa ativar seus treze chakras e os primeiros seis acima do espaço do corpo. Para superar o legado da vergonha causada pelo trauma sexual, incluímos a Meditação da Renovação Pessoal. Execute a Meditação da Renovação Pessoal depois de restaurar o fluxo de prana através do seu campo de energia.

Exercício: A Meditação da Renovação Pessoal

Para fazer a Meditação da Renovação Pessoal, encontre uma posição confortável, mantendo a coluna ereta. Feche os olhos e respire fundo pelo nariz durante 2 ou 3 minutos. Em seguida, faça duas contagens regressivas, de 5 até 1 e, depois, de 10 até 1. Use o Método Padrão para relaxar os músculos e se centrar em sua mente autêntica. Então, afirme: *"É minha intenção visualizar uma tela de dois metros e meio de largura à minha frente"*. Quando a tela aparecer, afirme: *"É minha intenção visualizar a mulher que eu teria me tornado se não tivesse sofrido abuso sexual"*. Imediatamente, a imagem de uma mulher aparecerá na tela. Ela será a mulher que você teria se tornado se o abuso não tivesse ocorrido. Observe-a por alguns instantes. Preste atenção se ela é capaz de manifestar livremente todas as suas funções mentais. Então, pergunte a si mesma: a mulher na tela se entrega mais prontamente à intimidade do que eu? Ela parece mais amorosa do que eu? Ela pode dizer "não" quando isso for apropriado? Ela manifesta livremente seus desejos autênticos? Ela é mais autossuficiente, mais flexível e mais equilibrada do que eu sou agora?

Depois de responder a essas perguntas, diga para a mulher na tela o que você vivenciou. Seja específica, e não deixe de fora nenhum detalhe. Certifique-se de dizer a ela como se sentiu durante e depois do abuso. Quando tiver terminado, escolha uma qualidade que vem do seu campo essencial e que foi bloqueada por causa do abuso. Deve ser uma qualidade que você queira reafirmar mais livremente por meio do seu trabalho e dos seus relacionamentos.

As qualidades que emergem através do seu campo essencial incluem intenção, vontade, desejo, resistência, entrega, aceitação, conhecimento, escolha, compromisso, rejeição, fé, desfrute, destruição, empatia, criatividade e amor.

Depois que escolher a qualidade que deseja restaurar, afirme: "*É minha intenção me centrar no setor do meu campo essencial associado com [nomeie aqui a qualidade que escolheu]*". Uma vez que estiver centrada, continue, afirmando: "*É minha intenção preencher com prana o setor do meu campo essencial associado com [nomeie aqui a qualidade escolhida]*". Não faça nada depois disso. Apenas sinta o processo durante 10 minutos. Depois de 10 minutos, afirme: "*É minha intenção compartilhar a qualidade que eu restaurei com a mulher em minha tela visual*". Durante 10 minutos, apenas compartilhe a qualidade que você restaurou com a mulher na tela. Depois de 10 minutos, libere a mulher na tela e em seguida libere a tela. Duurante 5 minutos, apenas sinta a mudança que vivenciou. Em seguida, conte de 1 até 5 e finalize a meditação, tomando consciência do ambiente à sua volta. Repita tantas vezes quantas julgar necessário.

Se você continuar a praticar a Meditação da Renovação Pessoal até que todas as suas funções mentais sejam restauradas, será capaz de manifestar as qualidades universais do feminino sem que o medo ou a vergonha perturbem sua vida e seus relacionamentos.

Resumo

Neste capítulo, você aprendeu como uma experiência traumática pode incapacitar uma pessoa tanto no nível energético como no nível sutil. E aprendeu a fazer exercícios destinados a curar feridas energéticas comuns a todos os tipos de trauma. Os exercícios apresentados lhe permitem liberar intrusões de energia distorcida, curar a fragmentação e intensificar o fluxo de prana através do seu campo energético.

Você também aprendeu a curar os sintomas de segunda geração do trauma que emergem dos quatro eventos traumáticos mais comuns que as pessoas vivenciam no mundo moderno.

No próximo capítulo, você aprenderá a melhorar sua fertilidade e a superar as complicações que acompanham a gravidez, incluindo cólicas e ataques de pânico. Também aprenderá a curar as feridas energéticas causadas por um aborto espontâneo, um aborto provocado ou uma morte fetal.

ONZE

A Cura de Feridas Associadas à Reprodução

✣

Neste capítulo, examinaremos a fertilidade e as feridas energéticas que podem acompanhar a gravidez e o nascimento. Em seguida, forneceremos soluções energéticas para melhorar a fertilidade e curar de modo permanente essas feridas. Começaremos nosso estudo examinando a fertilidade.

No século XXI, a fertilidade se tornou um dos principais problemas para mulheres e casais que querem ter filhos e constituir uma família. Só nos Estados Unidos, mais de 10% dos casais em idade de reprodução enfrentam problemas para conceber.

Muitas mulheres com problemas para engravidar procuraram clínicas de fertilidade. Embora essa seja sempre uma opção, a experiência nos ensinou que a condição do campo de energia de uma mulher pode ter um efeito significativo sobre sua capacidade para conceber e dar à luz um bebê saudável.

Para ajudar as mulheres a melhorar a fertilidade, incluímos um regime energético que temos usado com sucesso com mulheres que vieram até nós pedindo ajuda. Ele se divide em três partes. Na primeira, você vai preparar e depois tomar o chá da fertilidade.

Para aquelas de vocês que nunca usaram chás de ervas para a cura, pode causar surpresa saber que eles têm uma longa tradição na Ásia, especialmente nas medicinas ayurvédica e chinesa. Chás têm sido usados para curar vários problemas, para promover a boa saúde e para aumentar e intensificar a fertilidade.

Chá da fertilidade

A preparação e o consumo de chá da fertilidade são igualmente importantes, por isso recomendamos que considere esses atos parte de um ritual sagrado. É essencial que você mesma prepare o chá, sem interferência de outras pessoas ou de seu celular, computador ou televisão. Para preparar o chá da fertilidade, você vai precisar de cinquenta gramas dos seguintes ingredientes: alquemila ou pé-de-leão (Alchemilla), erva-de-são-joão (Hypericum), garança (Galium), erva-de-são-roberto (Geranium robertianum), mil-folhas ou milefólio (Achhilea millefolium) e meliloto (Melilotus).

Depois de ter reunido todos os ingredientes para o chá, misture-os para que estejam prontos para a bebida. Uma colher de sopa será o suficiente para preparar uma xícara grande. Em seguida, use o Método Padrão para relaxar os músculos e se centrar em sua mente autêntica. Assim que estiver centrada, abra os olhos e, durante os 9 minutos seguintes, prepare uma quantidade de chá da fertilidade suficiente para uma xícara grande. Quando o chá estiver pronto, beba-o quente. Repita o mesmo processo diariamente até ficar grávida (Trieb).

A massagem do desejo por um bebê

Outra técnica que irá aumentar a fertilidade é a da massagem do desejo por um bebê, uma massagem que você realizará em si mesma. Essa massagem funciona porque aumenta e equilibra o fluxo de prana através dos órgãos reprodutores, em particular o útero. Isso, por sua vez, melhora a saúde do sistema imunológico e ajuda a reduzir a tensão física e psicológica. Também pode ajudar a reposicionar um útero inclinado, melhorar a má circulação no útero e no colo do útero e promover um equilíbrio hormonal mais saudável.

Exercício: A Massagem do Desejo por um Bebê

Recomendamos que você use um óleo natural com um aroma agradável para a massagem do desejo por um bebê e que a pratique 2 ou 3 vezes por semana até engravidar. Recomendamos também que beba uma xícara de chá da fertilidade após terminá-la.

Aqueça o quarto onde fará a massagem antes de começar. Em seguida, deite-se de costas. Use o Método Padrão para relaxar os músculos e se centrar em sua mente autêntica. Depois, aplique o óleo na pele acima do abdômen e da pelve. Com a palma da mão positiva, que é a mão direita se você for destra e a esquerda se for canhota, comece a massagear sua pelve durante 2 minutos e então mova a mão diagonalmente ao longo dos ossos do quadril, primeiro do lado direito e depois do lado esquerdo da pelve. Repita 3 vezes. Em seguida, forme uma concha com a mão positiva, usando-a como uma pá, puxe-a para cima desde o monte de Vênus até o plexo solar. Aplique pressão suficiente de modo que sinta os músculos do útero relaxando. Conforme sua confiança vá aumentando, você pode aplicar mais pressão com o lado da mão. Inale em cada uma dessas "braçadas", enquanto deixa que sua respiração a conduza para cima.

Constatamos que cerca de vinte "braçadas" são suficientes para relaxar o útero. Depois de realizar vinte movimentos ascendentes, leve as duas mãos até o monte de Vênus. Separe-as então lentamente e mova-as ao longo do abdômen, em direção aos pontos altos nos ossos dos quadris. Enquanto você as move, faça pequenos movimentos circulares com os dedos indicador, médio e anelar de cada mão.

Ao usar as pontas dos dedos como um ponteiro laser, você sentirá as concentrações de energia distorcida e de bagagem kármica enterradas nos tecidos profundos. Em seguida, use sua intenção e sua atenção mental para envolver cada concentração de energia distorcida com uma caixa de prana. Então, execute o Mudra da Felicidade Orgásmica (ver Capítulo 4). Enquanto mantém este mudra, afirme: "*É minha intenção preencher com felicidade todas as caixas de prana que criei e liberar toda a energia distorcida que há dentro delas*". Assim que terminar, feche os olhos e, durante 10 minutos, apenas sinta as mudanças que vivenciou. Em seguida, conte de 1 até 5 e finalize o exercíco, tomando consciência do ambiente à sua volta. Depois da massagem, tome uma xícara de chá da fertilidade.

Exercício para Intensificar a Fertilidade

O exercício para intensificar a fertilidade vai aumentar o fluxo de energia feminina através dos seus órgãos reprodutores. Isso, por sua vez, vai intensificar os processos de fertilização e concepção. O exercício é constituído de três partes.

Na primeira, você precisa usar a intenção e a atenção mental para criar uma tela visual. Em seguida, precisa usar a intenção e a atenção mental para criar um pincel energético com o qual vai limpar os ovários, as tubas uterinas e o útero. Na segunda parte, você precisa preencher seus ovários com prana. E na terceira parte vai ativar seu segundo e seu quinto chakras e se centrar nos campos correspondentes a esses chakras.

Para iniciar o exercício, encontre uma posição confortável, mantendo a coluna ereta. Feche os olhos e respire fundo pelo nariz durante 2 ou 3 minutos. Faça então duas contagens regressivas, de 5 até 1 e, depois, de 10 até 1. Use o Método Padrão para relaxar os músculos e se centrar em sua mente autêntica. Então, afirme: "*É minha intenção criar uma tela visual de dois metros e meio de largura na minha frente*". Continue, afirmando: "*É minha intenção visualizar uma imagem de mim mesma na tela à minha frente*". Em seguida, afirme: "*É minha intenção criar um pincel energético*". Assim que o pincel energético aparecer, apanhe-o e use-o para limpar os ovários, as tubas uterinas e o útero. Depois que você estiver satisfeita porque seus órgãos reprodutores terão sido limpos de todas as impurezas, libere a ferramenta de limpeza e afirme: "*É minha intenção preencher com prana meus órgãos reprodutores*". Continue a preenchê-los com prana até que eles comecem a brilhar com a energia. Em seguida, afirme: "*É minha intenção ativar meu segundo chakra*". Então, afirme: "*É minha intenção me centrar no campo do meu segundo chakra*". Em seguida, afirme: "*É minha intenção me centrar no meu segundo chakra*". Quando estiver centrada no campo do seu segundo chakra, afirme: "*É minha intenção ativar meu quinto chakra*". Então, afirme: "*É minha intenção me centrar no campo do meu quinto chakra*". Durante 10 minutos, apenas sinta o brilho intensificado da energia nos seus chakras e órgãos reprodutores. Depois de 10 minutos, libere a imagem de si mesma na tela e libere a tela visual, conte de 1 até 5 e finalize a meditação, tomando consciência do ambiente à sua volta. Repita todos os dias até ficar grávida.

Gravidez

A gravidez pode ser um desafio para qualquer mulher, pois exige muito do corpo e do campo de energia dela e porque divide a atenção mental, tornando ainda mais difícil se dedicar à carreira e aos cuidados com a família. Soma-se ao fardo de uma mulher durante a gravidez as cólicas abdominais e os ataques de pânico. Como essas condições têm um fundamento energético e afligem muitas grávidas, incluímos exercícios destinados especificamente para superá-las.

Cólicas durante a gravidez

Cólicas abdominais durante a gravidez podem ser tão dolorosas a ponto de incapacitar uma mulher. A fim de superar as cólicas abdominais, desenvolvemos o Mudra para o Alívio Abdominal, que vai intensificar o fluxo de prana através da pelve e promover o fluxo de energia através dos chakras que fornecem prana ao abdômen, incluindo o segundo chakra, o chakra etérico inferior, o chakra físico inferior e o chakra material físico inferior. O mudra também estimula o ponto de acupuntura no cólon, que libera prana do primeiro chakra e estimula a kundalini-shakti, uma das formas mais poderosas de energia feminina em seu campo de energia.

Você pode usar o mudra para aliviar a dor assim que sentir que as cólicas começam a se manifestar. Nesse caso, mantenha o mudra durante pelo menos 10 minutos e repita-o a cada meia hora até que as cólicas já não a perturbem. Se você praticar esse mudra regularmente (uma vez por dia) quando engravidar, é possível evitar totalmente as cólicas.

Figura 16: O Mudra para o Alívio Abdominal

Exercício: O Mudra para o Alívio Abdominal

Para iniciar o Mudra para o Alívio Abdominal, encontre uma posição confortável, mantendo a coluna ereta. Feche os olhos e respire fundo pelo nariz durante 2 ou 3 minutos. Use o Método Padrão para relaxar os músculos e se centrar em sua mente autêntica. Em seguida, una os dedos indicadores em um "abraço", juntando as pontas. Continue, juntando as pontas dos polegares.

Dobre os dedos médios, anelar e mínimo de cada mão em direção às palmas e aplique um pouco de pressão sobre o monte de Vênus (a base do polegar) com as pontas dos dedos curvadas. Mantenha este mudra durante 10 minutos e repita-o todos os dias enquanto estiver grávida.

Ataques de pânico durante a gravidez

Os ataques de pânico são, em essência, episódios de estresse mental intenso combinados com sintomas físicos. Podem ser tão insuportáveis a ponto de sobrecarregar o sistema nervoso da mulher.

Por que as pessoas têm ataques de pânico continua a ser um mistério para os cientistas e profissionais da área médica. No entanto, com base em nossa pesquisa, aprendemos que o fluxo de prana pode ficar bloqueado por causa das flutuações hormonais durante a gravidez, os traumas energéticos, a reemergência de questões kármicas e as feridas energéticas que as suportam. Acrescentando-se a isso a sensibilidade intensificada, o medo que a mulher pode sentir quando está grávida e a perda de liberdade, não surpreende o fato de que algumas mulheres sintam ataques de pânico.

Para superá-los, desenvolvemos o Mudra para o Ataque de Pânico, que se destina especificamente a impedir que o campo de energia de uma mulher fique sobrecarregado. Depois de aprender a executar o mudra, você vai combiná-lo com duas outras atividades que podem ser usadas quando um ataque de pânico é iminente ou já está em curso.

Exercício: O Mudra para o Ataque de Pânico

Para executar o Mudra para o Ataque de Pânico, encontre uma posição confortável mantendo a coluna ereta. Deixe as solas dos pés bem apoiadas no chão e a língua na sua posição normal. Feche os olhos e respire fundo pelo nariz durante 2 ou 3 minutos. Use o Método Padrão para relaxar os músculos e se centrar em sua mente autêntica. Em seguida, deslize a ponta da língua até o topo da boca. Então, deslize-a para trás até onde o palato se torna macio e a mantenha lá. A seguir, cruze o polegar direito sobre o polegar esquerdo. Em seguida, dobre os dedos indicadores e os pressione um contra o outro desde as pontas até a primeira articulação. Depois, crie dois triângulos juntando as pontas dos dedos médios e também as pontas dos dedos anelares. Dobre os dedos mínimos de modo que eles se toquem desde a primeira até a segunda articulação. Mantenha este mudra durante 10 minutos. Repita-o tantas vezes quantas julgar necessário.

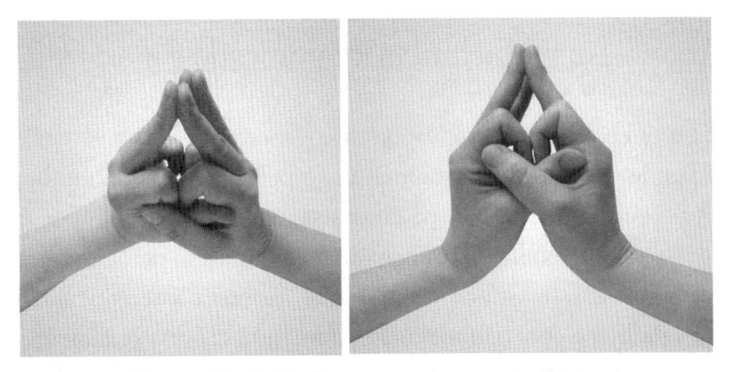

Figura 17: O Mudra para o Ataque de Pânico

Tratamento de emergência para o ataque de pânico

Quando um ataque de pânico for iminente ou já esteja em curso, recomendamos que faça três coisas. Primeiro, tome um banho com água fria, o que irá saturar seu corpo com íons negativos. Íons negativos aumentarão o nível de serotonina química no cérebro, que melhora seu humor. Isso ajudará a aliviar o estresse e a aumentar a energia, fatores que ajudarão a superar ataques de pânico.

Depois de tomar o banho durante alguns minutos, sente-se em um lugar confortável e execute o Mudra para o Ataque de Pânico. Mantenha este mudra enquanto ativa seu terceiro chakra.

Então, se centre no campo do terceiro chakra. Quando estiver centrada no campo do terceiro chakra, libere o mudra e comece a entoar o om a partir do terceiro chakra até que a calma tenha sido restaurada.

Om é o som cósmico, que emergiu quando o universo foi criado. O efeito terapêutico dele é bem conhecido, especialmente quando é usado com as meditações e os mudras apropriados.

Aborto espontâneo, aborto provocado e morte fetal

Perder um bebê por aborto espontâneo, aborto provocado ou morte fetal pode ser um evento traumático, especialmente para mulheres na primeira gravidez. Nas páginas a seguir, faremos o melhor que pudermos para explicar o que acontece quando se perde um bebê, com foco mais específico naquilo que acontece energeticamente com a mulher e com o filho não nascido, fornecendo exercícios para curar as feridas do aborto espontâneo, da morte fetal e de abortos provocados. Isso lhe permitirá se libertar do doloroso legado desses eventos e ajudará a alma do seu filho não nascido a prosseguir com alegria sua jornada evolutiva.

O legado energético do aborto espontâneo, do aborto provocado e da morte fetal

Embora algumas mulheres possam sofrer fisicamente durante anos após a perda de um filho, os desafios não se limitam às questões físicas. Os efeitos psicológicos e energéticos podem ser devastadores tanto para a mulher como para o filho não nascido e a família.

Para muitas mulheres, o processo de luto começa logo após a perda da criança como um reflexo do trauma físico, psicológico e energético. Uma mulher pode tentar reprimir ou controlar as inevitáveis tristeza e mágoa, mas normalmente isso não funciona muito bem, porque as feridas energéticas subjacentes à perda raramente são curadas. Como resultado, muitas mulheres sofrem com sentimentos não resolvidos de autorrecriminação e de saudade e acabam se isolando de amigos e da família após a perda.

De uma perspectiva energética, a perda de uma criança por aborto espontâneo, aborto provocado ou morte fetal é um trauma sério tanto para a mãe como para a criança porque o dharma de uma mãe e seu propósito para encarnar estão estreitamente ligados à ligação kármica que ela tem com o filho não nascido. Quando um filho é perdido, a ligação que eles têm um com o outro é quebrada. E isso traz consequências de longo alcance tanto para a criança não nascida como para a mãe.

A história de Tamara

A experiência de Tamara ilustra quão traumática pode ser a perda de uma criança durante a gravidez. Começamos a trabalhar com Tamara em 2010, quando ela tinha 34 anos.

Depois de trabalhar conosco durante quase um ano, ela visitou uma clínica de fertilidade e, com sua ajuda, engravidou. Com seis meses de gravidez, sua bolsa estourou quando ela estava no aeroporto. Ela foi socorrida rapidamente, mas perdeu o filho na ambulância a caminho do hospital.

Essa perda teve um profundo efeito sobre Tamara. Ela se fechou, se afastou da família e dos amigos e permaneceu profundamente deprimida durante vários meses. Seus níveis hormonais estavam tão desequilibrados que ela continuou a produzir leite durante quase um ano.

Depois de vários meses, ela começou a se abrir e começamos a tratar o trauma energético vivenciado por ela e pelo filho não nascido. Para reequilibrar seus hormônios, nós a tratamos com Hormeel, um remédio homeopático alternativo e lhe fornecemos um regime de trabalho energético que ela praticou durante doze semanas, período em que ela restaurou sua identidade afirmativa da vida, removendo intrusões e reintegrando três veículos energéticos. Ela ativou com sucesso o segundo e o quinto chakras e se centrou nos campos de energia correspondentes a esses chakras. Ela criou uma curativo prânico (ver p. 217) para curar a ferida em sua pelve e usou as técnicas que lhe ensinamos para liberar o filho e ajudar a alma dele a prosseguir com alegria em sua jornada.

Cinco meses depois desse processo ela engravidou, e então nós interrompemos nosso trabalho. Oito meses mais tarde ficamos sabendo que ela havia dado à luz um menino saudável.

O custo energético para a mãe

Embora o debate sobre qual o momento em que a alma do não nascido chega ao útero esteja ainda ativo, nosso trabalho com as mulheres indica que a ligação energética é estabelecida logo no início da gravidez.

Uma transferência começa assim que essa ligação é estabelecida, e elementos da alma da criança, incluindo os veículos energéticos, começam a descer para o feto em desenvolvimento. Se o processo for interrompido por um aborto espontâneo, por um aborto provocado ou por uma morte fetal, alguns desses veículos energéticos permanecerão presos no campo de energia da mãe, outros se perderão no trânsito e outros ainda permanecerão no não nascido, em vão, esperando para descer.

Os corpos de energia que já desceram no corpo da mãe não podem facilmente se reunir com o feto não nascido depois de um aborto espontâneo, um aborto provocado ou uma morte fetal. Na maioria dos casos, eles ficarão presos no campo de energia da mãe, o que explica por que a maioria das mulheres que teve um aborto espontâneo, um aborto provocado ou uma morte fetal carregam um apego ao filho não nascido por muitos anos.

Os corpos de energia presos em trânsito também serão afetados. Eles serão separados dos campos de recursos informacionais, que normalmente lhes fornecem energia e consciência. Esses corpos procurarão freneticamente por um refúgio seguro, um refúgio que lhes forneça a energia e a consciência de que precisam. Alguns desses corpos de energia encontrarão uma segurança duvidosa nos campos de energia de outras pessoas. Outros corpos de energia serão violados por campos de energia e de consciência predadores, que se alimentam do prana que eles contêm. Corpos de energia que permaneçam na mãe ou encontrem segurança em outras pessoas criarão apegos insalubres entre o não nascido e seu hospedeiro (ou hospedeiros).

Esses apegos podem durar muitas vidas, porque cada corpo de energia está ligado ao campo de energia da alma por um cordão de prata. Cordões de prata constituem uma parte essencial da anatomia não física do não nascido. Quando a alma do não nascido encontrar outra mãe por meio da qual possa encarnar, ela sentirá a perda desses corpos e fará o possível para encontrá-los e reintegrá-los. Mas sem o conhecimento nem a capacidade para fazer isso, essa será uma tarefa difícil de realizar.

Para curar as feridas da mãe e da criança, incluímos uma série de exercícios destinados especificamente a ajudá-los a superar o trauma causado por um aborto espontâneo, por um aborto provocado ou por uma morte fetal.

A série inclui um exercício para liberar o apego à alma do não nascido e um curativo prânico para curar a ferida energética sofrida pela mãe. Isso também inclui um exercício para ajudar a criança não nascida a completar sua viagem de vida com todos os seus corpos de energia intactos.

Exercício: A Liberação da Alma de um Filho Não Nascido

Você deveria liberar o apego à alma de seu filho não nascido se essa criança foi perdida por negligência sua ou porque teve um aborto. Se você se sente culpada pela sua perda, você também deve se liberar do seu apego à alma do filho não nascido. Liberar-se do apego relacionado a isso tem vários efeitos karmicamente importantes. Se a mãe foi responsável, liberar-se ajudará a reconhecer esse fato e oferecerá sinceros lamentos pela interrupção da jornada de vida da criança. E se a mãe não foi culpada, permitirá que ela libere a culpa e a vergonha que carrega para que possa completar o processo de autocura.

Para ser eficaz, o processo precisa remover o apego kármico e apagar a dívida kármica. E isso deve ser dado livremente. O processo tem duas partes. Na primeira parte, é preciso descrever com precisão as ações que violaram o filho não nascido. Na segunda, é preciso expressar o arrependimento sincero que sente por prejudicar energeticamente a criança não nascida ao impedir que ela encarnasse na Terra.

Quando estiver pronta para iniciar, sente-se em um lugar calmo. Feche os olhos e respire fundo pelo nariz durante 2 ou 3 minutos. Faça contagens regressivas de 5 até 1 e, depois, de 10 até

1. Em seguida, use o Método Padrão para relaxar os músculos e se centrar em sua mente autêntica.

Quando estiver relaxada, afirme: "*É minha intenção ativar meu chakra do coração*". Então, afirme: "*É minha intenção me centrar no campo do chakra do meu coração*". Continue, afirmando: "*É minha intenção voltar meus órgãos de percepção para dentro, no nível de meu chakra do coração*". Durante um instante, apenas sinta essa mudança. Então, afirme: "*É minha intenção visualizar uma tela de dois metros e meio na minha frente*". Continue, afirmando: "*É minha intenção visualizar meu filho não nascido na tela à minha frente*". A criança aparecerá na tela com uma idade apropriada para continuar sua jornada.

Para se libertar do apego, afirme: "*Estou sinceramente arrependida por lhe causar dor e por desempenhar um papel na interrupção da viagem de sua vida*". Olhe diretamente para a criança quando fizer a afirmação. Depois de terminar a afirmação e sentir que a criança aceitou seus arrependimentos sinceros, você pode dizer adeus ao seu filho não nascido. Para isso, você irradiará energia de seu chakra do coração à criança. E quando aceitá-la, afirme: "*Eu o liberto para que você continue sua jornada evolutiva. Adeus*". Em seguida, libere a criança e libere a tela. Contando de 1 até 5, finalize a meditação, tomando consciência do ambiente à sua volta.

Depois que o não nascido aceitou seus arrependimentos, você pode ajudá-lo a prosseguir alegremente em sua jornada de vida, devolvendo os veículos energéticos dele que permanecem aprisionados em seu campo de energia.

Exercício: Ajude a Criança a Completar sua Jornada de Vida

Para iniciar o processo, prepare uma banheira com água quente e com uma quantidade suficiente de sal do Mar Morto (você pode comprar sal do Mar Morto em sites especializados). Então, deite-se na banheira com as pernas separadas. Feche os olhos e respire fundo pelo nariz durante 2 ou 3 minutos. Em seguida, faça duas contagens regressivas, de 5 até 1 e, depois, de 10 até 1. Use o Método Padrão para relaxar os músculos e para se centrar em sua mente autêntica.

Então, afirme: "*É minha intenção que o sal em meu banho absorva toda a energia distorcida associada com a perda da minha criança não nascida*". O sal marinho tem a capacidade de absorver energia distorcida nos níveis material físico, físico e etérico. Durante 5 minutos, apenas sinta esse processo. Então, afirme: "*É minha intenção envolver todos os veículos energéticos de minha criança não nascida em meu campo de energia com caixas de prana*". Em seguida, execute o Mudra da Felicidade Orgásmica (ver Capítulo 4). Mantenha este mudra enquanto afirma: "*É minha intenção que a felicidade descontamine todos os veículos energéticos da minha criança não nascida no meu campo de energia. E que todos os veículos energéticos que permaneçam dentro dele retornem diretamente ao seu lugar apropriado no universo*". Em seguida, libere o mudra. Deite-se na água durante 15 minutos e permita que os veículos energéticos da criança não nascida sejam purificados e se reúnam com a alma dela. Repita até saber que a criança não nascida está novamente prosseguindo alegremente sua jornada de vida. Você saberá que esse processo está completo quando não sentir mais um apego insalubre pela criança não nascida.

Exercício: O Curativo Prânico

O exercício final deste capítulo é um curativo prânico. Um curativo prânico terá um impacto profundo na sua saúde psicológica e na saúde do seu campo de energia, pois selará a ferida energética criada por um aborto espontâneo, um aborto provocado ou uma morte fetal. A criação de um curativo prânico compreende um processo que dura cinco dias.

Dia 1

Para iniciar o processo, encontre uma posição confortável, mantendo a coluna ereta. Feche os olhos e respire fundo pelo nariz durante 2 ou 3 minutos. Então, faça duas contagens regressivas, de 5 até 1 e, depois, de 10 até 1. Use o Método Padrão para relaxar os músculos e se centrar em sua mente autêntica. Então, afirme: "*É minha intenção visualizar uma tela de dois metros e meio de largura à minha frente*". Continue, afirmando: "*É minha intenção me visualizar na tela*". Quando você aparecer na tela, afirme: "*É minha intenção visualizar que meu abdômen está envolvido por um curativo feito de prana*". Depois de criar o curativo, durante 10 minutos, apenas sinta esse processo, libere a imagem de si mesma e da tela e, contando de um até cinco, finalize a meditação, tomando consciência do ambiente à sua volta.

Dias 2 a 4

Nos dias 2, 3 e 4, encontre uma posição confortável, mantendo a coluna ereta. Feche os olhos e respire fundo pelo nariz durante 2 ou 3 minutos. Então, faça duas contagens regressivas, de 5 até 1 e, depois, de 10 até 1. Use o Método Padrão para relaxar os músculos e se centrar em sua mente autêntica. Então, afirme: "*É minha intenção visualizar uma tela de dois metros e meio de largura à minha frente*".

Continue, afirmando: "*É minha intenção me visualizar na tela*". Então, afirme: "*É minha intenção substituir meu antigo curativo prânico por um novo*". Depois de ter substituído o curativo prânico por um novo, afirme: "*É minha intenção preencher meu útero e minha vagina com prana*". Durante mais 10 minutos, apenas sinta esse processo, libere a imagem de si mesma e a tela e, contando de 1 até 5, finalize a meditação, tomando consciência do ambiente à sua volta.

Dia 5

No quinto dia, encontre uma posição confortável, mantendo a coluna ereta. Feche os olhos e respire fundo pelo nariz durante 2 ou 3 minutos. Em seguida, faça duas contagens regressivas, de 5 até 1 e, depois, de 10 até 1. Use o Método Padrão para relaxar os músculos e se centrar em sua mente autêntica. Em seguida, afirme: "*É minha intenção visualizar uma tela de dois metros e meio de largura à minha frente*". Continue, afirmando: "*É minha intenção me visualizar na tela*". Depois de aparecer na tela, afirme: "*É minha intenção substituir meu curativo prânico velho por um novo*". Depois que você substituiu o curativo prânico por um novo, afirme: "*É minha intenção preencher de prana meu útero e minha vagina*". Depois disso, visualize que o prana que preencherá seu útero e sua vagina irradiou no curativo prânico e criou um grande campo de prana que preenche seu abdômen.

Durante mais 10 minutos, apenas sinta esse processo. Em seguida, libere tanto a imagem de si mesma como a tela visual. Para completar o processo, conte de 1 até 5, abra os olhos e finalize a meditação, tomando consciência do ambiente à sua volta. Repita tantas vezes quantas julgar necessário.

Resumo

Neste capítulo, você aprendeu a usar remédios e exercícios simples para intensificar sua fertilidade. Em seguida, aprendeu a curar as complicações que podem acompanhar a gravidez, incluindo cólicas e ataques de pânico.

Por fim, você aprendeu a curar as feridas criadas pela perda de uma criança não nascida. No próximo capítulo, você aprenderá a recuperar sua potência sexual abrindo espaço para a paixão, aprenderá a intensificar o fluxo de prana através de seus órgãos sexuais e a intensificar seu desejo sexual para que possa vivenciar mais alegria e intimidade nos relacionamentos.

DOZE

A Restauração da Potência Sexual

✣

Helen F. Fisher escreveu, em *The Sex Contract: The Evolution of Human Behavior*:

> Nossa espécie é consagrada ao sexo: falamos e rimos a respeito dele, cantamos sobre ele, nós fazemos amor regularmente... Por quê? Porque uma mulher pode manter um estado permanente de excitação. Fisicamente, ela pode fazer amor todos os dias de sua vida adulta, mesmo quando está grávida.

Embora nenhuma outra espécie tenha uma fêmea geneticamente programada para o amor e o erotismo, é raro encontrar uma mulher satisfeita com sua vida sexual. Há duas razões para isso. A primeira é que a maioria das mulheres teve o erotismo e a sensualidade naturais bloqueados por interrupções ou rupturas em seu campo de energia. A segunda é que muitas instituições na sociedade ainda não honram o poder natural, a criatividade e a radiância da mulher.

Embora muitas mulheres nas modernas sociedades tecnológicas acreditem que são sexualmente liberadas, a inconveniente verdade é que, na maior parte do mundo, os valores fundamentais da sociedade ainda apoiam um contrato social que vê as mulheres como fracas e dependentes, ou como objetos sexuais.

Por haver tão pouco suporte para a expressão saudável da sensualidade e do erotismo natural femininos, as mulheres modernas têm poucas opções. Muitas jogam o jogo do mundo e substituem o erotismo e a sensualidade pela luxúria e pelo controle. Infelizmente isso não funciona por muito tempo como uma estratégia de relacionamento porque o erotismo e a sensualidade estão entranhados na própria estrutura do corpo físico e do campo de energia das mulheres. E sua substituição pela luxúria e pelo controle não as satisfazem nos níveis mais profundos da alma e do espírito.

Em seu livro informativo *The Woman's Encyclopedia of Myths and Secrets*, Barbara G. Walker classifica o erotismo atual de "a perseguição final do choque, da destruição e da morte". Ela acrescenta que

> Qualquer mulher que preste atenção reconhecerá que na sociedade ocidental os aspectos masculinos do erotismo e da sensualidade são excessivamente enfatizados, o que torna a sexualidade excessivamente permissiva, degradante e pornográfica. Isso pode ser visto na maneira como a sexualidade é expressa na mídia, na pornografia, nos livros e filmes e na internet – e na maneira como a ideia de que a luxúria e as atividades sexuais libertinas se dissociaram da intimidade e passaram a constituir o que se considera a libertação sexual. (Walker, 2007, pp. 1.019-1.020)

Nenhuma mulher séria poderia acreditar nisso. Pergunte a si mesma: "Uma mulher que ainda não tem o ouvido aberto às suas necessidades autênticas ou àquilo que a nutre e que a satisfaz seria sexualmente liberada?". Ou ela simplesmente se tornou um estereótipo de uma sociedade que ainda se interessa em retratar as mulheres como *sexy* e luxuriosas em todos os tipos de comportamento sexual, mesmo que isso não satisfaça suas necessidades mais profundas de amor e intimidade?

A verdade é que nem a supressão do desejo feminino nem a aceitação de uma visão masculina da sensualidade e do erotismo pode ser um modelo apropriado para uma mulher radiante. A mulher radiante é alguém que usa sua sensualidade e erotismo naturais para mergulhar na corrente da vida, onde os espíritos de homens e de mulheres entram em união e são transportados em êxtase.

A história de Katerina

A história de Katerina ilustra como a vida e os relacionamentos de uma mulher podem ser prejudicados por valores sexistas. Katerina tinha 33 anos de idade quando nos procurou. Sua primeira infância foi marcada pelo abuso sexual por parte do pai. Como muitas mulheres, ela se sentia tão envergonhada pelo que aconteceu que manteve o abuso em segredo.

Por causa da ferida kármica sofrida e da falta de confiança em si mesma e nos homens, sua sexualidade se tornou uma simples mercadoria que ela vendia pelo maior lance. Ela também usou a ira, que ela possuía em abundância, para obter um bom efeito. Essa raiva se tornou a base para uma pessoa luxuriosa que recorria a homens mais velhos e poderosos que ela intuitivamente sabia que serviriam como o velhote rico que a sustentaria. O sexo para ela era a moeda corrente que ela usava a fim de se agarrar aos homens e deles obter o que quisesse.

Ela continuou com esse padrão até que ficou grávida. Quando exigiu que o pai da criança a sustentasse, ele se recusou. E quando ela o pressionou recusando-se a dormir com ele, esse homem a abandonou.

Finalmente, ela conheceu outro homem que a desafiou emocionalmente. A insegurança e o medo emergiram e se tornaram tão intensos que ela por fim desmoronou e veio até nós pedindo ajuda.

Ela só nos contou sobre o abuso sexual na quarta sessão. Nós então lhe ensinamos dois exercícios destinados a curar suas feridas energéticas e para superar a visão sexista da sexualidade feminina que havia dominado sua vida por tanto tempo. Desde então ela fez notáveis progressos e tem sido capaz de viver com seu novo parceiro um relacionamento íntimo, que ainda enfrenta desafios, mas que se tornou mais saudável depois que Katerina passou a trabalhar com sucesso seus problemas de relacionamento. Katerina cria agora a filha em Berlim com seu parceiro Sebastian.

A criação de espaço para a paixão

Em uma sociedade onde as instituições ainda são fundamentadas em valores sexistas, a luxúria é muito valorizada. Ela substitui a paixão, o prazer, o amor, a intimidade e a alegria autênticos, que são seus verdadeiros companheiros e que nutrem a alma e o espírito de uma mulher. Se a luxúria domina uma mulher, a intimidade será excluída de seus relacionamentos íntimos e a satisfação que vem da intimidade e da paixão autêntica irá evaporar junto com sua sensibilidade por seu próprio corpo.

Para ajudá-la a superar a energia distorcida que é a base da luxúria e para curar sua alma desse legado, incluímos a Meditação para se Libertar da Luxúria. Esta meditação vai ajudá-la a melhorar as funções de seu campo do corpo de luz para substituir a luxúria pela paixão autêntica.

O campo do corpo de luz é um campo de recursos com uma vibração um estágio acima do campo essencial. Como o campo essencial, ela enche o campo de energia e o corpo físico e se estende para além dela em todas as direções.

Intensificando as funções do campo do corpo de luz e centrando-se nele, você encontrará dentro de sua alma um lugar onde a luxúria é superada pela paixão autêntica e suas autênticas qualidades femininas emergirão sem distorção.

Exercício: A Meditação para se Libertar da Luxúria

Para iniciar a Meditação para se Libertar da Luxúria, sente-se em uma posição confortável, mantendo a coluna ereta. Feche os olhos e respire fundo pelo nariz durante 2 ou 3 minutos e faça então duas contagens regressivas, de 5 até 1 e, depois, de 10 até 1. Use o Método Padrão para relaxar os músculos e se centrar em sua mente autêntica. Então, afirme: *"É minha intenção me centrar no campo do meu corpo de luz"*. Continue, afirmando: *"É minha intenção preencher com prana o campo do meu corpo de luz"*. Depois de preencher o campo do seu corpo de luz com prana, afirme: *"É minha intenção voltar para dentro os meus órgãos de percepção até o nível do campo do meu corpo de luz"*. Durante 10 minutos, apenas sinta esse processo, conte de 1 até 5 e finalize a meditação, tomando conciência do ambiente à sua volta. Repita-a todos os dias até que a luxúria não a perturbe mais nem interfira em sua paixão sexual natural.

Uma vida de paixão

As mulheres nem sempre foram aprisionadas pelos mesmos padrões sexuais distorcidos que aprisionaram Katerina. Havia no Oriente, nos primeiros tempos históricos, uma visão muito diferente do erotismo e da sensualidade femininos. Para a mulher ancestral, o sexo não tinha relação com luxúria e busca por orgasmos: compreendia uma série de atividades – mentais, emocionais, sensuais e sexuais – que se desdobravam lentamente que permitiam à mulher conhecer intimamente seu parceiro e compartilhar com ele sua paixão sexual (Walker, 2007, pp. 1.019-1.020.)

Os parceiros se aproximavam uns dos outros com seus sentidos abertos e ativos e compartilhavam prana livremente. Sua dança íntima lhes permitia se render ao profundo prazer e relaxamento que lhes levava ao equilíbrio e os curava em todos os níveis.

Acredita-se que em Çatal Hüyük, cidade mediterrânea da Anatólia, os parceiros expressavam abertamente sua sensualidade e exploravam seus relacionamentos sexuais com paixão e liberdade. A localidade foi descrita como uma cidade tântrica porque pesquisadores encontraram na região muitas relíquias que honravam a fertilidade e a Deusa Mãe (Lysebeth, 1990).

A queda de Çatal Hüyük ainda é um mistério. O que sabemos é que a sexualidade e o papel das mulheres tornaram-se objetificados em muitas sociedades modernas. Como resultado, casais tentam quase qualquer método para se sentir satisfeitos e alcançar a intimidade, como relações de servidão, vibradores, jogos de submissão-domínio e filmes adultos.

Infelizmente, apesar de todas essas ferramentas e técnicas sexuais, mulheres ou homens raramente estão satisfeitos com suas vidas sexuais. Isso leva a relacionamentos nos quais a intimidade e a partilha autêntica constituem a exceção e não a regra.

É tempo de reconhecer que uma vida sexual desequilibrada não poderá satisfazer uma mulher que procura se tornar radiante. É por isso que a mulher radiante vivencia seu corpo e sua sexualidade de maneira diferenciada. O erotismo dela não é baseado na luxúria e no controle, mas na intimidade e na fonte da energia feminina que proporciona poder sexual e paixão.

Agora que você realizou a Meditação para se Libertar da Luxúria, está pronta para recuperar seu poder e sua paixão sexuais praticando o regime de exercícios que incluímos nas páginas seguintes. No primeiro exercício, o Mudra para a Yoni, você vai retomar o controle dos centros de prazer no seu corpo e no seu campo de energia.

Exercício: O Mudra para a Yoni

Yoni é uma palavra sânscrita que significa "passagem divina" ou "lugar de nascimento". No nível físico, corresponde à vagina. Em um contexto mais amplo, também significa origem, fonte ou espaço sagrado: o espaço ocupado por uma mulher radiante em sua plenitude, tanto como manifestação do feminino universal como sua fonte de prazer sexual. Mulheres que praticam o Mudra para a Yoni experimentarão os benefícios que vêm de vivenciar e expressar plenamente o prazer. Para executar o Mudra para a Yoni, encontre uma posição confortável, mantendo a coluna ereta. Feche os olhos e respire fundo pelo nariz durante 2 ou 3 minutos. Use o Método Padrão para relaxar os músculos e se centrar em sua mente autêntica. Em seguida, junte as mãos, com as palmas abertas e viradas uma para a outra em um pequeno ângulo. Una os dedos mínimos na posição da primeira articulação. Em seguida, cruze os dedos anelares por trás dos dedos médios. Os dedos médios devem estar completamente estendidos e se tocando nas pontas. Os dedos anelares serão mantidos pressionados pelos dedos indicadores. Os polegares serão dobrados para dentro das palmas.

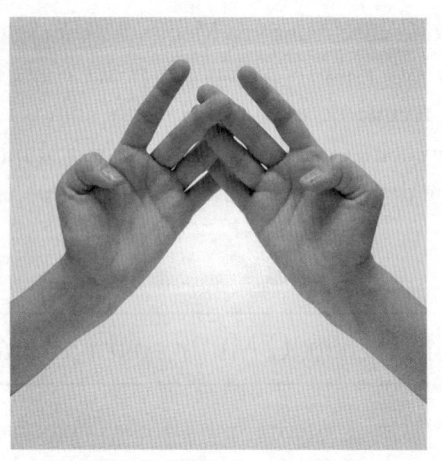

Figura 18: O Mudra para a Yoni

Se você executar o Mudra para a Yoni durante 10 minutos por dia ao longo de duas semanas, você experimentará mais prazer e terá mais liberdade para expressar seu erotismo natural e sua paixão sexual. Repita tantas vezes quantas julgar necessário.

Recuperar o controle dos centros de prazer é um pré-requisito para uma sexualidade saudável e alegre na qual seu erotismo natural e sua paixão sexual tornam-se capazes de irradiar. Após liberar os centros de prazer no seu campo de energia e no seu corpo físico, você estará pronta para intensificar seu desejo sexual.

A intensificação do desejo sexual

Infelizmente, muitas mulheres supõem ser algo natural a perda do desejo sexual depois do parto ou durante e após a menopausa. No entanto, a perda do desejo sexual não precisa acompanhar nenhuma dessas fases da vida de uma mulher, uma vez que desejo sexual está mais relacionado à condição do campo de energia de uma mulher do que com quaisquer eventos físicos, mesmo com aqueles relacionados à produção de hormônios.

Pesquisas médicas mostram que a produção de hormônios, mesmo aqueles relacionados ao prazer sexual, é afetada pelo estado mental da mulher (e, portanto, por sua condição energética). A dra. Doris Wolf, psicóloga da Universidade de Heidelberg, afirma: "A produção de hormônios sexuais, que leva ao prazer sexual, é inspirada pelo pensamento e pela fantasia. O filme da mente é o Viagra do corpo – o combustível que faz os hormônios realizarem sua dança".

Uma vez que fatores energéticos psicológicos e sutis desempenham um papel importante na libido das mulheres, o desejo sexual não é necessariamente diminuído quando a mulher envelhece. Embora seja verdade que o desejo sexual nas mulheres desperte um pouco mais tarde do que nos homens, as mulheres não precisam vivenciar um declínio no desejo sexual durante ou depois da menopausa, quando os níveis de estrogênio diminuem e os ovários produzem menos testosterona. O fato é que as mulheres maduras têm mais tempo para se focar em si mesmas e na sua vida sexual. Como resultado, a vida amorosa de uma mulher, bem como seu desejo sexual, pode florescer durante qualquer etapa da vida, até mesmo durante e depois da menopausa.

Por se tratar de uma energia com qualidades universais e que dá apoio ao desejo sexual e ao erotismo natural da mulher, a intensificação apropriada dessa energia pode potencializar tanto o erotismo natural como a sexualidade da mulher.

Para chegar a isso, você precisa executar os dois exercícios que ajudaram Katerina e Sebastian a intensificar o autêntico desejo sexual que os unia.

O primeiro exercício se chama Meditação para a Yoni, que vai ajudar você a aumentar seu desejo sexual antes e durante o sexo e a intensificar sua satisfação quando um homem a penetra e partilha com você sua energia sexual.

Exercício: A Meditação para a Yoni

Para executar a Meditação para a Yoni, sente-se ou deite-se em uma posição confortável, mantendo a coluna ereta. Feche os olhos e respire fundo pelo nariz durante 2 ou 3 minutos. Em seguida, faça duas contagens regressivas, de 5 até 1 e, depois, de 10 até 1. Use o Método Padrão para relaxar os músculos e se centrar em sua mente autêntica. Em seguida, dirija sua atenção mental para a vagina. Então, afirme: "*É minha intenção que, em cada inalação, o prana flua diretamente para minha vagina e para os centros de energia que a sustentam*". Quando você sentir a vagina vibrando ou brilhando com prana, contraia ao mesmo tempo os músculos que governam o movimento dela. Mentalmente, conte até 7 enquanto aumenta a pressão sobre a vagina. Então, exale pela boca e relaxe os músculos da vagina enquanto conta novamente até 7. Repita 25 vezes. Em seguida, respire normalmente e relaxe os músculos durante 10 minutos enquanto sente o prana e o desejo sexual intensificados que irradiam de sua vagina e dos centros de energia de sua pelve. Depois de 10 minutos, conte de 1 até 5, abra os olhos e finalize a meditação, tomando consciência do ambiente à sua volta. Repita tantas vezes quantas julgar necessário.

Depois de intensificar seu desejo sexual, você pode fazer o mesmo para seu parceiro porque suas redes e blindagens os conectam.

Exercício: A Intensificação do Desejo Sexual do seu Parceiro

Antes de tentar intensificar o desejo sexual do seu parceiro, peça permissão a ele. Em seguida, peça para ele fechar os olhos e respirar fundo pelo nariz durante o exercício.

Quando seu parceiro estiver relaxado, feche os olhos e respire fundo pelo nariz durante 2 ou 3 minutos. Em seguida, faça duas contagens regressivas, de 5 até 1 e, depois, de 10 até 1. Use o Método Padrão para relaxar os músculos e se centrar em sua mente autêntica. Em seguida, afirme: "*É minha intenção ativar meu segundo chakra*". Durante alguns instantes, apenas sinta essa mudança. Então, afirme: "*É minha intenção me centrar no campo do meu segundo chakra*". Tão logo tenha se centrado no campo do segundo chakra, dirija a atenção para sua vagina. Sopre para dentro de sua vagina de modo que o prana a preencha a cada inalação. Quando sentir a vagina vibrando ou brilhando com prana, puxe essa energia de sua vagina e conduza-a até os olhos a cada exalação.

Ao sentir que a energia sexual e o desejo emergem através dos olhos, abra-os e fite seu parceiro. Continue olhando fixamente para ele durante 10 minutos, ou enquanto se sentir confortável. Em seguida, conte de 1 até 5 e finalize a meditação, tomando consciência do ambiente à sua volta. Da mesma forma, peça ao seu parceiro para que conte de 1 até 5, abra os olhos e finalize a meditação.

Você pode usar a variação da Meditação para a Yoni do seu parceiro como parte do seu regime de trabalho com a energia ou antes de ter uma relação sexual. Em ambos os casos, se seu companheiro for aberto e receptivo, você vai intensificar rapidamente o desejo dele, e ambos vivenciarão uma relação sexual muito mais satisfatória.

Desejos conflitantes e desempenho sexual

O desejo sexual é um assunto complexo para muitas mulheres. Como Katerina, muitas mulheres têm os desejos naturais suprimidos ou distorcidos pela energia kármica ou por crenças restritivas. Desejos distorcidos podem facilmente entrar em conflito com a paixão e o desejo naturais de uma mulher por intimidade sexual e também podem interferir na capacidade dela para manifestar radiância. Afinal, uma mulher com uma mente conflituosa não pode manifestar nem compartilhar livremente sua paixão.

Para que uma mulher recupere sua paixão sexual natural, ela precisa superar os desejos conflitantes que emergem da bagagem kármica e das crenças restritivas. Isso é verdadeiro até mesmo para mulheres liberadas que vivem no século XXI. Isso acontece porque todas as mulheres já viveram antes e, como resultado, todas foram influenciadas pelo condicionamento cultural e religioso que vivenciaram no passado.

Desejo sexual e os seios

Ao contrário do que a maioria das pessoas acredita, a fonte primária do desejo e da paixão sexuais de uma mulher não é o clitóris, mas os seios. As mulheres são sexualmente excitadas mais rápida e plenamente quando os seios, e não outras partes de seus corpos, são estimulados.

Há várias razões para isso. Os seios correspondem ao chakra do coração. Como você deve se lembrar, o chakra do coração regula os direitos de uma mulher, que incluem o direito de ser ela mesma e o direito de se expressar como a mulher erótica e sensual que nasceu para ser. Há também uma relação polar entre os seios e a vagina. Uma mulher é masculina e afirma o prana e seu poder feminino natural por meio dos seios. E ela é feminina e aceita o prana por meio da vagina. Isso significa que a capacidade de uma mulher para afirmar seu poder feminino natural está mais estreitamente associada aos seios do que à vagina.

Os homens reconhecem isso em um nível inconsciente, o que explica o interesse tão grande deles pelos seios, não apenas como objetos sexuais, mas também como objetos de nutrição. Os seios também interessam aos homens porque não são apenas a manifestação externa do chakra do coração; são a manifestação externa do coração humano, do lado esquerdo do chakra do coração, e do "coração divino", o núcleo anímico conhecido como *Atman*, do lado direito, em sua contraparte imaterial. Isso significa que os seios estão associados com o amor por causa da relação deles com o coração humano, com a intimidade por causa da relação deles com o chakra do coração e com a transcendência por causa da relação deles com *Atman*.

A maioria dos homens, em consequência do seu condicionamento, pode não exprimir o anseio por essas três coisas. Porém, como toda mulher sabe, quando são desnudados até o âmago, a maioria dos homens anseia por eles.

Infelizmente, muitas mulheres tiveram a relação com os seios rompida porque as modernas sociedades ocidentais transformam os seios em objetos, separando-os das mulheres que os possuem. Isso torna os seios objetos de luxúria, o que pode romper a relação da mulher com eles. Quando essa relação for perturbada, a relação dessa mulher com seus três corações será rompida, e também o será a capacidade dela para afirmar seus direitos pessoais, inclusive seu direito de expressar livremente sua paixão sexual.

Volte a amar seus seios

Independentemente da relação conflituosa que as modernas sociedades ocidentais mantêm com os seios, você pode usá-los, bem como a energia que deles irradia, para restaurar seu desejo sexual natural.

No exercício a seguir, você aprenderá a amá-los novamente, de modo a poder irradiar prana livremente, sem distorção, dos seus três corações. Isso, por sua vez, intensificará seu desejo sexual e sua paixão.

Você pode não perceber isso, mas você ama as partes do seu corpo que lhe dão prazer ao permitir que o prana flua livremente através delas. A energia que irradia por essas partes do corpo lhes fornece a nutrição de que necessitam para funcionar e manter uma relação saudável com o restante do seu campo de energia e do seu corpo físico. Quando o prana irradia livremente através dos seus seios, você desfrutará a sensação que eles proporcionam, apreciará a aparência deles e seu desejo sexual natural emergirá através deles sem interrupção.

Por outro lado, o condicionamento cultural, a bagagem kármica e os efeitos secundários de traumas podem interferir na relação da mulher com os seios. Esses fatores podem fazê-la desaprovar, negligenciar ou negar o amor por eles ou fazê-la acreditar que seus seios não são atraentes.

Independentemente das razões pelas quais você desaprova, negligencia ou nega seu amor pelos seus seios, ao fazer isso restringirá o fluxo de prana que irradia através deles, e isso forçará a energia que emerge dos seios a se contrair. Depois de se contrair, eles responderão tornando-se excessivamente sensíveis ou perdendo a sensibilidade e tornando-se entorpecidos.

Exercício: Meditação para os Seios

Na Meditação para os Seios, você precisa preencher seus seios com prana. Quando tiver feito isso, eles irradiarão livremente e integrarão automaticamente sua energia com a energia que irradia das outras partes do seu corpo de modo que você vai poder compartilhar livremente seu desejo sexual natural.

Para iniciar o exercício, encontre uma posição confortável, mantendo a coluna ereta. Feche os olhos e respire fundo pelo nariz durante 2 ou 3 minutos. Em seguida, faça duas contagens regressivas, de 5 até 1 e, depois, de 10 até 1. Use o Método Padrão para relaxar os músculos e se centrar em sua mente autêntica. Então, afirme: "*É minha intenção ativar meu chakra do coração*". Continue, afirmando: "*É minha intenção me centrar no campo do meu chakra do coração*". Durante alguns instantes, apenas sinta essa mudança. Então, afirme: "*É minha intenção focalizar minha atenção mental em meus seios e preenchê-los com prana*". Depois de ter afirmado sua intenção, relaxe. O prana preencherá os seus seios sem qualquer esforço suplementar de sua parte.

Permita que o processo continue por 10 minutos enquanto sua atenção mental permanece focada nos seios. Depois de 10 minutos, conte de 1 até 5 e então abra os olhos. Você se sentirá totalmente desperta, relaxada e muito melhor do que se sentia antes.

Talvez você precise repetir o exercício várias vezes antes que seus seios irradiem prana livremente. No entanto, se praticar o exercício com regularidade, não demorará muito para que seu desejo sexual emerja naturalmente e você possa partilhá-lo livremente com seu companheiro.

Resumo

Neste capítulo, você recuperou sua paixão sexual autêntica executando a Meditação para se Libertar da Luxúria e o Mudra para a Yoni, e intensificando o fluxo de prana através dos seus órgãos sexuais. Você também aprendeu a intensificar seu desejo sexual e o do seu parceiro para poder compartilhar de mais intimidade e amor em sua relação sexual.

No próximo capítulo, você aprenderá a intensificar seu poder de cura criando seu próprio espaço de cura e aprendendo a se curar e a curar aqueles que ama nos níveis do corpo, da mente e do espírito.

Depois, você aprenderá a liberar o poder no sangue menstrual. Para facilitar esse processo, desenvolvemos um exercício chamado Meditação do Ciclo da Vida, que ajudará você a superar sentimentos e pensamentos negativos associados à menstruação e a reconhecer que o ciclo menstrual é uma manifestação do poder, da criatividade e da radiância da mulher.

TREZE
A Intensificação do Poder de Cura

✣

As mulheres nas sociedades matriarcais estavam seguras de que eram agentes naturais de cura, porque o prana que usavam para a cura provinha diretamente do feminino universal. Infelizmente, no mundo moderno a maioria das mulheres tem dificuldade para manifestar seu poder de cura pelas mesmas razões que dificultam a manifestação da sua criatividade. Por séculos, o poder das mulheres para curar e para criar tem sido uma ameaça para sociedades que não honraram as forças e capacidades naturais femininas.

No Ocidente, a demonização das mulheres que usavam seus poderes para curar tem um histórico longo e trágico, que começou com a destruição de sociedades matriarcais mas que ganhou força na Idade Média, quando agentes de cura e parteiras foram sistematicamente perseguidas.

Embora qualquer mulher que curasse fosse um alvo potencial durante a Idade Média, muitas mulheres em círculos esotéricos e em sociedades secretas na Europa e no Oriente Médio continuavam a curar. Mas elas raramente reconheciam que o fato de se voltar para espíritos e para campos de energia fora dos próprios espaços de cura as impedia de atingir seu potencial como agentes de cura e como mulheres. Essa situação continuou com poucas mudanças até o século XIX, quando uma notável mudança foi ocasionada pela introdução da teoria dos germes, a grande criação de Louis Pasteur. Ela mostrava que as doenças no corpo humano eram causadas pela presença de micróbios.

Quando esse novo paradigma criou raízes, a prática da medicina tornou-se mais mecânica – e mais dissociada do espaço de cura feminino, cuja importância passou desde então a ser quase que negligenciada por completo. E a energia sutil usada pelas mulheres para curar perdeu relevância diante do novo conceito de que havia uma simples relação de causa e efeito entre micróbios no corpo humano e saúde. Fatores como o bem-estar, a dieta e o estilo de vida eram quase que totalmente ignorados até o fim do século XX.

Até mesmo hoje, quando a presença da energia de cura é a única explicação racional para o efeito placebo e quando os médicos sabem que para cada célula humana há dez micróbios úteis vivendo no corpo humano, muitas pessoas ainda acreditam que a prescrição de drogas resolverá todas as suas enfermidades.

Para ilustrar como o espaço de cura de uma mulher pode ser importante, incluímos a história de Sabrina.

A história de Sabrina

No nosso primeiro encontro, Sabrina nos contou que teve uma infecção em um dente quando tinha 6 anos de idade, o que foi muito doloroso. Em vez de chorar e de procurar a ajuda da mãe, ela calmamente se dirigia para o quarto, se sentava e concentrava a atenção no dente que doía. Depois de algum tempo, afirmava: "*Eu quero que o meu dente pare de me causar dor*". Ela continuava a se concentrar no dente, sentindo a dor e atravessando-o até conseguir ver e sentir claramente a área infectada. Ela nos contou que podia sentir energia distorcida penetrando no dente e sabia que ela era a causa da dor. Ela também nos contou que se sentia confiante de que era capaz de remover a energia e fazer a dor ir embora. Foi essa confiança que a compeliu a repetir a mesma afirmação repetidas vezes, como um mantra.

Logo ela se viu mergulhada em uma sensação de euforia que tomou o lugar da dor e da ansiedade. Para sua mente de criança, o processo foi tão natural que ela não contou a ninguém sobre o que havia feito, e quando a dor se foi ela saiu para brincar.

Na manhã seguinte, ela contou o ocorrido para o pai. Mas, em vez de ficar contente com isso, ele lhe disse que a cura não era real e que a levaria ao dentista no dia seguinte.

No consultório do dentista, disseram-lhe que a cura fora uma coincidência, e não um resultado de algo que uma garotinha tivesse feito.

Anos se passaram, mas a memória daquele episódio nunca desapareceu. Quando ela veio a nós, logo reconhecemos que ela tinha a fantástica capacidade de focar a mente e reunir grandes quantidades de prana para a cura. Nós a encorajamos a voltar a curar e a ajudamos a criar seu próprio espaço de cura, de modo que pudesse coletar energia de cura e focalizá-la sem que bloqueios ou energia distorcida a atrapalhassem.

O que é o espaço de cura de uma mulher?

O espaço de cura de uma mulher é algo que ela cria dentro do campo de energia. É um lugar onde uma mulher pode usar suas habilidades de cura para curar o corpo, a alma e o espírito e fazer o mesmo pelas pessoas que ama.

Para criar seu espaço de cura, você combinará a energia e a consciência de dois campos de recursos informacionais, o campo de prakriti e o campo de empatia. Você já sabe que o campo de prakriti é o campo primordial de energia feminina. O que talvez não saiba é que o campo de prakriti desempenha um papel importante na cura, pois ele não está imediatamente sujeito às interações distorcidas que poluem outros campos de recursos informacionais, o que o torna menos propenso a impurezas. Com menos impurezas, a energia irradiará mais livremente, terá mais poder e intensificará a capacidade da mulher para realizar a cura tanto no nível físico como nos níveis sutis da energia e da consciência.

O campo de empatia é outro campo de recursos que intensifica a capacidade de cura feminina. Ele exerce um efeito poderoso sobre o relacionamento da mulher consigo mesma e com outras pessoas e proporciona um meio através do qual energia pode ser trocada de maneira abnegada, sem que o "eu" ou o ego se ponham no caminho.

Ao se centrar no campo de empatia, você criará um espaço de cura compassivo no qual você e os seus pacientes podem se encontrar energeticamente.

O campo da empatia tem três partes: o campo de empatia público, o campo de empatia pessoal e o campo de empatia transcendente.

Para criar seu espaço de cura com o propósito de curar a si mesma, curar outras pessoas ou curar seu relacionamento com a fonte da cura, você precisa se centrar no campo de prakriti e no campo de empatia apropriado. Para usar seu espaço de cura com o propósito de curar a si mesma, você precisa se centrar no seu campo de empatia pessoal. Para usar seu espaço de cura com o propósito de curar outras pessoas, você precisa se centrar no campo de empatia público. E para usar seu espaço de cura para curar seu relacionamento com a fonte da cura, você precisa se centrar no campo de empatia transcendente.

No exercício a seguir, você criará seu espaço de cura centrando-se no seu campo de prakriti e nos seus três campos de empatia.

Exercício: A Criação do seu Espaço de Cura

Para criar seu espaço de cura, encontre uma posição confortável mantendo a coluna ereta. Feche os olhos e respire fundo pelo nariz durante 2 ou 3 minutos. Em seguida, faça duas contagens regressivas, de 5 até 1 e, depois, de 10 até 1. Use o Método Padrão para relaxar os músculos e se centrar em sua mente autêntica. Então, afirme: "*É minha intenção me centrar no meu campo de prakriti*". Continue, afirmando: "*É minha intenção voltar meus órgãos de percepção para dentro no nível do meu campo de prakriti*". Durante um instante, apenas sinta essa mudança. Então, afirme: "*É minha intenção me centrar em meus três campos de empatia*". Continue, afirmando: "*É minha intenção voltar meus órgãos de percepção para dentro no nível dos meus três campos de empatia*". Durante 15 minutos, apenas sinta seu espaço de cura. Em seguida, conte de 1 até 5 e finalize a meditação, tomando consciência do ambiente à sua volta. Repita tantas vezes quantas julgar necessário.

Ao se centrar no campo de prakriti e em seus três campos de empatia, você criará um espaço de cura. Retornando a ele com regularidade e fortalecendo-o por meio de "ressonância", seu espaço de cura se tornará um refúgio seguro onde será possível ter acesso à energia de que precisa para curar a si mesma, curar outras pessoas e curar seu relacionamento com a fonte da cura.

Exercício: O Uso da Ressonância para Intensificar seu Espaço de Cura

Para manter seu espaço de cura é preciso conservá-lo forte e sem energias distorcidas. Para isso, incluímos um exercício denominado ressonância. Quando usada com regularidade, a ressonância fortalecerá seu espaço de cura para que seja possível reunir mais prana para a cura.

A ressonância pode ser praticada em quase todos os lugares onde você for capaz de produzir sons audíveis sem ser perturbada. Para obter a ressonância, sente-se em uma posição confortável mantendo a coluna ereta. Feche os olhos e respire fundo pelo nariz durante 2 ou 3 minutos. Em seguida, faça duas contagens regressivas, de 5 até 1 e, depois, de 10 até 1. Use o Método Padrão para relaxar os músculos e se centrar em sua mente autêntica. Em seguida, afirme: "*É minha intenção me centrar em meu campo de prakriti*". Durante alguns instantes, apenas sinta essa mudança. Então, afirme: "*É minha intenção me centrar em meu campo de empatia*". Continue, afirmando: "*É minha intenção preencher com prana o meu campo de prakriti*". Em seguida, afirme: "*É minha intenção preencher com prana o meu campo de empatia*". Quando estiver pronta para a ressonância, inspire dentro de seu espaço de cura, e quando expirar, entoe o om.

"Om", em sânscrito, é o som da vibração universal, o som que o universo emitiu no momento da criação. É também o som da força vital que segue animando todos os seres vivos.

À medida que entoar o om, sinta a energia no seu espaço de cura adquirir cada vez mais força. Você sentirá em pouco tempo que está afundando mais profundamente no seu espaço de cura. Entregue-se a esse sentimento e permita que o prana que vem do seu espaço de cura irradie através do seu corpo físico e do seu campo de energia. Pouco tempo depois, você sentirá que o om que está entoando se torna a expressão singular do que está sendo vivenciado e sentido por você. Não é necessário entoar em um tom de voz muito alto, mas é melhor quando a entoação ocorre de forma audível. Continue entoando durante cerca de 10 minutos e então, contando de 1 até 5, finalize o om, tomando consciência do ambiente à sua volta.

Os efeitos da ressonância, especialmente depois de executá-la durante alguns dias ou semanas, será intenso e profundo, e aumentará as dimensões do seu espaço de cura. Além disso, ao irradiar prana a partir dos campos de empatia, você poderá realizar a cura de maneira segura e com confiança crescente.

Após ter criado seu espaço de cura e começado a fortalecê-lo por meio da ressonância, você estará pronta para aprender uma técnica simples, que poderá usar para curar de maneira segura.

Exercício: Cure a Si Mesma

No exercício a seguir você usará seu espaço de cura para curar a si mesma, curando uma condição física ou um padrão que queira superar. Depois de ter escolhido o que será curado, sente-se em uma posição confortável, mantendo a coluna ereta. Feche os olhos e respire fundo pelo nariz durante 2 ou 3 minutos. Faça duas contagens regressivas, de 5 até 1 e, depois, de 10 até 1. Em seguida, use o Método Padrão para relaxar os músculos e se centrar em sua mente autêntica. Quando estiver pronta para continuar, afirme: "*É minha intenção me centrar em meu campo de prakriti*". Então, afirme: "*É minha intenção voltar os meus órgãos de percepção para dentro, até o nível do meu campo de prakriti*". Continue, afirmando: "*É minha intenção preencher com prana o meu campo de prakriti*". Durante alguns instantes, apenas sinta essa mudança. Então, afirme: "*É minha intenção me centrar no meu campo pessoal de empatia*". Continue, afirmando: "*É minha intenção voltar os meus órgãos de percepção para dentro até o nível do meu campo pessoal de empatia*". Em seguida, afirme: "*É minha intenção preencher com prana meu campo pessoal de empatia*". Durante alguns instantes, apenas sinta essa mudança. Então, afirme: "*É minha intenção que a energia de cura flua através do meu espaço de cura para dentro da área do meu corpo que escolhi curar*". Não faça nada depois disso. Apenas sinta esse processo. Permaneça durante 15 minutos realizando a cura e depois disso visualize a parte do corpo que escolheu curar e perceba que ela está brilhando, irradiando boa saúde. Então, conte de 1 até 5. Quando chegar ao número 5, abra os olhos e finalize o exercício, tomando consciência do ambiente à sua volta. Repita tantas vezes quantas julgar necessário.

No exercício seguinte, você usará seu espaço de cura para curar outra pessoa. É importante notar que, antes de tomar qualquer iniciativa, é essencial obter a permissão da pessoa, explicando-lhe o que você estará fazendo física e energeticamente.

Exercício: Cure Outra Pessoa

Para curar outra pessoa, sente-se em uma posição confortável, mantendo a coluna ereta. Escolha a condição que deseja curar e a mantenha em mente. Feche os olhos e respire fundo pelo nariz durante 2 ou 3 minutos. Em seguida, faça duas contagens regressivas, de 5 até 1 e, depois, de 10 até 1. Na sequência, use o Método Padrão para relaxar os músculos e se centrar em sua mente autêntica. Quando estiver pronta para continuar, afirme: "*É minha intenção me centrar em meu campo de prakriti*". Em seguida, afirme: "*É minha intenção voltar os meus órgãos de percepção para dentro, até o nível do meu campo de prakriti*". Continue, afirmando: "*É minha intenção preencher com prana o meu campo de prakriti*". Durante alguns instantes, apenas sinta essa mudança. Então, afirme: "*É minha intenção me centrar em meu campo de empatia público*". Continue, afirmando: "*É minha intenção voltar os meus órgãos de percepção para dentro, até o nível do meu campo de empatia público*". Em seguida, afirme: "*É minha intenção preencher com prana o meu campo de empatia público*". Durante alguns instantes, apenas sinta essa mudança. Então, afirme: "*É minha intenção criar uma tela visual de dois metros e meio de largura diante de mim*". Continue, afirmando: "*É minha intenção visualizar na tela diante de mim a pessoa que eu quero curar*". Assim que a pessoa aparecer na tela, afirme: "*É minha intenção que a energia de cura flua do meu espaço de cura para dentro da área do corpo do meu cliente que decidi curar*". Não faça nada depois disso. O prana que emerge do seu espaço de cura fluirá para dentro das partes do corpo que mais precisarem dele. Continue o processo durante 15 minutos. Depois de 15 minutos, visualize que a parte do corpo que escolheu curar está brilhando com boa saúde radiante. Em seguida, libere seu cliente e a tela visual. Na sequência, conte de 1 até 5, abra os olhos e finalize o exercício, tomando consciência do ambiente a sua volta. Repita tantas vezes quantas julgar necessário.

Exercício: Cure sua Relação com a Fonte de Cura

A fonte de cura tem muitos nomes, mas a maneira de se referir a ela não afeta seu relacionamento com essa fonte. Neste exercício, você usará seu espaço de cura para intensificar sua relação com a fonte de cura. Isso a tornará uma agente de cura mais eficiente e intensificará sua experiência de transcendência. Para iniciar o processo, sente-se em uma posição confortável, mantendo a coluna ereta. Feche os olhos e respire fundo pelo nariz durante 2 ou 3 minutos. Faça duas contagens regressivas, de 5 até 1 e, depois, de 10 até 1. Em seguida, use o Método Padrão para relaxar os músculos e se centrar em sua mente autêntica. Quando estiver pronta para continuar, afirme: "*É minha intenção me centrar em meu campo de prakriti*". Em seguida, afirme: "*É minha intenção voltar meus órgãos de percepção para dentro, até o nível do meu campo de prakriti*". Continue, afirmando: "*É minha intenção preencher com prana o meu campo de prakriti*". Durante alguns instantes, apenas sinta essa mudança. Então, afirme: "*É minha intenção me centrar no meu campo de empatia transcendente*". Continue, afirmando: "*É minha intenção voltar meus órgãos de percepção para dentro, até o nível do meu campo de empatia transcendente*". Continue, afirmando: "*É minha intenção que a fonte de cura irradie sua energia e sua consciência curativas através do meu corpo, da minha alma e do meu espírito*". Não faça nada depois disso. Apenas sinta o processo. Depois de 15 minutos, conte de 1 até 5, abra os olhos e finalize o exercício, tomando consciência do ambiente à sua volta. Repita tantas vezes quantas julgar necessário.

A menstruação e o poder do sangue

Em muitas partes do mundo, acredita-se que a fonte do poder de cura de uma mulher está no seu sangue menstrual. Enquanto uma mulher sangrasse, esse poder poderia ser usado para criar filhos, para curar os doentes e para curar os relacionamentos que tivessem sido envenenados por projeções de energia distorcida e de bagagem kármica.

Na tradição Bon, a cultura aborígene do Tibete que precedeu a introdução do budismo, acreditava-se que a Deusa da Terra tinha dado o sangue menstrual às mulheres para ser usado na cura. Essa energia poderia então ser utilizada como uma forma de medicamento para curar e para fertilizar plantas (Pröll, 2004).

Na Mesopotâmia, acreditava-se que a grande deusa Ninhursag havia criado homens a partir do barro e dado a eles seu "sangue de vida".

Os gnósticos adotaram algumas dessas ideias e usaram sangue menstrual em rituais até o século VII, quando todos os rituais envolvendo sangue menstrual foram proibidos pela Igreja.

A ciência validou as propriedades curativas do sangue menstrual. Recentemente, pesquisadores descobriram que o sangue menstrual tem muito oxigênio e que células tiradas do sangue menstrual podem ser cultivadas e usadas como células-tronco para reparação de tecido cardíaco danificado.

Em um experimento recente realizado no Japão, o dr. Shunichiro Miyoshi, um cardiologista da Escola de Medicina da Universidade Keio, em Tóquio, realizou junto com seus colegas um experimento com nove voluntárias que doaram sangue menstrual. A partir desse sangue, os cientistas coletaram as células precursoras chamadas de células mesenquimais (MMCs).

Depois de ser colocadas em uma cultura com células extraídas de corações de ratos, cerca de 20% das MMCs começaram a pulsar espontaneamente e acabaram formando camadas de tecido do músculo cardíaco.

De acordo com um relatório da agência de notícias AFP, essa taxa de sucesso é cerca de cem vezes maior do que a taxa de sucesso das células-tronco derivadas da medula óssea humana, que é entre 0,2 a 0,3% (Miyoshi).

Embora as propriedades curativas do sangue menstrual feminino sejam claras, pelo menos para pesquisadores médicos, em muitas sociedades as pessoas continuam temendo seu poder. Esse medo irracional não é novo.

São Jerônimo, clérigo cristão que viveu no século VII, escreveu: "Nada é tão impuro quanto uma mulher durante sua menstruação; tudo o que ela toca se torna impuro". Essas opiniões foram tão amplamente aceitas pela igreja que, no século VII, as mulheres não tinham permissão para entrar em uma igreja se estivessem menstruando (São Jerônimo).

O poder do sangue

As coisas são diferentes agora. Pesquisas médicas confirmaram que uma mulher que menstrua regularmente é saudável e que seu corpo passa por um processo de desintoxicação e regeneração celular. De uma perspectiva energética, a menstruação é um reflexo do ciclo de criação e regeneração. A capacidade do útero para guardar e para dar reflete a relação especial que as mulheres mantêm com o feminino universal e com a terra que alimenta seus corpos, suas almas e seus espíritos.

Isso significa que já é hora de reconhecer que uma mulher é mais do que um indivíduo; é um vórtice por cujo intermédio a força vital é canalizada para o mundo e através do qual o mundo é nutrido e curado. Esse é um papel que cada mulher deve valorizar.

Infelizmente, apesar de todos os aspectos positivos da menstruação, muitas mulheres ainda consideram esse período como um fardo e um obstáculo para a vida moderna, às vezes doloroso e muitas vezes acompanhado de sintomas desconfortáveis.

Acreditamos que uma mulher radiante precisa se separar dessa visão ultrapassada da menstruação e liberar o poder do sangue menstrual. Para facilitar esse processo, desenvolvemos um exercício chamado Meditação do Ciclo da Vida, planejado para ajudar as mulheres a superar os sentimentos e pensamentos negativos associados à menstruação e a reconhecer que o ciclo menstrual é uma manifestação do poder, da criatividade e da radiância de uma mulher.

Exercício: A Meditação do Ciclo da Vida

Para iniciar a Meditação do Ciclo da Vida, deite-se de costas com os olhos fechados. Respire fundo pelo nariz durante 2 ou 3 minutos e faça duas contagens regressivas, de 5 até 1 e, depois, de 10 até 1. Use o Método Padrão para relaxar os músculos e se centrar em sua mente autêntica. Em seguida, direcione sua atenção mental até o útero. Fique ciente do ritmo de manter e rejeitar dentro da mucosa do útero.

Quando conseguir sentir o ritmo, sincronize sua respiração com ele. Inale enquanto mantém e expire enquanto rejeita. Então, afirme: "*É minha intenção ativar meu chakra material físico inferior*". Assim que o chakra estiver ativado, você perceberá que tem o poder de aceitar a energia de afirmação da vida através do chakra e o poder de rejeitar a energia distorcida que o bloqueia.

Depois de se dar conta de que você tem o poder de aceitar e rejeitar, afirme: "*É minha intenção aceitar o poder de afirmação da vida no meu sangue menstrual e liberar do meu útero e da minha vagina a energia distorcida que os bloqueia*".

Quase que de imediato, você sentirá que sua feminilidade tomou uma nova dimensão, com mais nuances e complexidade. Durante 10 minutos, apenas sinta o processo. Então, conte de 1 até 5 e finalize a meditação, tomando consciência do ambiente à sua volta. Repita tantas vezes quantas julgar necessário.

Resumo

Neste capítulo, você aprendeu a intensificar o poder de cura ao criar seu próprio espaço de cura. Em seguida, aprendeu a usar o espaço de cura para curar a si mesma e para curar outras pessoas e sua relação com a fonte de cura. Depois disso, aprendeu a liberar o poder do sangue menstrual, realizando a Meditação do Ciclo da Vida.

No próximo capítulo você aprenderá a fazer a transição de um relacionamento tradicional para um relacionamento transcendente. Para isso, aprenderá a se centrar no terceiro campo do coração e também aprenderá exercícios que lhe permitirão desenvolver um relacionamento transcendente consigo mesma, com seu companheiro e com seus filhos.

QUATORZE

O Relacionamento Transcendente

✥

O poder, a criatividade e a radiância de uma mulher devem ser compartilhados com as pessoas que ela ama. Neste capítulo, vamos lhe mostrar como é possível compartilhar todas essas virtudes por meio de um relacionamento transcendente, primeiro consigo mesma, e em seguida com seu companheiro e seus filhos.

A partir do estudo do tantra, aprendemos que o casal divino Shakti-Shiva serve como arquétipo para o relacionamento transcendente. Eles são capazes de participar de um relacionamento transcendente porque compartilham energia e consciência entre si livremente.

É a energia de Shakti sob a forma de prana que quebra as barreiras que fazem as pessoas se sentir separadas. E é prana em combinação com consciência que conduz as pessoas para um relacionamento transcendente umas com as outras.

Como um antigo adepto do tantra, você pode usar o prana e a consciência que irradiam através do seu campo de energia para transformar seus relacionamentos. Para isso, é preciso fazer duas coisas. Primeiro, parar de se entregar a padrões destrutivos que bloqueiam sua experiência da transcendência. Segundo, aprender a se centrar no campo do seu terceiro coração, pois é através desse campo que você vivenciará o relacionamento transcendente consigo mesma e com as pessoas que ama. No entanto, antes de começar, será útil diferenciar um relacionamento transcendente de um relacionamento tradicional.

Do tradicional ao transcendente

Quando vistos de fora, um relacionamento tradicional e um relacionamento transcendente parecem praticamente idênticos. Os parceiros podem viver juntos, ter filhos e participar da vida social e econômica da comunidade.

No entanto, nas relações tradicionais, as mulheres precisam apoiar os maridos, sacrificar as próprias necessidades em benefício dos seus amados e transmitir aos filhos os valores fundamentais de sua sociedade. Infelizmente, até mesmo no século XXI, crenças restritivas e arquétipos autolimitadores ainda estão sendo transmitidos para as crianças por meio do processo de aculturação.

Isso não quer dizer que um relacionamento tradicional não seja capaz de satisfazer às pessoas. Em alguns casos isso acontece, pois os membros da família ainda conseguem compartilhar prazer, amor e uma intimidade intermitente. No entanto, o objetivo final da intimidade e da alegria permanentes compartilhadas pelos membros da família em um relacionamento transcendente permanecerá um sonho distante.

Por isso é importante reconhecer que um relacionamento tradicional diz respeito a viver dentro de limitações. Ao contrário, um relacionamento transcendente diz respeito a transcender limitações, e é por isso que em um relacionamento transcendente uma mulher radiante vivenciará uma satisfação indisponível a mulheres envolvidas em relacionamentos tradicionais.

Sete coisas que você precisa parar de fazer

Para obter um relacionamento transcendente é preciso parar de se entregar a sete padrões destrutivos. Todos os sete têm uma característica importante em comum: impedirão que você desfrute de um relacionamento transcendente consigo mesma, com seu parceiro e com seus filhos.

Examinamos a seguir esses sete padrões. Para cada padrão, apresentamos um exercício simples que poderá ser usado para superá-lo. Se você estiver presa a qualquer um dos padrões listados a seguir, pratique o exercício até que o padrão não a perturbe mais.

Padrão 1 – Degradar-se ou deixar-se derrubar

Para superar o impulso de se depreciar ou de se deixar colocar para baixo, encontre uma posição confortável, mantendo a coluna ereta. Respire fundo pelo nariz durante 2 ou 3 minutos. Em seguida, faça duas contagens regressivas, de 5 até 1 e, depois, de 10 até 1. Use o Método Padrão para relaxar os músculos e se centrar em sua mente autêntica. Então, afirme: "*É minha intenção ativar meu primeiro chakra*". Continue, afirmando: "*É minha intenção me centrar no campo do meu primeiro chakra*". Durante um instante, apenas sinta essa mudança. Em seguida, use o polegar de sua mão positiva (a mão direita se você for destra e a mão esquerda se for canhota) para ativar o ponto de acupuntura na parte de trás da cabeça. O ponto de acupuntura fica na parte de trás do crânio, no ponto onde uma protuberância conecta a cabeça com a parte de trás do pescoço.

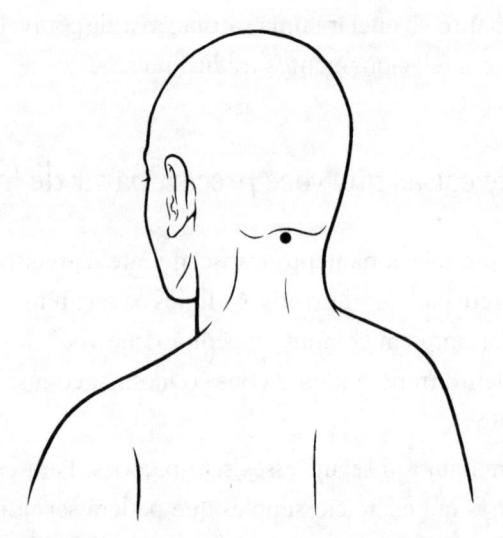

Figura 19: O Ponto de Acupuntura na Parte de Trás do Pescoço

Ao ativar esse ponto de acupuntura, você puxará prana do meridiano governador, situado abaixo dele. O fluxo de prana intensificado estimulará os sete chakras tradicionais encaixados no meridiano governador, o que intensificará sua percepção e sua intuição, fará com que você se sinta mais confiante e aumentará a produção de endorfinas, que estão associadas à sensação de euforia.

Permaneça centrada no campo do seu primeiro chakra e mantenha o ponto de acupuntura pressionado por 10 minutos. Ao ativar os centros de energia apropriados (ponto de acupuntura e chakras), você liberará a energia que intensifica seu valor próprio e sua autoestima em seu campo de energia. A prática regular desse exercício fará em pouco tempo com que você pare de se depreciar ou de se deixar pôr para baixo.

Padrão 2 – Sacrificar seus limites superficiais

Os limites superficiais são as superfícies dos campos de energia, que envolvem todos esses campos (auras e campos de recursos informacionais) e os veículos energéticos (ver Figura 7). Uma mulher com limites fracos se sentirá insegura e não conseguirá manifestar plenamente as qualidades universais do feminino.

Para fortalecer seus limites superficiais, encontre uma posição confortável, mantendo a coluna ereta. Respire fundo pelo nariz durante 2 ou 3 minutos. Faça duas contagens regressivas, de 5 até 1 e, depois, de 10 até 1. Use o Método Padrão para relaxar os músculos e se centrar em sua mente autêntica. Então, afirme: "*É minha intenção criar uma tela visual de dois metros e meio de largura diante de mim*". Continue, visualizando na tela alguém que não respeita seus limites. Pode ser um patrão exigente ou um membro da família controlador. Assim que essa pessoa aparecer, execute o Mudra do Não.

O Mudra do Não é planejado para fortalecer sua determinação de sustentar limites capazes de proporcionar a proteção que você deseja. Para executar o Mudra do Não, use os polegares e os dedos indicadores de ambas as mãos para formar dois *loops* conectados um ao outro – como dois elos de uma corrente. Em seguida, conecte as pontas dos dedos médios, anelares e mínimos de modo que fiquem parecidos com os lados de um triângulo.

Figura 20: O Mudra do Não

Mantenha este mudra enquanto afirma para a pessoa na tela, com uma voz clara: *"Não"*, durante 5 minutos ou até que ela não se intrometa mais no seu espaço pessoal. Em seguida, desfaça o mudra e libere a pessoa na tela e a tela visual. Conte de 1 até 5 e finalize o exercício, tomando consciência do ambiente à sua volta. Repita tantas vezes quantas julgar necessário.

Padrão 3 – Comparar-se com outras pessoas

Você é uma mulher radiante, com acesso a todo prana e a toda consciência de que necessita para ter sucesso em seu trabalho e em seus relacionamentos.

Portanto, não faz sentido comparar-se com outras pessoas. Não obstante, se você se compara com outras pessoas e se sente inferior a elas ou sente que precisa atingir a perfeição para se sentir bem com relação a si mesma, então encontre uma posição confortável, mantendo a coluna ereta, e feche os olhos. Respire fundo pelo nariz durante 2 ou 3 minutos. Use então o Método Padrão para relaxar os músculos e se centrar em sua mente autêntica. Para continuar, afirme: *"É minha intenção ativar meu terceiro chakra"*. Então, afirme: *"É minha intenção me centrar no campo do meu terceiro chakra*". Uma vez que esteja centrada no campo do terceiro chakra, execute a respiração com as narinas alternadas durante 10 minutos.

A respiração com as narinas alternadas é uma antiga técnica yogue que intensificará sua estabilidade e sua autopercepção. São essas duas qualidades que superarão a necessidade de se comparar com outras pessoas.

Para iniciar a respiração com as narinas alternadas, feche a narina direita com o polegar direito e inspire pela narina esquerda. Conte de 1 até 5, feche a narina esquerda com o dedo anelar direito e o dedo mínimo e, ao mesmo tempo, retire o polegar da narina direita. Expire pela narina direita contando até 8. Em seguida, inspire pela narina direita contando até 5. Feche a narina direita com o polegar direito e expire pela narina esquerda contando até 8. Isso fecha uma rodada completa.

Durante as duas primeiras semanas, execute três rodadas. Depois de duas semanas, acrescente uma rodada por semana até que esteja realizando um máximo de sete rodadas.

A respiração com narinas alternadas não deve ser praticada se suas passagens nasais estão bloqueadas. E, em nenhuma circunstância, qualquer coisa deve ser forçada. Repita o exercício até que o padrão não a perturbe mais.

Padrão 4 – Abrir mão da responsabilidade pessoal

Se você abriu mão de sua responsabilidade pessoal para outra pessoa ou para uma instituição externa, é hora de tomá-la de volta. Para fazer isso, fique na frente de um espelho e afirme 10 vezes: "*Estou no controle do meu campo de energia e assumo responsabilidade pessoal pelo que faço*". Depois da décima repetição, esfregue as mãos uma na outra para polarizá-las e coloque a mão feminina (a mão direita se você é destra ou a esquerda se é canhota) dez centímetros acima do chakra do coração. Em seguida, coloque a mão masculina cerca de sete centímetros e meio acima do seu sexto chakra. Mantenha-as nesse local até sentir que a energia vinda dos dois chakras criou um grande campo de prana que interpenetra seu campo de energia. Assim que perceber o campo, afirme: "*É minha intenção me centrar no campo de prana que acabei de criar*". Então, afirme: "*É minha intenção voltar meus órgãos de percepção para dentro, para o campo de prana que acabei de criar*". Durante 10 minutos, apenas sinta as mudanças que você sente física e energeticamente, conte de 1 até 5 e finalize o exercício, tomando consciência do ambiente à sua volta. Repita até que o padrão não a perturbe mais.

Padrão 5 – Levar tudo para o lado pessoal

Mulheres que levam tudo que acontece para o lado pessoal têm problemas com seus direitos pessoais. Seus direitos pessoais são regulados pelo chakra do coração. Em muitas sociedades, é comum que uma mulher tenha os direitos pessoais comprometidos na infância, quando é energeticamente violada por um membro da família ou por uma pessoa autoritária.

No exercício a seguir, você irá retomar seus direitos pessoais. Para isso, precisa cortar dois pedaços de papel em discos de meio metro de diâmetro e colorir um lado de cada disco com uma cor verde esmeralda clara. É importante você mesma colorir um dos lados de ambos os discos.

Depois de concluir a primeita tarefa, coloque um dos discos no chão, com o lado colorido voltado para cima, e deite-se sobre ele de modo que o centro do disco fique centralizado na parte de trás do chakra do coração. Coloque o outro disco com a cor voltada para o seu tórax na frente do seu chakra do coração.

O disco no chão intensificará o fluxo de prana para cima, para dentro das suas costas. O disco sobre seu corpo intensificará o fluxo de prana para baixo, para dentro do seu tórax.

Depois de colocar os discos nas posições apropriadas, feche os olhos e respire fundo pelo nariz durante 2 ou 3 minutos e então faça duas contagens regressivas, de 5 até 1 e, depois, de 10 até 1. Use o Método Padrão para relaxar os músculos e se centrar em sua mente autêntica. Então, afirme: "*É minha intenção ativar meu quarto chakra*". Continue, afirmando: "*É minha intenção me centrar no campo do meu quarto chakra*". Mantenha-se centrada no campo do quarto chakra enquanto repete este mantra para si mesma (em palavras, não em pensamentos) durante 5 minutos: "*Não vou mais levar tudo para o lado pessoal*". Depois de repetir o mantra durante 5 minutos, apenas sinta as mudanças que sentirá durante outros 10 minutos. Em seguida, conte de 1 até 5 e finalize a meditação, tomando consciência do ambiente à sua volta. Repita até que o padrão não a perturbe mais.

Padrão 6 – Minimizar suas forças

A maioria dos homens tem dificuldade para aceitar suas fraquezas. A maioria das mulheres tem dificuldade para aceitar suas virtudes. Para aceitar a si mesma como a mulher poderosa e competente que é, você precisa intensificar a pressão em seu sistema energético, ativando o primeiro e o sétimo chakras. Em seguida, executará o Mudra da Autoaceitação.

Para começar, encontre uma posição confortável, mantendo a coluna ereta. Feche os olhos e respire pelo nariz durante 2 ou 3 minutos. Em seguida, faça duas contagens regressivas, de 5 até 1 e, depois, de 10 até 1. Use o Método Padrão para relaxar os músculos e se centrar em sua mente autêntica. Então, afirme: "*É minha intenção ativar meu primeiro chakra*". Continue, afirmando: "*É minha intenção me centrar no campo do meu primeiro chakra*". Durante alguns instantes, apenas sinta essa mudança. Então, afirme: "*É minha intenção ativar meu sétimo chakra*". Continue, afirmando: "*É minha intenção me centrar no campo do meu sétimo chakra*". Durante alguns instantes, apenas sinta essa mudança, abra os olhos e execute o Mudra da Autoaceitação.

Para executar o mudra, leve a língua até o topo do palato e deslize-a para trás até que o palato duro se curve para cima e fique mais macio. Mantenha a ponta da língua em contato com o palato superior enquanto junta as solas dos pés. Em seguida, junte o monte de Vênus com as bordas dos polegares e deslize o dedo indicador direito sobre o dedo indicador esquerdo de modo que a ponta do dedo direito repouse no topo da segunda articulação do dedo esquerdo. Os dedos médios são colocados juntos de modo que suas pontas se toquem. Uma vez que estejam se tocando, junte as partes externas dos dedos anelares desde a primeira até a segunda articulação. Em seguida, junte as partes internas dos dedos mínimos desde as pontas até as primeiras articulações. Depois de 10 minutos, desfaça o mudra, conte de 1 até 5 e finalize o exercício, tomando consciência do ambiente à sua volta. Repita até que o padrão não a perturbe mais.

Padrão 7 – *Autossabotar-se*

Um bloqueio no terceiro chakra pode fazer uma mulher autossabotar-se na vida familiar, no trabalho, nos relacionamentos e até mesmo no relacionamento consigo mesma. Um bloqueio no terceiro chakra fará com que ela se sinta insegura em todas as suas interações e perturbará sua autoconfiança, sua satisfação e seu sentido de pertencimento. Infelizmente, bloqueios no terceiro chakra são muito comuns em mulheres que vivem na sociedade moderna.

Figura 3 (repetida): O Mudra da Autoaceitação

A fim de superar o padrão de autossabotagem e o bloqueio no terceiro chakra que sustenta esse padrão, corte uma folha de papel na forma de um círculo com meio metro de diâmetro e pinte um dos lados com um amarelo claro e brilhante. É importante que você mesma pinte o círculo todo com o pigmento.

Sente-se então em uma cadeira de encosto reto, em um lugar calmo e onde você não seja perturbada. Em seguida, coloque o círculo sob seus pés descalços, com o lado colorido voltado para cima. Feche os olhos e respire fundo pelo nariz durante 2 ou 3 minutos e faça então duas contagens regressivas, de 5 até 1 e, depois, de 10 até 1. Use o Método Padrão para relaxar os músculos e se centrar em sua mente autêntica. Então, afirme: *"É minha intenção ativar meu terceiro chakra"*. Continue, afirmando: *"É minha intenção me centrar no campo do meu terceiro chakra"*. Finalmente, afirme: *"É minha intenção que a energia irradiada do disco amarelo preencha o campo do meu terceiro chakra com satisfação, segurança e o sentimento de que eu pertenço"*.

Durante 15 minutos, apenas sinta essa meditação, conte de 1 até 5, abra os olhos e finalize o exercício, tomando consciência do ambiente à sua volta. Repita o exercício até que o padrão não a perturbe mais.

Exercício: Relacionamento Transcendente Consigo Mesma

Agora que você aprendeu a superar os sete padrões que interferem com o relacionamento transcendente, está pronta para vivenciar o relacionamento transcendente consigo mesma. Para isso, você precisa fazer a Meditação do Campo do Terceiro Coração, na qual se centrará no campo do seu terceiro coração enquanto executa o Mudra da Felicidade Orgásmica.

O campo do terceiro coração é um campo de recursos que irradia felicidade através do campo de energia e do corpo físico. Ele recebe esse nome por causa de sua conexão com o primeiro coração (o coração humano) e com o segundo coração (o chakra do coração). O Mudra da Felicidade Orgásmica foi planejado para trazer bem-aventurança, que emergirá do *Atman* para sua percepção consciente. O *Atman* é o ponto do tamanho de um polegar situado do lado direito do coração, e é onde a felicidade emerge para sua percepção consciente.

Centrando-se no campo do terceiro coração e executando o Mudra da Felicidade Orgásmica, você se tornará a observadora do filme da sua mente. Crenças restritivas e tabus que antes limitavam sua liberdade se dissolverão e a intimidade e a alegria se tornarão aspectos permanentes da sua vida e dos seus relacionamentos.

Para executar a Meditação do Campo do Terceiro Coração, encontre uma posição confortável, mantendo a coluna ereta. Feche os olhos e respire fundo pelo nariz durante 2 ou 3 minutos. Então, faça duas contagens regressivas, de 5 até 1 e, depois, de 10 até 1.

Use o Método Padrão para relaxar os músculos e se centrar em sua mente autêntica. Então, afirme: "*É minha intenção me centrar no campo do meu terceiro coração*". Continue, afirmando: "*É minha intenção voltar meus órgãos de percepção para dentro até o nível do campo do meu terceiro coração*". Durante 2 ou 3 minutos, apenas sinta essa mudança.

Em seguida, abra os olhos e os mantenha ligeiramente desfocados. Enquanto permanece centrada no campo do seu terceiro coração, execute o Mudra da Felicidade Orgásmica.

Para executar o mudra, coloque a ponta da língua na parte superior do palato. Em seguida, deslize-a para trás até que ela repouse no ponto onde o palato duro se curva para cima e se torna macio. Quando a ponta da língua estiver nessa posição, junte as solas dos pés de modo que se toquem. Em seguida, coloque as mãos na frente do plexo solar, juntando as partes internas das pontas dos polegares.

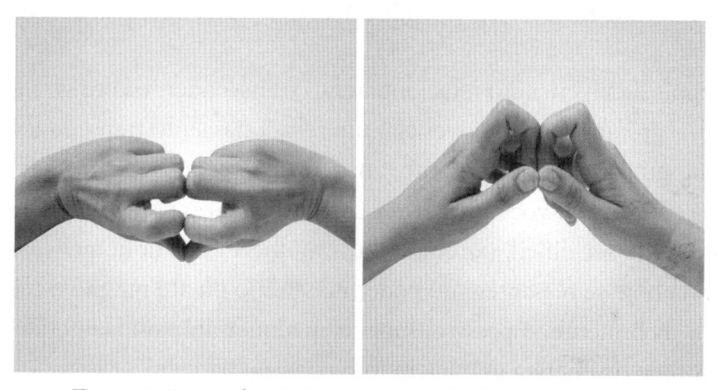

Figura 9 (repetida): O Mudra da Felicidade Orgásmica

Junte as partes externas dos dedos indicadores, desde as pontas até a primeira articulação e então junte os lados externos dos dedos médios, da primeira até a segunda articulação. O quarto e o quinto dedos devem se curvar para dentro das palmas das mãos.

Depois que sua língua, dedos e pés estiverem em posição, feche os olhos e apenas sinta o exercício durante mais 10 minutos. Em seguida, solte o mudra e, contando de 1 até 5, finalize a meditação, tomando consciência do ambiente à sua volta.

Você pode experimentar leveza ou a sensação de que está flutuando dentro do seu campo de energia durante ou após o exercício. Não fique alarmada por qualquer sensação desse tipo. Não há nada de errado. Tanto a leveza como a sensação de flutuação indicam que a força vital está penetrando mais fundo no seu campo de energia e que você está transformando seu relacionamento com seu eu.

Se você praticar o exercício diariamente mesmo que seja por uma semana, experimentará os benefícios que provêm de um relacionamento transcendente consigo mesma.

Relacionamento transcendente com seu parceiro

Depois de vivenciar o relacionamento transcendente consigo mesma, o próximo passo é vivenciar um relacionamento transcendente com seu parceiro. No entanto, antes disso, é preciso superar um último obstáculo: você precisa ser capaz de amar o poder masculino. Isso pode ser difícil, porque muitas mulheres amam homens, mas ainda hoje se ressentem do poder masculino ou até mesmo o rejeitam. Felizmente, é possível superar qualquer animosidade criando o campo de energia prânica mútuo com seu parceiro.

A criação de um campo de energia prânica mútuo

Não é um fato amplamente conhecido, nem mesmo entre pessoas que buscam a transcendência, que parceiros são capazes de criar um campo de energia com qualidades universais em torno de ambos. Esse campo, que chamamos de campo de prana mútuo, será forte o bastante para impedir que bagagens kármicas e crenças restritivas interfiram na sua intimidade.

E o melhor é que esse campo continuará conectando parceiros mesmo quando estiverem separados um do outro por grandes distâncias ou por muito tempo, para que possam compartilhar prazer, amor, intimidade e alegria.

Para criar o campo de energia prânica mútuo, sente-se de frente para o seu parceiro, separados por uma distância de dois metros e meio. Uma vez que estiver em posição, feche os olhos e respire fundo pelo nariz durante 2 ou 3 minutos. Quando estiver pronta para continuar, faça duas contagens regressivas, de 5 até 1 e, depois, de 10 até 1, e em seguida use o Método Padrão para relaxar os músculos e se centrar em sua mente autêntica. Quando estiver pronta para continuar, afirme: "*É minha intenção ativar meus treze chakras no espaço do corpo*". Quando seus chakras estiverem ativos, afirme: "*É minha intenção me centrar nos campos de chakra dos meus treze chakras no espaço do corpo*". Continue, afirmando: "*É minha intenção preencher com prana os campos dos meus treze chakras no espaço do corpo*". Durante alguns instantes, apenas sinta essa mudança. Então, afirme: "*É minha intenção criar um campo de energia prânica mútuo irradiando prana para o meu parceiro a partir dos meus treze chakras no espaço do corpo*". Não faça nada depois disso. Apenas deixe a energia irradiar livremente por 10 minutos. Depois de 10 minutos, contando de 1 até 5, finalize o exercício, tomando consciência do ambiente à sua volta. Repita o exercício até que possa compartilhar o prana sem que a raiva ou o ressentimento a atrapalhem.

Exercício: Relacionamento Transcendente com seu Parceiro

Agora que você aprendeu a criar o campo de energia prânica mútuo com seu parceiro, está pronta para fazer a transição para um relacionamento transcendente. Para isso, você e ele precisam se centrar no campo do seu terceiro coração e executar o Mudra da Felicidade Orgásmica. Em seguida, você vai deixar a felicidade que emerge do seu terceiro coração transformar seu relacionamento.

Para iniciar o exercício, sentem-se um de frente para o outro com a coluna ereta, separados por uma distância de dois metros e meio. Fechem os olhos e respirem fundo pelo nariz durante 2 ou 3 minutos. Façam duas contagens regressivas, de 5 até 1 e, depois, de 10 até 1. Em seguida, usem o Método Padrão para relaxar os músculos e se centrar em suas mentes autênticas. Continuem, afirmando: *"É minha intenção me centrar no campo do meu terceiro coração"*. Para intensificar o efeito, afirme: *"É minha intenção voltar meus órgãos de percepção para dentro até o nível do campo do meu terceiro coração"*. Durante 2 ou 3 minutos, apenas sinta essa mudança. Em seguida, execute o Mudra da Felicidade Orgásmica (veja o exercício acima). Mantenha este mudra durante 5 minutos. Em seguida, afirme: *"É minha intenção que a felicidade transforme meu relacionamento com meu parceiro"*. Não faça nada depois disso. Apenas sinta o processo durante outros 10 minutos enquanto mantém este mudra. Depois de 10 minutos, soltem o mudra e, contando de 1 até 5, finalizem a meditação, tomando consciência do ambiente em volta de vocês.

Se você e seu parceiro praticarem esse exercício juntos diariamente por pelo menos uma semana, começarão a experimentar os benefícios de um relacionamento transcendente.

Relacionamento transcendente com seus filhos

Um relacionamento transcendente com seu filho pode começar no útero, porque até mesmo antes de nascer ele tem uma consciência plenamente desenvolvida, o que significa que ele reage ao ambiente físico e energético que o circunda.

Uma nova pesquisa clínica realizada pela dra. Wendy Ann McCarthy indica que

> Estamos, desde o início da vida, conscientes e perceptivos, aprendendo intensa e ativamente, comunicando-nos e formando relacionamentos. Nossas primeiras experiências no útero, durante o nascimento e logo após o nascimento, moldam profundamente e colocam em movimento padrões de vida física, mental, emocional e de relacionamento que podem aumentar ou reduzir a intensidade da vida. (McCarthy, 2013, pp. 21-2)

Uma mulher grávida pode melhorar o relacionamento com o filho antes do parto, criando um vínculo energético saudável enquanto ele cresce em seu útero. Isso beneficia não apenas a criança, mas também a mãe. Ao intensificar as interações energéticas com o filho antes de nascer, é menos provável que a mãe sofra depressão pós-parto ou que bloqueios kármicos interfiram com o fluxo livre de prana entre seu campo de energia e o campo de energia de seu filho em desenvolvimento.

Exercício: Ligação com a Criança Antes do Nascimento

Com isso em mente, criamos a Meditação da Ligação com a Criança Antes do Nascimento, que pode começar a ser praticada no início do segundo trimestre da gestação.

Para iniciar a meditação, encontre um lugar confortável, onde você não seja perturbada. Deite de costas e conduza a atenção mental até os centros de energia secundários das palmas das mãos e inspire para dentro desses centros de energia para ativá-los. Na expiração, entoe o om a partir do seu chakra do coração. O chakra do coração ressoa na nota dó na escala musical maior. Ao entoar o om a partir do chakra do coração, você criará uma vibração simpática que ativará ainda mais os centros de energia das palmas das mãos.

Depois de entoar por 2 ou 3 minutos, coloque as palmas das mãos sobre seu abdômen com os dedos voltados uns para os outros. Continue a entoar a partir do chakra do coração e deixe a vibração criada por sua entoação estabelecer uma conexão energética saudável e duradoura com seu filho ainda não nascido.

Continue durante mais 10 minutos. Em seguida, retire as mãos e, contando de 1 até 5, finalize a meditação, tomando consciência do ambiente à sua volta. Repita uma vez por dia durante a gravidez.

Massagem para bebês

Depois de ter dado à luz, você pode enriquecer seu vínculo energético com o recém-nascido aplicando-lhe uma massagem para bebês, que lhe fornece uma sensação de segurança e de pertencimento e fortalece o sistema imunológico dele. Bebês que são tocados e massageados regularmente tornam-se mais confiantes e dormem melhor. As habilidades motrizes da criança melhoram, ela desenvolve uma personalidade mais expressiva e empatiza mais profundamente com os sentimentos dos outros. Uma massagem para bebês faz tudo isso intensificando o fluxo de prana através do campo de energia do bebê e entre o bebê e a mãe.

Antes de começar uma massagem para bebês, é importante se lembrar de aquecer o quarto e o óleo que usará para a massagem. Evite óleos muito espessos ou com odores fortes. E, o que é ainda mais importante, sempre massageie o bebê com as palmas das mãos planas.

Exercício: Massagem para Bebês

Quando estiver pronta para começar, coloque o bebê no seu colo à sua frente. Em seguida, esfregue as mãos para polarizá-las e toque os pés do bebê com as palmas das mãos. Sinta a reação da criança. Ela gosta do que você está fazendo? Nem todos os bebês gostam de ser massageados. Ao verificar a reação do bebê é possível determinar se você tem a permissão dele para prosseguir.

Depois de esfregar os pés, esfregue a parte de trás das pernas do bebê. Em seguida, coloque suas mãos opostas uma à outra, no meio das costas da criança, entre três e cinco centímetros da coluna vertebral. Evite tocar ou massagear diretamente a coluna. Em vez disso, faça dois grandes círculos com a parte plana das mãos no lado direito e no lado esquerdo da coluna vertebral do bebê. Em seguida, esfregue os ombros e os braços dele.

Continue durante 3 ou 4 minutos. Em seguida, vire o bebê e esfregue a frente das pernas dele fazendo um círculo com as palmas das mãos planas. Também esfregue gentilmente a barriga com as palmas das mãos planas, fazendo círculos com as mãos. Continue, esfregando o peito, os ombros, os braços e as mãos do seu bebê.

Todo o processo não deve demorar mais de 10 minutos. Depois da massagem, descanse ao lado da criança e deixe-a responder à massagem de sua própria maneira.

Recomendamos que faça esta massagem no recém-nascido 2 vezes por semana, sempre no mesmo horário.

Exercício: Cantilena Pré-Escolar

Quando ele já for capaz de falar, você pode executar entoações com seu filho a partir dos seus sete chakras tradicionais. Isso intensificará seu vínculo energético e permitirá que você desenvolva um relacionamento transcendente com ele. Para executar entoações pré-escolares, sente-se em frente ao seu filho. Olhe para ele irradiando livremente seu prazer e alegria, conduza sua atenção mental ao seu primeiro chakra e cante om no tom da nota sol.

A nota sol criará uma vibração simpática em seu primeiro chakra, assim como acontece com a corda de um violino quando um diapasão do mesmo tom é levemente golpeado perto dele.

Eleve o om uma nota para cada chakra. A nota lá para o segundo chakra, si para o terceiro chakra, dó para o quarto chakra, ré para o quinto chakra, mi para o sexto chakra, e fá para o sétimo chakra.

Se você não tem certeza do tom que deve cantar, comece o exercício entoando o tom mais baixo que consiga vocalizar e, em seguida, mude o tom até que consiga sentir uma ressonância simpática emergindo do primeiro chakra. A ressonância simpática, que surgirá como uma vibração ou sensação ardente, indicará que você está entoando no tom apropriado. Você pode usar a mesma técnica para se certificar de que está entoando o tom apropriado para todos os sete chakras tradicionais.

Na cantilena pré-escolar, você primeiro entoará o tom do seu primeiro chakra para si mesma. Depois de terminar de entoá-lo, convide seu filho para cantar o mesmo tom com você mais 2 vezes.

Eleve então o tom uma nota e cante 3 vezes a partir do seu segundo chakra junto com seu filho. Faça o mesmo, aumentando uma nota e entoando 3 vezes a partir do terceiro, do quarto, do quinto, do sexto e do sétimo chakras junto com ele. Depois de você e seu filho terem entoado a partir dos sete chakras tradicionais, continuem entoando a partir de seus chakras do coração durante outros 5 minutos. Execute esse exercício enquanto seu filho o estiver desfrutando.

Resumo

Neste capítulo, você aprendeu a fazer a transição de um relacionamento tradicional para um relacionamento transcendente. Para vivenciar um relacionamento transcendente consigo mesma, aprendeu a superar padrões destrutivos que bloqueavam sua experiência de transcendência, e também aprendeu a se centrar no campo do seu terceiro coração. Para vivenciar um relacionamento transcendente com seu parceiro, aprendeu a criar o campo de energia prânica mútuo e a compartilhar a felicidade. Para criar um relacionamento transcendente com os filhos, aprendeu a se unir com seu filho antes de nascer, a fazer uma massagem para bebês e a realizar entoações pré-escolares.

Dedicamos nosso último capítulo à cura do espírito feminino. Para curar o espírito feminino, você aprenderá a usar padrões autolimitadores para descobrir o seu dharma pessoal. Em seguida, aprenderá a fazer exercícios para intensificar os dois elementos mais importantes do espírito feminino: a força e o amor. Depois disso, aprenderá a celebrar as qualidades universais do feminino.

QUINZE

A Cura do Espírito Feminino

✣

Uma jovem que tenha curado seu espírito se tornará um farol de radiância para quem estiver ao seu lado, compartilhará sem esforço as qualidades universais do feminino com os amigos e familiares e usará seu discernimento para julgar o valor das coisas mundanas. Como ela tem autoestima e vivencia sua identidade autêntica, ninguém conseguirá controlá-la ou manipulá-la, suas decisões intensificarão seu relacionamento consigo mesma e com outras pessoas e amar o próprio corpo será natural para ela, porque sabe que ele é a manifestação exterior do feminino universal. Ela não sacrificará sua inocência ou seu poder pessoal por causa de um homem e irá esperar pacientemente enquanto seu dharma se desdobra. Então ela abraçará seu dharma com entusiasmo.

Quando uma mulher adulta cura seu espírito, ela escolhe um parceiro que honre sua feminilidade e que não fique acima nem abaixo dela. Ela compartilha seu poder, sua criatividade e sua radiância livremente e proporciona um ambiente saudável para sua família. Ela tem especial cuidado em nutrir seus filhos, enquanto participa ao mesmo tempo das atividades mundanas que a alimentam e sustentam seu crescimento espiritual.

Quando uma mulher madura cura seu espírito, ela vivencia uma rica vida interior, e por isso não teme a morte. Ela continua a amar o próprio corpo e o trata com ternura e respeito, mesmo quando idosa. Ela compartilha sua sabedoria livremente e ajuda os jovens a crescer com força e dignidade. Como ela curou seu espírito, ela nada lamenta, nem mesmo seus erros juvenis, e é respeitada por seus colegas porque continua a abraçar as qualidades universais do feminino no seu corpo, na sua alma e no seu espírito. E, como anciã, ela mantém a continuidade de sua comunidade.

O fundamento espiritual de uma mulher

Uma mulher que tenha curado seu espírito em qualquer estágio da vida sente por si mesma o mesmo amor e a mesma alegria transcendentes que sente por outras pessoas. Essa mulher terá força e autoconhecimento e será livre de apegos mundanos.

O amor humano sozinho não é capaz de curar seu espírito, embora, durante curtos períodos, possa ser inebriante. Para curar seu espírito, é necessário construir um vigoroso fundamento no nível espiritual. Para isso, uma mulher precisa fazer três coisas: adquirir autoconhecimento a fim de encontrar seu dharma pessoal, intensificar seu amor-próprio, se isso for necessário, para se libertar de apegos mundanos, e precisa ser capaz de compartilhar os dois mais importantes elementos de seu espírito, força e amor transcendente (bem-aventurança).

Começaremos nossa jornada de cura espiritual aprendendo como uma mulher pode encontrar seu dharma pessoal. A palavra "*dharma*" vem da raiz sânscrita *dhri*, que significa "manter" ou "sustentar". Tanto o yoga como o tantra ensinam que todos os seres humanos compartilham um dharma coletivo, que é atingir a autorrealização. Todo ser humano também possui um dharma pessoal, que é o seu caminho único de cura e de liberação pessoal.

Descubra seu dharma pessoal

Para descobrir seu dharma pessoal, você precisa de suas forças e talentos inatos, de seus padrões kármicos dominantes e o anseio do terceiro coração, que é o anseio por bem-aventurança e a liberdade que advém do fato de conhecer e seguir seu dharma.

Para iniciar o processo, faça uma lista dos seus principais talentos e pontos fortes. Talentos e pontos fortes podem incluir nervos de aço, um corpo forte, força de caráter, paixão, empatia por outras pessoas e os talentos associados ao esporte, à arte, à música e aos estudos acadêmicos. Em nosso trabalho, descobrimos que os talentos e as forças que se relacionam diretamente com o dharma surgem na infância, estão associados a um sentido de realidade e motivam uma pessoa a manifestar sua vontade, seu desejo e sua criatividade no mundo.

Depois de fazer uma lista de talentos e pontos fortes, o próximo passo será listar seus padrões kármicos dominantes.

Padrões kármicos dominantes

Os padrões kármicos dominantes são os padrões mais marcantes que você trouxe consigo para esta vida. A maioria das pessoas tem um padrão kármico dominante, mas algumas têm até dois ou três. Ao limitar o acesso ao seu poder, à sua criatividade e ao seu brilho inatos, e frustrando seu esforço para se conhecer, esses padrões a motivam a seguir em frente e a se curar espiritualmente.

Depois de listar seus padrões kármicos dominantes, você os orientará para uma direção positiva, fazendo com que sirvam como guia para encontrar seu dharma pessoal. Dessa maneira, seus padrões autolimitadores se tornarão padrões autoliberadores.

Para ajudá-la nesse processo, preparamos uma lista com quatro dos padrões autolimitadores mais comuns. Você pode usá-la como base para sua própria lista, que deve ser preparada da forma mais honesta e mais completa possível.

Padrões autolimitadores

1. Julgadora e intolerante
2. Controladora e manipuladora
3. Autodestrutiva
4. Emocionalmente restritiva

Depois de completar a lista, é importante resistir ao impulso de associar esses padrões com sentimentos negativos e ficar fixada na ideia errônea de que você é incapaz de superá-los. Em vez disso, oriente seu padrão negativo para uma direção positiva. Podemos usar o primeiro padrão da nossa lista, que a caracteriza como julgadora e intolerante, para ilustrar como fazer isso.

O fato de manifestar esse padrão indica que seus direitos fundamentais se perderam ou foram tirados de você em uma vida passada. Desse modo, um aspecto do seu dharma pessoal inclui a restauração de seus direitos fundamentais nesta vida.

O exemplo acima ilustra como é possível orientar um padrão negativo para uma direção positiva. Ao fazer isso com todos os padrões relacionados, sua lista de padrões autolimitadores se transformará em uma lista de padrões autoliberadores.

Listamos os padrões e incluímos exercícios que você pode usar para superá-los. Você pode usar nossa lista como um guia para fazer sua própria lista e curar os padrões que aparecem nela.

Padrões autoliberadores

1. Julgadora e intolerante

Este padrão indica que seus direitos fundamentais foram perdidos ou tirados de você em uma vida passada e que você precisa restaurá-los nesta vida. Para superar esse padrão, ative seu chakra do coração, centre-se no campo desse chakra e preencha-o com prana (ver Capítulo 3).

2. Controladora e manipuladora

Este padrão indica que você perdeu o controle do seu campo de energia e do seu corpo físico em uma vida passada e que precisa restaurar seu poder pessoal e seu autocontrole nesta vida. Para isso, execute o Mudra da Felicidade Orgásmica (ver Capítulo 4) e, enquanto mantém este mudra, ative seu chakra do coração e se centre no campo do seu chakra do coração e preencha-o com prana (ver Capítulo 3).

3. Autodestrutiva

Este padrão indica que em uma vida passada sua autoimagem era tão negativa que você não viu outra alternativa a não ser destruir todas as coisas boas que o universo lhe dera. Para superar esse padrão, você precisa restaurar sua identidade e sua autoestima autênticas curando seus aspectos mentais e liberando aspectos mentais estranhos ao seu campo de energia sutil. Em seguida, você precisa executar o Mudra da Autoestima (ver Capítulo 5).

4. *Emocionalmente restritiva*

Este padrão indica que você foi privada do direito de expressar suas emoções e sentimentos em uma vida passada e que seus direitos fundamentais precisam ser restaurados nesta vida. Para fazer isso, ative seu chakra do coração, concentre-se no campo desse chakra e preencha-o com prana. Em seguida, ative seus chakras do segundo ao quinto, centre-se nos campos correspondentes a esses chakras e preencha-os com prana (ver Capítulo 3).

Uma vez criada a lista com seus pontos fortes e seus talentos e uma vez convertidos os padrões autolimitadores em padrões autoliberadores, você pode reunir as listas a fim de descobrir os elementos essenciais do seu dharma pessoal. Por exemplo, se você tem força física, gosta de esportes e seu padrão autoliberador é recuperar seu poder pessoal e seu autocontrole, seu dharma pessoal poderia se tornar uma médica esportiva, uma treinadora física ou mesmo uma guia de expedições. E sua última tarefa para encontrar seu dharma pessoal é intensificar o anseio de seu terceiro coração.

Ao intensificar o anseio de seu terceiro coração, você validará o que já aprendeu sobre o seu dharma e ganhará novas percepções sobre como manifestá-lo no mundo.

Exercício: Intensifique o Anseio do seu Terceiro Coração

Para intensificar o anseio do seu terceiro coração, você precisa fortalecer sua vontade, seu desejo e seu amor transcendente (bem-aventurança) e depois combiná-los. Para isso, encontre uma posição confortável, mantendo a coluna ereta. Feche os olhos e respire fundo pelo nariz durante 2 ou 3 minutos e faça duas contagens regressivas, de 5 até 1 e, depois, de 10 até 1. Use o Método Padrão para relaxar os músculos e se centrar em sua mente autêntica.

Uma vez centrada, você estará pronta para combinar sua vontade autêntica, seu desejo e seu amor incondicional. Para fazer isso, afirme: "*É minha intenção voltar meus órgãos de percepção para dentro até o nível do meu campo central e vivenciar minha vontade autêntica*". Durante alguns instantes, apenas vivencie sua vontade autêntica. Então, afirme: "*É minha intenção voltar meus órgãos de percepção para dentro até o nível do meu campo central e vivenciar meu desejo autêntico*". Durante alguns instantes, apenas vivencie seu desejo autêntico. Continue, afirmando: "*É minha intenção voltar meus órgãos de percepção para dentro até o nível do meu campo central e vivenciar o amor transcendente*". Durante alguns instantes, apenas vivencie o amor transcendente. Então, afirme: "*É minha intenção combinar minha vontade autêntica, meu desejo e meu amor transcendente*". Durante 5 minutos, apenas vivencie a mudança que ocorre quando você combina todos os três.

Você pode experimentar leveza ou a sensação de estar flutuando dentro do seu campo de energia. Não fique perturbada por qualquer uma dessas sensações, pois não há nada de errado com elas. Sentir-se mais leve indica que você está centrada em qualidades universais. A sensação de que está flutuando indica que sua vontade e seu desejo pessoais foram temporariamente liberados da influência da bagagem kármica e de projeções externas. Durante mais 5 minutos, apenas sinta os efeitos dessas afirmações. Em seguida, continue o exercício executando o Mudra da Felicidade Orgásmica.

Para executar o mudra, coloque a ponta da língua na parte superior do palato, deslize-a para trás até chegar a descansá-la no ponto em que o palato duro se curva para cima e se torna macio e junte as solas dos pés de modo que se toquem. Em seguida, coloque as mãos na frente do plexo solar, com as partes de dentro das pontas dos polegares juntas.

Continue, juntando as partes externas dos dedos indicadores, desde as pontas até a primeira articulação. Em seguida, junte as partes externas dos dedos médios da primeira até a segunda articulações. O quarto e o quinto dedos devem se curvar para dentro, voltando-se para a palma da mão. Depois que a língua, os dedos e os pés estiverem em posição, feche novamente os olhos e continue com o exercício por mais 10 minutos.

Após 10 minutos, solte o mudra, conte de 1 até 5 e abra os olhos. Você estará totalmente desperta e relaxada.

Pratique essa meditação todas as noites durante duas semanas. Em seguida, faça a si mesma a seguinte pergunta: "Qual é meu dharma pessoal e como devo manifestá-lo no mundo?". Esteja preparada para obter as respostas que você procura, que se manifestarão em sonhos, "estalos" ou percepções súbitas, imagens e impressões que lhe dão o "conhecimento" de que você encontrou seu dharma pessoal e sabe como manifestá-lo.

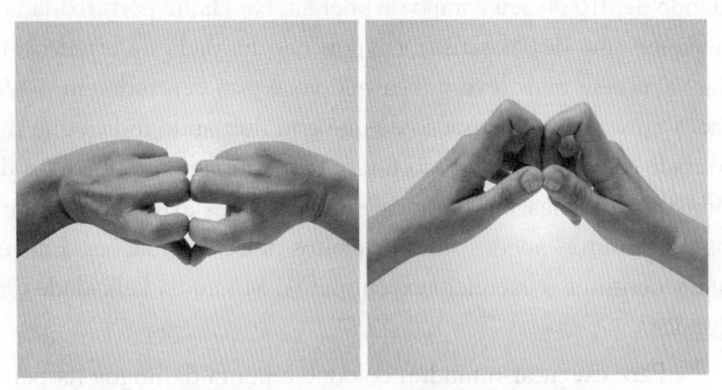

Figura 9 (repetida): O Mudra da Felicidade Orgásmica

Tendo descoberto seu dharma pessoal, você pode usar os conhecimentos e as habilidades adquiridos com este livro, seus talentos, seus pontos fortes e sua intuição para planejar um estilo de vida e um regime de trabalho com a energia que apoie seu dharma e seja uma celebração do espírito feminino.

A cura do espírito feminino

Agora que você adquiriu as habilidades necessárias para encontrar seu dharma pessoal, o próximo passo para a cura do seu espírito será intensificar os dois elementos mais importantes do dharma pessoal, a força e o amor.

Para isso, você precisa fazer a Meditação do Amor-Próprio e a Meditação do Campo do Corpo de Luz. Na Meditação do Amor-Próprio, você precisa intensificar seu amor-próprio levando as três formas de amor – amor humano, amor espiritual e amor transcendente – a fazer parte da sua identidade afirmativa da vida. Na Meditação do Campo do Corpo de Luz, você se centrará no campo do seu corpo de luz e dará mais um passo na meditação que realizou no Capítulo 12. Depois de intensificar as qualidades essenciais do campo do corpo de luz, que são o poder espiritual e o amor, você precisa compartilhá-las com as pessoas que ama.

Exercício: A Meditação do Amor-Próprio

Antes de iniciar a Meditação do Amor-Próprio, é importante reconhecer que o amor-próprio é mais do que se sentir bem consigo mesma. É o reconhecimento de que você é uma manifestação do feminino universal, e de que esse amor espiritual é uma parte essencial da sua feminilidade e da sua identidade afirmativa da vida.

Para iniciar a Meditação do Amor-Próprio, encontre uma posição confortável, mantendo a coluna ereta. Feche os olhos e respire fundo pelo nariz durante 2 ou 3 minutos e faça duas contagens regressivas, de 5 até 1 e, depois, de 10 até 1. Use o Método Padrão para relaxar os músculos e se centrar em sua mente autêntica. Então, afirme: "*É minha intenção visualizar uma tela de dois metros e meio de largura à minha frente*". Continue, afirmando: "*É minha intenção visualizar a mim mesma na tela com todas as qualidades universais do feminino irradiando através de mim*". Quando sua imagem aparecer na tela, afirme: "*É minha intenção irradiar amor humano, vindo do meu coração humano, para a imagem de mim mesma na tela*". Continue, afirmando: "*É minha intenção irradiar amor incondicional, vindo do meu chakra do coração, para a imagem de mim mesma na tela*". Em seguida, afirme: "*É minha intenção irradiar amor transcendente à imagem de mim mesma vindo de Atman, o meu terceiro coração*". Continue durante 5 minutos, e então afirme: "*É minha intenção que a imagem de mim mesma na tela irradie amor, vindo de seus três corações, de volta para mim*". Durante 10 minutos, apenas vivencie o fluxo de amor entre você e sua imagem. Em seguida, libere essa imagem de si mesma na tela, libere a tela e, contando de 1 até 5, finalize a meditação, tomando consciência do ambiente à sua volta. Quando chegar ao número 5, abra os olhos. Você se sentirá totalmente desperta, relaxada e muito melhor do que se sentia antes. Repita tantas vezes quantas julgar necessário.

Exercício: A Meditação do Campo do Corpo de Luz

Para iniciar a Meditação do Campo do Corpo de Luz, encontre uma posição confortável, mantendo a coluna ereta. Feche os olhos e respire fundo pelo nariz durante 2 ou 3 minutos e faça duas contagens regressivas, de 5 até 1 e, depois, de 10 até 1. Use o Método Padrão para relaxar os músculos e se centrar em sua mente autêntica. Então, afirme: "*É minha intenção me centrar no campo do meu corpo de luz*". Continue, afirmando: "*É minha intenção voltar meus órgãos de percepção para dentro até o nível do campo do meu corpo de luz*". Durante alguns minutos, apenas sinta essa mudança e então afirme: "*É minha intenção preencher com prana o campo do meu corpo de luz*". Durante 5 minutos, apenas sinta o processo e então afirme: "*É minha intenção compartilhar o prana que preenche o campo do meu corpo de luz com as pessoas que eu amo*". Durante 15 minutos, apenas vivencie as mudanças no campo do seu corpo de luz enquanto o prana irradia através de você. Em seguida, contando de 1 até 5, finalize a meditação, tomando consciência do ambiente à sua volta. Quando chegar ao número 5, abra os olhos. Você se sentirá totalmente desperta, relaxada e muito melhor do que se sentia antes. Repita tantas vezes quantas julgar necessário.

Agora que já dispõe das ferramentas necessárias para curar seu espírito e irradiar livremente sua força e seu amor, você está pronta para celebrar o feminino universal. Para isso, incluímos três atividades: o caminhar da mulher radiante, a dança da mulher radiante e o dia da celebração de uma mulher. Ao executar essas três atividades, você poderá celebrar o espírito do feminino universal sempre que quiser.

Exercício: O Caminhar da Mulher Radiante

Para executar o caminhar da mulher radiante, encontre um local agradável onde você possa caminhar sem ser perturbada, um bosque ou uma praia isolada, se possível, seria o ideal. Quando estiver pronta, comece a caminhar. Enquanto caminha, sinta os pés em contato com a terra e o poder do feminino universal que emerge dela. Se permanecer focada, não demorará muito para perceber uma sensação brilhante emergindo dos centros de energia secundários dos seus pés.

Assim que tiver percebido essa sensação de brilho, desvie sua atenção mental para os centros de energia secundários das suas mãos. Continue a caminhar com as palmas das mãos voltadas para cima. Sinta os centros de energia secundários das suas mãos fazendo contato com o poder universal do feminino que interpenetra a atmosfera. Quando sentir uma sensação brilhante emergindo dos centros de energia secundários das mãos, dirija sua atenção mental para seu chakra do coração. Dirija o sopro da sua respiração ao seu chakra do coração até ele ficar ativo, e então afirme: "*É minha intenção irradiar prana a partir do meu chakra do coração, através dos meus olhos, para o mundo ao meu redor*". Continue executando o caminhar da mulher radiante por 20 minutos, desfrutando, a cada passo da experiência, como o prana que irradia através dos seus olhos enriquece sua experiência do mundo.

Exercício: A Dança da Mulher Radiante

A dança da mulher radiante pode ser realizada com ou sem música. Para começar, fique de pé, em uma posição bem ereta, mantendo os ombros voltados para trás e a cabeça bem elevada. Respire fundo pelo nariz e, ao fazê-lo, sinta que sua respiração e suas emoções se tornaram parte de um único fluxo radiante de energia. Siga respirando dessa maneira durante 5 minutos e então comece a movimentar seu pulso direito. Movimente-o em todas as direções, de modo a sentir que os nós energéticos que restringem seus movimentos estão sendo afrouxados. Faça o mesmo com o pulso esquerdo. Em seguida, mova o cotovelo direito e o cotovelo esquerdo da mesma maneira. Na sequência, mova os ombros e o pescoço em todas as direções. Faça o mesmo com os tornozelos direito e esquerdo, os joelhos direito e esquerdo e os quadris direito e esquerdo. Por fim, movimente a pelve inteira, movendo seu abdômen em todas as direções. Depois de mover sua pelve em todas as direções e de sentir os nós se soltando, passe a combinar os movimentos que você fez com todas as articulações, de modo a realizar espontaneamente a dança da mulher radiante.

Não se trata de uma dança estática e, por isso, mova-se para lá e para cá, pare a dança e recomece, mude as direções dos movimentos e divirta-se. À medida que sua dança for se tornando mais espontânea, mais prana atravessará seu campo de energia, e esse aumento repentino de prana permitirá que você integre seus movimentos físicos à sua respiração e às suas emoções. Continue dançando durante 15 minutos.

Enquanto executam a dança da mulher radiante, algumas mulheres vivenciam o que só pode ser descrito como um orgasmo de energia, que, ao contrário de um orgasmo normal, emerge diretamente do seu chakra do coração. Sincronizando os movimentos físicos com seus sentimentos e sua respiração, você liberará grandes quantidades de prana. O prana vibra, e essa vibração penetrará em seu corpo até o nível celular mais profundo, de onde se expandirá e irradiará através de todo o seu corpo como um orgasmo. E se essa onda de prana não estiver bloqueada, poderá levá-la a um reconhecimento mais pleno do feminino universal e de sua capacidade para nutri-la e curá-la nos níveis mais profundos do corpo, da alma e do espírito.

Exercício: Celebre o Espírito Feminino

Outra maneira de celebrar as qualidades universais do feminino consiste em vivenciar o dia da celebração de uma mulher, que começa pela manhã, ainda na cama. Quando acordar, permaneça entre o sono e a vigília pelo maior tempo possível. Nesse estado, a frequência das suas ondas cerebrais estará na faixa que abrange os níveis alfa e teta e você sentirá sua conexão com o feminino universal antes que os problemas do mundo cheguem para perturbá-la.

Depois de ter vivenciado durante algum tempo o nível alfa-teta de frequência das ondas cerebrais, levante-se e tome um banho. Durante o banho, vá molhando seu corpo com água quente. Preste atenção especial nas partes do corpo que estiverem tensas e deixe que a água esquente essas regiões enquanto sopra prana conscientemente dentro delas a cada inalação. Não tenha pressa. Assim que o calor tiver substituído a tensão, enxágue a área com água fria. Quando terminar o banho, esfregue o corpo com uma escova para melhorar a circulação.

Em seguida, vista roupas que intensifiquem seu nível de energia. Sugerimos que todas as peças sejam compostas de fibras naturais e que as cores façam você se sentir bem. Beba em seguida um copo de água quente.

Tome um café da manhã leve, com alimentos frescos, que estão cheios de prana, como frutas e grãos integrais. Quando terminar o café da manhã, caminhe em meio à natureza.

Faça pausas frequentes para desfrutar a natureza e se encostar nas maiores árvores que puder encontrar. Sinta o prana emergindo de cada árvore e fluindo através do seu corpo. Se você estiver receptiva, em pouco tempo seus órgãos de percepção ficarão mais aguçados e sua experiência do contato com a natureza ficará mais vívida.

Você pode aumentar sua sensibilidade ao ambiente natural e ao feminino universal nadando em qualquer corpo natural de água. A água é um dos cinco elementos e, ao mergulhar em um corpo natural de água, você poderá sentir o prana revigorando seu corpo físico e seu campo de energia sutil.

Durante seu dia de celebração, beba pelo menos três litros de água. E depois de um jantar saudável com alimentos naturais, assista ao pôr do sol enquanto ouve sua música clássica favorita. Depois, permaneça durante algum tempo revendo seu dia. Perceba como os sentimentos negativos interferem na sua capacidade para vivenciar as qualidades universais do feminino em seu corpo e no mundo ao seu redor. Tente identificar onde os sentimentos negativos estavam localizados e quais pensamentos negativos apegavam-se a eles. Em seguida, inale na parte do corpo onde os sentimentos negativos estavam localizados. O prana ingressará nessa parte do corpo em cada inalação. Quando expirar, libere os sentimentos e pensamentos negativos e a tensão que eles criavam em seu corpo. Continue até que toda a tensão em seu corpo tenha sido liberada. Depois, relaxe e desfrute o restante do dia enquanto continua a celebrar as qualidades universais do feminino no corpo, na alma e no espírito.

Ao integrar a celebração do espírito feminino em sua vida e em seus relacionamentos, você se tornará uma inspiração para mulheres e para homens. Isso é importante porque acreditamos que chegou a hora de cada mulher dar o próximo passo em sua jornada pessoal, criando um campo de bem-estar e de vitalidade que irradia através de seus campos áuricos e através das próprias células do seu corpo. Dessa maneira, eles se tornarão veículos de conhecimento, de feminilidade e de alegria.

Glossário

✣

Acupuntura, ponto de: Ponto de energia sutil localizado em um meridiano.

Agora eternamente presente: O presente eterno; o espaço em que você habita quando está presente em sua mente autêntica.

Ahamkara: *Aspecto da mente*; o tomador de decisões; destila a informação que recebe dos outros *aspectos da mente* e a usa para criar e/ou dar apoio à percepção que você tem de si mesma e de seus relacionamentos.

Amante de uma vida passada: Um amante de uma vida passada a quem você ainda está apegada. Apegos a amantes de vidas passadas podem criar um anseio por uma ou mais das qualidades deles e isso pode provocar rupturas em seu campo de energia sutil e em seus relacionamentos íntimos.

Apegos: Campos energéticos de energia distorcida com qualidades individuais que podem influenciar o campo de energia sutil de uma mulher – e portanto sua mente – de três maneiras: restringindo o acesso dela ao prana, criando padrões restritivos (problemas de personalidade) que não são uma parte essencial da mente de uma mulher e mantendo-a presa a pessoas e a problemas de relacionamento não resolvidos desde a infância e/ou desde vidas passadas.

Arquétipo Autolimitador, retirada de um: Exercício em que você substitui um arquétipo autolimitador que integrou à sua personalidade por um arquétipo mantenedor da vida que intensifica seu poder, criatividade e radiância.

Arquétipos mantenedores da vida: Arquétipos que sustentam o poder, a criatividade e a radiância de uma pessoa. Eles promovem o dharma e tornam a vida mais alegre ao também promoverem o fluxo de prana.

Arquétipos autolimitadores: Imagem distorcida e/ou superficial de uma pessoa, que limita seu poder, criatividade e radiância. Faz isso distorcendo seus sentimentos a respeito de seu corpo e de sua personalidade e dificultando a criação de uma identidade saudável e mantenedora da vida.

Atman: Núcleo imaterial anímico localizado no "mundo interno" do ser humano. É chamado também de "O terceiro dos três corações"; Seu acesso pode ser localizado no lado direito do peito, onde o amor universal na forma de felicidade emerge em sua percepção consciente. Seguindo o *Atman* Interior, você tomará consciência da sua união *a priori* com a Consciência Universal.

Áuricos, campos; auras: Campos áuricos são grandes campos de prana que preenchem e circundam o campo de energia sutil em cada dimensão. A partir da superfície do corpo em cada dimensão, os campos áuricos estendem-se para fora (em todas as direções) desde cerca de cinco centímetros até mais de seis metros e meio. Estruturalmente, cada campo áurico é constituído de uma cavidade interna e de uma delgada fronteira superficial que a circunda e lhe confere sua característica forma oval.

Beleza interna: Tem quatro aspectos essenciais: boa saúde, caráter, paz interior e prana.

Bem-aventurança; felicidade orgásmica: A força mais poderosa do universo. Cada ser humano encontra-se em estado de bem-

-aventurança, ou felicidade orgásmica – embora a maioria das pessoas não tenha conhecimento disso. De acordo com os tântricos, a felicidade orgásmica é uma condição duradoura, ou permanente, situada nas profundezas do seu campo de energia, criada pela união de consciência (Shiva) e energia (Shakti).

Bloqueio: Qualquer campo de energia com qualidades individuais que interrompe o fluxo de prana através do campo de energia sutil e que impede um ser humano de permanecer centrado em sua mente autêntica.

Bloqueio energético: Ver Bloqueio.

Bom caráter: Disposição de não prejudicar outro ser vivo sensível, paciência, perseverança, disciplina, capacidade para suportar adversidades e dores e coragem. A energia com qualidades universais é ao mesmo tempo o fundamento e o produto do bom caráter. Isso significa que as pessoas que têm autodisciplina, paciência e coragem – e que perseveram no que fazem – irradiam prana livremente e brilham com beleza interior.

Buddhi: *Aspecto da mente* que analisa e compara um objeto, um ser e/ou um *campo de energia* que foi separado do seu ambiente com o que já é conhecido. O *buddhi* permite que você coloque o que foi estudado a respeito desse objeto etc. em um contexto específico, de modo que *chitta* possa atribuir a ele um valor particular.

Caminho do meio: Uma vida equilibrada que inclui a empatia e o poder que lhe permite expressar livremente a si mesma e as qualidades universais do feminino. Ao abraçar o caminho do meio, uma mulher também será capaz de agir como um homem – ou até mesmo melhor do que um homem – em qualquer emprego ou atividade produtiva, pois terá poder e energia suficientes para sustentar seu progresso e garantir seu sucesso.

Campo de energia sutil: O campo de energia contém veículos energéticos que lhe permitem expressar a si mesma e interagir com o ambiente tanto no nível físico como nos níveis não físicos. Esse campo também contém campos de recursos informacionais e um sistema de energia sutil que fornecem energia feminina mantenedora da vida ao campo de energia.

Campo de prakriti: O campo de prakriti é um campo de recursos que contém algumas das frequências mais altas e mais puras de energia feminina. Como todos os campos de recursos informacionais, o campo de prakriti preenche seu campo de energia e se estende para além dele em todas as direções.

Campo de energia prânica prana mútuo: Parceiros podem criar um campo de energia com qualidades universais que os preenche e os circunda. Esse campo, que chamamos de campo de energia prânica mútuo, será intenso o bastante para impedir que bagagens kármicas e crenças restritivas interfiram com a experiência de intimidade vivenciada por vocês.

Campo de purusha: É o campo masculino primordial. É um campo de recursos que emergiu juntamente com o campo de prakriti, o campo primordial de energia feminina, durante o quarto tattva, o quarto passo na evolução do universo.

Campo de recursos: Campo de consciência e/ou de energia com qualidades universais que nutre seu campo de energia e os veículos energéticos dentro dele. Os campos de recursos informacionais têm dimensões quase infinitas e preenchem e circundam seu campo de energia.

Caráter, bom: Inclui disposição de não prejudicar os outros, disciplina, coragem, paciência, perseverança, longanimidade e lealdade. Essas qualidades podem ser intensificadas em qualquer pessoa que leva seu campo de energia sutil até um estado de boa saúde radiante.

Centros de energia secundários: Partes do seu sistema de energia; ficam localizados ao longo de todo o corpo. Quatro centros principais estão localizados nas extremidades – um em cada mão e um em cada pé. Outros estão espalhados por todo seu campo de energia. Sua principal função consiste em facilitar o movimento do prana através do seu campo de energia sutil e do seu corpo físico.

Chakra(s): Palavra sânscrita que significa "roda". Os chakras têm duas partes – o campo do chakra, que é um imenso campo de prana, e um portal, que se parece com um disco de cores vivas e que gira rapidamente na extremidade de algo que se parece com um longo eixo ou haste. Chakras transmitem e transmutam *prana* em diferentes frequências, que lhes permite serem usados pelos *veículos energéticos* no *campo energético* de cada pessoa. Há 146 chakras dentro de cada *sistema energético*.

Chakras, cura pelos: Forma de cura energética na qual o prana que emerge através dos chakras é transferido para a área no corpo do paciente onde é mais necessário. Ao realizar a cura pelos chakras, você pode curar doenças em seu corpo, em sua mente e em sua alma – bem como na raiz de seus relacionamentos e no seu campo de energia sutil.

Chao Yang: Os dois meridianos *Chao Yang* sobem de um ponto central nas solas dos pés e percorrem os lados externos dos tornozelos e das pernas e se conectam com outros meridianos na base do pênis-vagina. Juntamente com os dois meridianos *Chao Yin*, eles formam pequenos centros de energia nos pés.

Chao Yin: Os dois meridianos *Chao Yin* se erguem de um ponto central nas solas dos pés e passam pelo interior dos tornozelos e das pernas e se conectam com outros meridianos na base do pênis-vagina. São chamados de canais negativos das pernas porque são *yin* em relação aos meridianos *Chao Yang*. Juntamente com os dois meridianos *Chao Yang*, formam centros de energia secundários nos pés.

Chitta: *Aspecto da mente;* confere um valor sobre o que foi isolado por *manas* e analisado por *buddhi.*

Consciência universal: Singularidade que combina todos os aspectos do feminino e do masculino; *yin-yang.* É o fundamento da sua mente autêntica, bem como de tudo o mais que existe no universo físico e não físico, incluindo tempo, espaço, energia e consciência.

Cordão de prata: Todos os corpos de energia estão conectados ao campo de energia de uma pessoa por meio de um cordão de prata que se estende a partir da parte de trás do pescoço e pode se alongar quase que indefinidamente.

Cordões: Projeções energéticas de energia com qualidades individuais sob a forma de cordões longos e finos. São manifestações de dependência, necessidade e/ou desejo que pode chegar às raias da obsessão. Cordões manifestam o desejo do perpetrador ou a necessidade de manter ou de ter contato com seu alvo.

Corpo de luz, campo do: Campo de recursos com uma vibração um intervalo maior do que a do campo fundamental. Como o campo fundamental, o do corpo de luz preenche seu campo de energia e seu corpo físico – e se estende para além dele em todas as direções. Ao intensificar as funções do campo do corpo de luz e se centrar nele, você encontrará um lugar dentro da sua alma onde a luxúria é substituída por uma paixão autêntica e suas qualidades femininas autênticas emergem sem distorção.

Corpos de energia: Corpos sutis no campo da energia humana. São totalmente compostos de energia com qualidades universais. Permitem que você esteja presente no seu campo de energia e vivencie as atividades do universo físico e não físico por meio de sua consciência e de seus órgãos de percepção.

Crença restritiva: Qualquer crença aceita como verdadeira por uma instituição social e que impede as pessoas de se expressarem livremente. As crenças restritivas limitam o fluxo de prana e tornam mais difícil às pessoas permanecerem centradas em seus campos de energia.

Crenças restritivas, sistemas de: São sistemas que restringem o fluxo de prana através do seu sistema de energia sutil; validam padrões autolimitadores e, em casos extremos, podem até mesmo contribuir para a criação de obsessões, as quais são capazes de causar comportamentos antissociais e comportamentos que contrariam e/ou ameaçam o eu.

Curativo prânico: Exerce um impacto intenso e profundo sobre a saúde psicológica e sobre a saúde do campo de energia porque sela a ferida energética criada por um aborto espontâneo, uma morte fetal ou um aborto provocado.

Desejos autênticos: Desejos que provêm de sua mente autêntica. Ajudam-na a permanecer centrada no seu campo de energia sutil e intensificam o fluxo de prana através do seu sistema de energia sutil.

Dharma: Vem da raiz sânscrita *dhri*, que significa "manter" ou "sustentar". Tanto o yoga como o tantra ensinam que todos os seres humanos compartilham um dharma coletivo, que é obter a autorrealização. Todo ser humano também tem um dharma pessoal, que é o seu caminho único de cura e de libertação pessoal. É seguindo seu dharma que você aprenderá quem é e o que será capaz de conseguir nesta vida.

Empatia, campo de: Campo de recursos que intensifica a capacidade de uma pessoa para curar. Fornece um meio através do qual a energia pode ser trocada com abnegação sem que o "eu" ou o ego se coloquem no caminho. O campo de empatia tem três partes – o campo de empatia público, o campo de empatia pessoal e o campo de empatia transcendente.

Energético, sistema: Sistema de órgãos energéticos sutis, composto por *chakras*, *meridianos* e *centros de energia secundários*. Seu sistema de energia comporta seu campo de energia. Pode ser concebido como uma usina elétrica e uma rede de subestações e de linhas de energia que transmutam a consciência em *prana* e o *prana* de uma frequência para outra.

Energia com qualidades individuais: Energia que se desenvolve, interage e se emaranha através do espaço-tempo e que pode acumular-se no seu campo de energia sutil. Apegos à energia com qualidades individuais podem perturbar ou provocar interrupções no fluxo de prana através do campo de energia sutil e podem impedir que uma pessoa fique no tempo presente.

Energia com qualidades universais: Energia que nunca se altera. Recebe muitos nomes – shakti, prana, chi etc. É a energia que flui através de seus chakras e ao longo de seus meridianos. Emerge na percepção consciente de uma pessoa como prazer, amor, intimidade, alegria, verdade, liberdade e felicidade.

Energia feminina: Depois de emergir da consciência universal, a energia feminina criativa passou a funcionar como a força motriz da evolução. É a energia feminina que emerge de todos os cantos do Universo e de todas as mulheres de todas as espécies e que fornece o poder para criar e procriar. A energia feminina é universal e mantenedora da vida, motiva os seres humanos a se unirem e a terem intimidade uns com os outros e permite que experimentem uma liberação e uma alegria mais profundas.

Energia rajásica: Menos densa que a energia tamásica. Na maioria dos casos, a energia rajásica exercerá menos impacto em sua saúde e em seu bem-estar, mas uma quantidade excessiva dela a empurrará para fora do seu centro de energia e tornará difícil para você abraçar as qualidades universais do feminino; ver Gunas.

Energia sáttvica: Menos densa que a energia tamásica ou a energia rajásica, o que a torna menos propensa a provocar rupturas na saúde e no bem-estar humanos. No entanto, ainda pode separá-lo do seu centro de energia em seu corpo físico e em seu campo de energia sutil e pode tornar difícil a você ser você mesma e se expressar livremente; ver Gunas.

Energia tamásica: A forma de energia mais densa e mais distorcida com qualidades individuais. Uma quantidade excessiva de energia tamásica aprisionada em seu campo de energia sutil causará grandes aflições e terá um efeito extremamente disruptivo em sua saúde e em seu bem-estar; ver Gunas.

Espaço de cura: Ver Espaço de cura da mulher.

Espaço de cura da mulher: Algo que uma mulher cria dentro de seu campo de energia, um lugar onde ela pode usar suas habilidades de cura para curar seu corpo, sua alma e seu espírito e para fazer o mesmo pelas pessoas que ama. Para criar seu espaço de cura, você precisa combinar a energia e a consciência de dois campos de recursos informacionais, o campo de prakriti e o campo de empatia.

Espaço de cura pessoal: Ver Espaço de cura da mulher.

Feminino universal: Motiva os seres humanos a se unir e a ter intimidade uns com os outros. Isso faz de cada um de nós um agente de cura, um amante – e, no nível mais profundo, um ser radiante e transcendente – que tem capacidade para transformar o mundo por meio de sua obra e de seus relacionamentos.

Fragmentação: O campo de energia ficará fragmentado sempre que um veículo energético for ejetado dele. A causa mais comum da fragmentação é a intrusão de energia distorcida com qualidades individuais em seu campo de energia.

Funções mentais: Há dezesseis funções mentais importantes no campo fundamental. Seu poder, sua criatividade e sua radiância emergem através delas. Incluem intenção, vontade, desejo, resistência, entrega, aceitação, conhecimento, escolha, compromisso, rejeição, fé, desfrute, destruição, criatividade, empatia e amor.

Gunas: Os mestres do tantra usavam as gunas para descrever o sabor dos campos de energia com qualidades individuais. A palavra sânscrita *guna* significa "qualidade ou atributo". No tantra clássico, há três gunas: Sattva, Rajas e Tamas.

Hara: O centro de energia no corpo físico. Hara está localizado quatro dedos de largura abaixo do umbigo e cerca de quatro centímetros para diante da coluna vertebral. Em japonês, a palavra *Hara* significa abdômen. Os taoistas acreditam que Hara é o lugar no corpo físico onde se pode encontrar o elixir da vida. É também o lugar onde você pode recuperar seu centro de poder no corpo físico.

Identidade afirmativa da vida: Uma identidade que tem como fundamento a autoconfiança, a autoestima e a empatia por outras pessoas.

Iluminação: Estado de permanente felicidade, ou bem-aventurança. No estado de iluminação, o problema existencial da vida desaparece – e a pessoa vivencia um profundo murmúrio de paz interior.

Intenção: Função de sua mente autêntica, que está ativa em todos os mundos e dimensões do universo físico e não físico. Você pode usar sua intenção para programar sua atenção mental a fim de localizar uma concentração de bagagem kármica ou um apego responsável por uma doença física ou por um padrão autolimitador.

Interdimensional, ser: Qualquer ser senciente que tenha veículos físicos e não físicos. Os seres humanos são seres interdimensionais.

Intrusões: Criadas pela projeção violenta de energia distorcida com qualidades individuais no campo de energia sutil. Geram padrões autolimitadores que contrariam e/ou ameaçam o eu.

Invólucros: Interpenetram seu corpo físico como corpos de energia; são compostos de energia com qualidades universais; permitem interagir diretamente com seu ambiente externo e com outros seres sencientes; dão a flexibilidade para se expressar e participar de um relacionamento transcendente.

Íons negativos: Criados na natureza quando as moléculas de ar se quebram por efeito da luz solar e do movimento do ar e da água. São moléculas inodoras, insípidas e invisíveis que inalamos em abundância em certos ambientes como montanhas, cachoeiras e praias. Acredita-se que quando alcançam nossa corrente sanguínea, os íons negativos produzem reações bioquímicas que aumentam os níveis de serotonina, substância química que melhora o humor. Acredita-se que os níveis de serotonina intensificados ajudem a aliviar a depressão e o estresse e a aumentar a energia – tudo isso intensificando a saúde e a beleza.

Karma: Palavra sânscrita que vem da raiz *kri*, "agir", e significa uma atividade ou ação. No Ocidente, o karma foi definido como o efeito cumulativo da ação, que é comumente expresso pelo dito popular "você colhe o que planta".

Kármica, bagagem: Energia densa com qualidades individuais. Em seu campo de energia, a bagagem kármica cria pressão e dor muscular quando você está estressada e cria padrões autolimitadores que contrariam e/ou ameaçam o eu, produzindo ansiedade, dúvida a respeito de si mesma e confusão. É o principal obstáculo à boa saúde radiante e ao relacionamento transcendente.

Kármicas, feridas: Feridas energéticas causadas por traumas energéticos; ver Kármica, bagagem.

Kármico, padrão: Padrões energéticos criados por apegos e pelo acúmulo de bagagem kármica no campo de energia sutil. Os padrões kármicos criam comportamentos autolimitadores que causam perturbações, bloqueios e/ou rupturas relacionadas ao poder, à criatividade e à radiância.

Kundalini-Shakti: O maior depósito de prana no seu campo de energia; emergiu de Shakti, por meio dos tattvas, com você e com tudo o mais no universo dos fenômenos; vem sob duas formas: a Kundalini estrutural e a energia da serpente, que está localizada na base do coluna vertebral.

Limites: Superfícies das auras; compostas de prana na forma de fibras elásticas que se cruzam em todas as direções imagináveis.

Limites superficiais: Seus limites superficiais são as superfícies dos seus campos de energia. Circundam todos os seus campos de energia (auras e campos de recursos informacionais) e os veículos energéticos. Uma pessoa com limites superficiais fracos se sentirá insegura e não será capaz de manifestar plenamente as qualidades universais do feminino.

Manas: Ver Mente, aspectos da.

Máscara da Infâmia: A máscara da infâmia era um dispositivo de metal e couro que se encaixava na boca e era fixado na parte de trás da cabeça. Tinha um depressor para a língua com esporas ou bordas afiadas. Quando entrava na boca da mulher, tornava o ato de falar doloroso. O dispositivo destinava-se a humilhar uma mulher condenada por um conselho de homens por comportamento irritante.

Matriarcal, sociedade: Nas sociedades matriarcais, a linhagem passa pela mãe, e por isso os valores essenciais do matriarcado intensificam o equilíbrio das forças masculinas-femininas nas mulheres, nos homens e também nas instituições sociais. Isso leva a uma sociedade equilibrada e não violenta, que valoriza a vida e os relacionamentos acima do poder e da riqueza.

Mente: A mente é constituída de três elementos essenciais. No nível físico, é composta pelo cérebro, pelo sistema nervoso e pelas substâncias químicas no corpo, como os hormônios que influenciam a estrutura e as atividades dela.

No nível não físico, a mente é composta pelo campo de energia sutil, seus órgãos e veículos – e pelo prana que nutre todos eles. A combinação de elementos físicos e não físicos cria a terceira parte da mente humana – a rede. A rede é composta pelas conexões que a mente tem com suas partes individuais e com o que está além dela mesma. Isso inclui a consciência e a energia – bem como apegos a outras pessoas, a seres não físicos e às suas projeções.

Mente, aspectos da: Veículos de energia sutil que servem como fundamento para sua identidade autêntica. São um pouco maiores do que o corpo físico e se apresentam em quatro variedades: *manas, buddhi, chitta* e *ahamkara*.

Mente autêntica: Composta do campo de energia, do sistema nervoso e dos órgãos de percepção, pode ser direcionada tanto para o ambiente externo (o mundo físico) como para o ambiente interno (os mundos sutis de energia e de consciência). É o autêntico veículo de percepção e de expressão e o centro de energia no sutil mundo da energia e da consciência.

Meridiano governador: O meridiano governador é o mais importante meridiano masculino do sistema de energia humano. Tem origem no períneo, na base da coluna vertebral, e se estende para cima ao longo da coluna vertebral até o sétimo chakra na coroa da cabeça e além dela. As partes masculinas dos sete chakras tradicionais estão conectadas a ele.

Meridianos: Parte do sistema de energia; são correntes de energia que transferem o prana dos chakras para os veículos energéticos e os campos áuricos. Ao atravessar os meridianos, o fluxo de energia com qualidades universais permite que uma pessoa permaneça centrada em sua mente autêntica, de modo a formar uma identidade autêntica e a participar de um relacionamento transcendente.

Meridianos Yang Yu: Os dois meridianos *Yang Yu* são os canais masculinos localizados nos braços. Ligam os ombros com os centros de energia nas palmas das mãos, depois de atravessar os dedos médios.

Meridianos Yin Yu: Canais femininos localizados nos braços, que ligam os centros de energia nas palmas das mãos com o peito e viajam por dentro dos braços. Formam, com os dois meridianos *Yang Yu*, os centros de energia secundários nas palmas das mãos.

Método Padrão: Executar todo o Método Padrão dura cerca de 20 minutos. Na primeira parte, você relaxa os principais grupos musculares do seu corpo físico contraindo-os e soltando-os. Na segunda, usa sua intenção de voltar seus órgãos de percepção para dentro a fim de poder localizar seu campo de energia sutil e de permanecer centrada nele.

Mudra: Gesto simbólico que pode ser feito com as mãos e os dedos ou em combinação com a língua e os pés. Cada mudra afeta o campo de energia humano e a energia que flui através dele de uma forma específica.

Negligência: Uma mulher pode vivenciar o trauma da negligência se seus pais ou guardiões não a querem, se eles querem um menino ou se estão envolvidos demais consigo mesmos para cuidar dela de maneira adequada. A negligência sempre envolve a rejeição psicológica e energética da criança.

Om: O som cósmico. Manifestou-se quando o universo foi criado. Seu efeito terapêutico é bem conhecido, especialmente quando utilizado com as meditações e mudras apropriados.

Orgásmica, felicidade: Condição duradoura ou permanente e profunda dentro do campo de energia criada pela união da consciência (Shiva) e da energia com qualidades universais (Shakti). A fusão da consciência e da energia fornece a você um refúgio seguro, bem nas suas profundezas, onde você já experimenta a unicidade e onde nada pode interferir com sua experiência de relacionamento transcendente.

Padrões agressivos passivos: Padrões energéticos adotados por pessoas que se sentem impotentes e não podem afirmar livremente seu poder. São autolimitadores e comumente encontrados em sociedades rígidas que não honram as qualidades universais do feminino. Padrões agressivos passivos se manifestam em jogos de relacionamento, como resmungos, seduções e manifestações de culpa autoindulgentes ou infundadas.

Padrões kármicos dominantes: Os padrões mais marcantes trazidos para esta vida. A maioria das pessoas tem um padrão kármico dominante. Algumas têm até dois ou três. Ao limitar o acesso ao seu poder, à sua criatividade e à sua radiância inatos – e ao frustrar seu esforço para conhecer a si mesma – esses padrões a motivam a avançar e a se curar espiritualmente.

Paz interior: A paz interior é um estado de quietude que emerge das suas profundezas quando o movimento para e você pode focar sua mente na alegria que irradia espontaneamente do seu campo de energia.

Polaridade: Grau em que o campo de energia é polarizado em masculino ou feminino. O princípio da polaridade, como é definido em *O Caibalion*, afirma que "tudo é dual; tudo tem polos; tudo tem seu par de opostos; semelhante e dessemelhante são o mesmo; opostos são idênticos em natureza, mas diferentes em grau; os extremos se encontram; todas as verdades são apenas meias-verdades; todos os paradoxos podem ser reconciliados".

Projeção energética: Qualquer projeção de energia distorcida com qualidades individuais. As projeções podem tomar a forma de cordões e podem ser acompanhadas por seres não físicos. Quando uma projeção energética fica aprisionada no campo de energia de uma pessoa, pode produzir padrões autolimitadores e que contrariam e/ou ameaçam o eu.

Projeções externas: Projeções energéticas com qualidades individuais que uma pessoa pode projetar sobre outra. Quando você fica apegada a uma projeção externa, ela será integrada à sua mente e ao seu ego individuais e se tornará parte da bagagem kármica que você carrega no seu campo de energia.

Qualidades mantenedoras da vida: O fundamento do poder, da criatividade e da radiância de uma pessoa. Essas qualidades incluem prazer, amor, intimidade, alegria e as qualidades do bom caráter; ver Caráter, bom; Bom caráter.

Qualidades universais: As qualidades universais são prazer, amor, intimidade e alegria, bem como verdade e liberdade. As qualidades universais não criam apegos – dão apoio ao dharma, ao relacionamento transcendente e à autorrealização.

Raja yoga: O yoga do poder e da energia. Um dos quatro yogas clássicos.

Relacionamento tradicional: Nos relacionamentos tradicionais, espera-se que as mulheres apoiem seus maridos, sacrifiquem suas próprias necessidades pelo bem de seus entes amados e transmitam os valores fundamentais de sua sociedade para seus filhos.

Relacionamento transcendente: Um relacionamento no qual os parceiros podem compartilhar prazer, amor, intimidade e alegria sem bloqueios, sem bagagem kármica ou sem qualquer outra coisa que se interponha no caminho. O relacionamento tradicional pressupõe viver no âmbito de limitações. Ao contrário disso, um relacionamento transcendente pressupõe transcender limitações, o que permitirá à mulher radiante vivenciar uma satisfação que não está disponível às mulheres restritas às relações tradicionais.

Respiração yogue: Técnica de respiração yogue; ao respirar de maneira yogue, você restaura sua respiração no seu estado natural e intensifica o nível de prana que irradia através do seu campo de energia.

Ressonância: A vibração ou a frequência média que é a assinatura de um campo de energia ou de um ser vivo. Todo ser vivo e/ou campo de energia com qualidades individuais ou universais tem sua própria ressonância.

Sistema de energia sutil: O sistema de energia sutil inclui os portais dos chakras e os campos dos chakras, os meridianos, as auras e os centros de energia secundários espalhados por todo o seu campo de energia sutil. Da mesma maneira que uma rede elétrica fornece energia para lares e empresas comerciais, os órgãos do sistema de energia sutil transmitem e transmutam todo o prana de que o corpo físico e seus veículos energéticos precisam para funcionar de maneira saudável.

Shiva/Shakti: Shiva e Shakti são reverenciados como o casal divino e como os arquétipos para a consciência (Shiva) e a energia (Shakti).

Tantra/tântricos: Uma antiga escola de pensamento hinduísta para a qual a energia com qualidades universais e a consciência são em esssência a mesma realidade. Shiva, que representa a consciência, e Shakti, que representa a energia, eram retratados na iconografia tântrica em um eterno abraço, o que significa que são considerados fundamentalmente a mesma divindade.

Tattvas: Etapas no processo evolutivo. A palavra combina a raiz sânscrita *tat*, que significa "isto", e *tvam*, que significa "tu" ou "você". Assim, *tattva* significa a antiga verdade segundo a qual você está sempre em união com a Consciência Universal e pode experimentar os benefícios dessa união (que inclui prazer, amor, intimidade e alegria) permanecendo centrada em sua mente autêntica. De acordo com o yoga e o tantra, a evolução no universo físico e não físico já passou por 36 etapas.

Teoria dos germes: A grande criação de Louis Pasteur, que mostrou que a causa das doenças era a presença de micróbios no corpo humano. Quando esse novo paradigma se enraizou, a prática da medicina tornou-se mais mecânica – e mais dissociada do espaço de cura feminino.

Terceiro coração: Ver Três corações.

Terceiro coração, campo do: Um campo de recursos. É por meio do campo do terceiro coração que você vivencia um relacionamento transcendente consigo mesma e com as pessoas que ama.

Transcendência: O estado de união ou intimidade – de você e de seu parceiro – com a consciência universal. No estado transcendente, você é capaz de experimentar e compartilhar a bem-aventurança e as qualidades universais do prazer, do amor, da intimidade e da alegria sem interrupção.

Trauma: Todo evento traumático inclui dois traumas, um trauma físico-psicológico e um trauma energético sutil, que é não físico – mas nem por isso é menos real. A violência perpetrada contra o campo de energia sutil é responsável pelos sintomas mais agudos e duradouros que a vítima precisa suportar.

Três corações: Todas as pessoas têm três corações – o coração físico no lado esquerdo do peito, o chakra do coração no centro do peito, e *Atman* – o terceiro coração no lado direito do peito em sua contraparte sutil. É do *Atman* que a felicidade da bem-aventurança emerge na sua percepção consciente.

Veículo: Um veículo energético. Você tem dois tipos de veículos energéticos: corpos energéticos e invólucros energéticos. Os corpos energéticos permitem que você esteja presente e os invólucros permitem que interaja com outros seres sencientes.

Veículos energéticos: Há dois tipos de veículos energéticos no campo de energia humano – *corpos energéticos* e *invólucros energéticos*. Ambos são compostos de *prana*; eles servem como veículos de percepção, cognição, assimilação, sensação e expressão – em cada dimensão dos universos físico e não físico.

Yin/Yang: *Yin* representa feminilidade, corpo, alma, Terra, Lua, água, noite, frio, escuridão e contração. *Yang* é masculino, mental, espírito, céu, Sol, dia, fogo, calor, luz solar e expansão.

Yoga: União. Também se refere a um antigo método científico desenvolvido na Índia para alcançar a iluminação.

Yoni: Palavra sânscrita que significa "passagem divina" ou "local de nascimento". No nível físico corresponde à vagina. Em um contexto mais amplo significa também origem, fonte ou espaço sagrado: o espaço ocupado por uma mulher radiante em sua plenitude, como manifestação do feminino universal e como fonte de prazer sexual.

Bibliografia

✣

Boakye, Priscilla Akua. "DIPO-Puberty Rites Among the Krobos of Eastern Region, Ghana", Universidade de Tromsø, Project 2009/1415-2, Master Programme in Indigenous Studies.

Cummings, E. E. "A Poet's Advice to Students", in A Miscellany. Organizado por George J. Firmage. Nova York: Argophile Press, 1958.

DiMaria, Lauren. "Children are More Prone to Depression During Puberty". About.com. Atualizado em 27 de agosto de 2011. http://depression.about.com/od/teenchild/a/depression-during--puberty.htm.

Fisher, Helen F. The Sex Contract: The Evolution of Human Behavior. Nova York: William Morrow, 1983.

Goethe, Johann Wolfgang von. "Die Braut von Korinth". Tübingen, Alemanha: Cotta Verlag, 1798.

Hänsel, Rudolf. "Die zu häufige Nutzung digitaler Medien vermindert die geistige Leistungsfähigkeit unserer Kinder". Outubro de 2012. http://www.zeit-fragen.ch/ index.php?id=1170.

Howe Gaines, Janet. "Lilith in the Bible, Art and Mythology". Biblical Archaeology Society. Atualizado em 11 de agosto de

2014. http://www.biblicalarchaeology.org/daily/people-cultures--in-the-bible/people-in-the-bible/lilith/.

Humm, Alan. "Overview of Lilith". http://jewishchristianlit.com/Topics/Lilith/.

Jones, Adam. "Case Study: The European Witch-Hunts, c. 1450-1750". Gendercide.org. http://www.gendercide.org/case_witchhunts.html.

Lysebeth, Andre van. *Tantra*. Munique: Mosaik Verlag, 1990.

McCarthy, Wendy Ann. *Ich bin Bewusstsein*. Zwickau D: Innenwelt Verlag, 2013.

Miyoshi, Shunichiro. "Menstrual Blood Shows Heart Repairing Stem Cell Properties". *Medical News Today*. Atualizado em 25 de abril de 2008. http://www.medicalnewstoday.com/articles/105322.php.

Mumford, John. *Ecstasy Through Tantra*. St. Paul, MN: Llewellyn Publications, 1975.

Pro Femina e.V. "Komplikationen nach einer oder mehrerer Abtreibungen". http://www.vorabtreibung.net/node/43.

Pröll, Gabriele. *Das Geheimnis der Menstruation, Kraft und Weisheit des Mondzyklus*. Munique: Goldmann Verlag, 2004.

St. Hieronymus. "Women are unclean during Menstruation". http://www.womenpriests.org/de/traditio/unclean.asp#latin.

Stiene, Bronwen e Frans Stiene. "The Deeper Meaning of Hara". Shibumi International Reiki Association (blog). http://www.shibumireiki.org.

Swamini Mayatitananda. "Honoring Shakti". www.organickarma.co.uk/shakti-energy.html.

Tjaden, Patricia e Nancy Thoennes. "Full Report of the Prevalence, Incidence, and Consequences of Violence Against Women". CreateSpace Independent Publishing Platform, 1998.

Trieb, Traude. Kindlein Komm Tee. www.traude-trieb.at.

Walker, Barbara G. *Das Geheime Wissen der Frauen*. Edição alemã de *The Woman's Encyclopedia of Myths and Secrets*. Uhlstädt-Kirchhasel: Arun-Verlag, 2007.

Wolf, Doris. "Sex ohne sexuelle Phantasien geht nicht". http://www.partnerschaft-beziehung.de/sex-gehirn.html.

Leituras Recomendadas

⁂

Jnana Yoga, por Swami Vivekananda.

Tripura Rahasya: The Mystery Behind the Trinity

The Dhammapada

The Kybalion [em português: O Caibalion: Estudo da Filosofia Hermética do Antigo Egito e da Grécia – Três iniciados, São Paulo, Editora Pensamento.]

The Bhagavad Gita [em português: O Bhagavad-Gita – Uma Nova Tradução, edição de Georg Feuerstein, São Paulo, Editora Pensamento.]

Tao Te Ching [em português: Tao-Te King, edição de Richard Wilhelm, São Paulo, Editora Pensamento.]

A Woman's Encyclopedia of Myths and Secrets, por Barbara G. Walker

Kundalini Yoga, por Swami Sivananda.